자수가 좋은 시간

GOOD TIME

자수가 ♥ 좋은 시간

신성출판사 편집부 엮음 | 이은정 옮김

삼호미디어
samho MEDIA

한 올 두 올
자수의 세계에 빠져보자!

한 올 두 올, 집 안의 소품에 수를 놓아보세요.
밋밋하던 집 안 분위기가
포근하게 되살아난답니다.
이 책에는 아주 쉬운 24가지 기본 스티치부터
고난이도의 멋스러운 스티치 기법까지
꼼꼼하게 실려 있습니다.
23가지 주제의 자수 도안과
자수를 응용한 핸드메이드 소품
만드는 방법도 담았으니
마음껏 솜씨를 키워보세요.

지정 외 면은 새틴 스티치. 지정 외 선은 백 스티치. ○ 안은 실 가닥수. 지정 외는 1가닥 사용. 프렌치노트는 2번 감기. 실은 모두 코스모.

CONTENTS

머리말 4

자수를 시작하기 전에 9

PART 01

24가지 기본 스티치 익히기 13

아우트라인 스티치 14	불리온 데이지 스티치 20
백 스티치 14	헤링본 스티치 21
스트레이트 스티치 15	버튼홀 스티치 21
러닝 스티치 15	플라이 스티치 22
새틴 스티치 16	코랄 스티치 22
롱 앤 숏 스티치 16	페더 스티치 23
체인 스티치 17	더블 페더 스티치 23
오픈 체인 스티치 17	블랭킷 스티치 24
레이지데이지 스티치 18	코칭 스티치 24
더블 레이지데이지 스티치 18	위빙 스티치 25
프렌치노트 스티치 19	케이블 스티치 25
저먼노트 스티치 19	다림질로 마무리하기 26
불리온 스티치 20	도안 읽는 법 26

PART 02

기본 스티치로 원 포인트 자수 놓기 27

소품에 자수를 놓아요

동물 · 새 30

동물 · 물고기 · 새 34

봄 38

여름 40

가을 42

겨울 44

야산 46

채소 · 과일 48

잡화 50

주방 · 간식 52

아기와 아기용품 56

웨딩 60

생일 파티 62

내가 좋아하는 것 64

탈것 68

세계 여행 70

코너 · 라인 72

코너 · 라인 · 알파벳 76

알파벳 · 숫자 80

크로스 스티치에 도전해요

크로스 스티치 놓는 방법 84

파리지엔의 방 86

크로스 스티치 라인 88

남자아이가 좋아하는 것 90

여자아이가 좋아하는 것 92

크로스 스티치로 만들어요

웨이스트캔버스 사용법 96

웨이스트캔버스를 사용한 밥상보 96

PART 03

자수와 핸드메이드 소품 만들기 97

빨간 두건 여자아이 · 사과를 노리는 원숭이 북 커버 98
작은 새가 노래하는 미니 파우치 100
고양이가 장난치는 미니 백 102
동화 나라 런천 매트와 코스터 104
꽃 자수 외출용 가방 106
작은 체리가 귀여운 카페 에이프런 108
유럽풍 자수의 향연 자수 도구 케이스 109
자수 도구 케이스 도안 112
깔끔한 꽃무늬 냄비받침 113
체크무늬의 도시락 주머니와 컵 주머니 114
토끼 자수가 놓인 파우치와 카드지갑 116
수국 북 커버 118
지퍼가 2개 달린 장미 파우치 120
아이비 자수 가방 122

파리에서 온 멋진 자수 소품들

까또나주 활용하기 124
천이 바뀌는 지점에 자수 놓기 126
실을 더해서 자수 놓기 127

PART 04

멋진 유럽 자수에 도전하기 129

고풍스러운 디자인의 앤티크 자수

쿠션 130
런천 매트 & 주방장갑 131
스티치 샘플러 131
핀턱에 새틴 스티치 놓기 137
꽃과 곤충 138
스티치로 투명한 날개 표현하기 141
다섯 종류 코스터 142

사실적이고 예쁜 스탬프워크

딸기 자수 바느질함 145
비올라 핑크 쿠션 148
테디베어 베이비 프레임 149

멋스러운 성김 무늬 자수

드론워크 머플러 150
컷워크 원피스 155
드론워크 & 스캘럽 스티치 양산 158
하덴거 가방과 파우치 161

찾아보기 163

자수에 필요한 도구와 사용법, 도안을
옮기는 방법에 대해서 알아봅시다.

 ## 자수용 도구

기본적인 도구는 '천, 바늘, 실'이며 자수 형식에 따라 적절한 종류를
선택합니다.

 ## 바늘

실을 몇 가닥 쓸 것인가에 따라 바늘 크기가 달라집니다.

● 프랑스 자수바늘

일반적으로 자수에 사용하는 바늘입니다. 3~10번까지
있고 숫자가 커질수록 가늘어집니다. 천의 눈과 실의
굵기에 맞춰 선택합니다.

프랑스 자수바늘(25번 자수실)

바늘 번호	실의 가닥수
3	6가닥 이상
4	5~6가닥
5	4~5가닥
6	3~4가닥
7	2~3가닥
8	1~2가닥
9 · 10	1가닥

● 크로스 스티치 바늘

크로스 스티치를 할 때는 바늘 끝이 동그란 크로스
스티치 바늘을 사용하면 편리합니다. 이 외에도
뜨개질용 돗바늘이나 리본자수용 바늘을 사용하기도
합니다.

크로스 스티치 바늘(25번 자수실)

바늘 번호	실의 가닥수
19	6가닥 이상
20	6가닥
21	5~6가닥
22	3~5가닥
23	2~3가닥
24	1~2가닥

천

평직 마 또는 면을 사용합니다.

자수는 모든 천에 놓을 수 있지만 주로
중간 두께의 신축성이 적은 평직 마 또는
면을 사용합니다. 냅킨과 에이프런 등 자주
세탁하는 소품은 면에, 머플러나 쿠션 등
개성을 살리는 소품은 마가 좋습니다. 만들고
싶은 소품의 특성에 맞춰서 천을 선택하세요.
또 시중에 판매되고 있는 에이프런이나
손수건, 티셔츠 등에도 자수를 놓을 수
있습니다. 오른쪽 사진은 자수에 자주
사용하는 천입니다.

면 100%

올림푸스 옥스퍼드

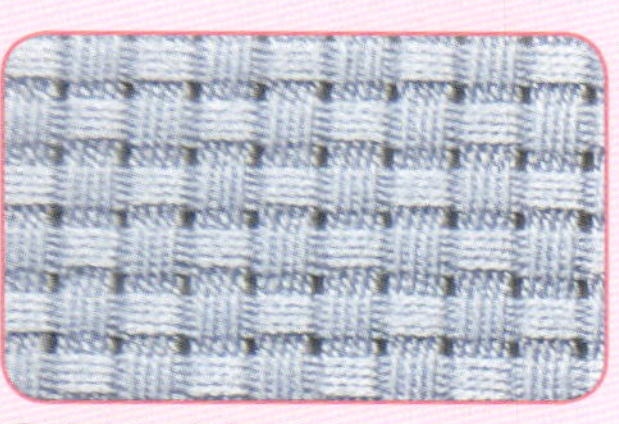

올림푸스 자바크로스

마 100%

코스모 클래시(화이트)
*이 책의 원 포인트 자수에서 사용한다.

코스모 클래시(핑크)

실 — 주로 25번 자수실을 사용합니다.

자수에는 25번 자수실을 가장 많이 쓰며, 5번 자수실, 금실,
리넨실, 태피스트리 울 등도 씁니다. 25번 자수실은 면으로 된
가는 실 6가닥이 한 다발로 되어 있고, 색상은 400종류 이상이며
각각에 고유 번호가 붙어 있습니다. 이 책에서는 특별히 지정한
경우 이외에는 25번 자수실을 사용합니다.

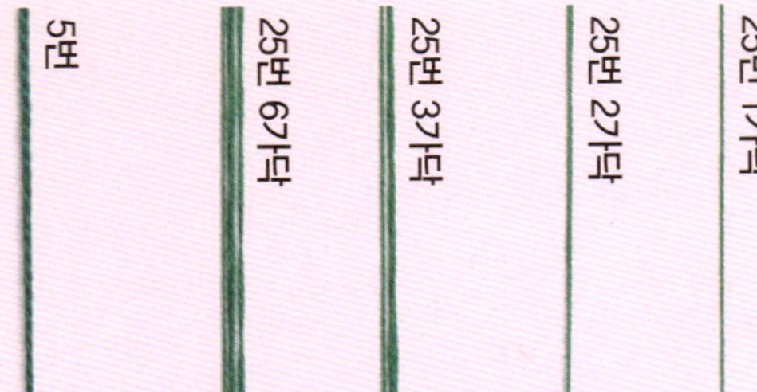

25번 자수실
일반적으로 제일 많이
사용하는 실이다.

색 번호

제조회사명

5번 자수실
광택이 있고 필요한 길이만큼
잘라서 사용한다.

태피스트리 울(자수용 털실)
울 100%. 주로 캔버스 워크(천의 올을
주우면서 자수를 놓는 기법)에 사용한다.

애브로더
컷워크(모티브의 윤곽을 휘감기 한
다음 잘라내는 기법)에 사용한다.
12번, 16번, 20번, 25번이 있다.

리넨실
광택이 없는 소박한 질감이 특징으로
25번 자수실과 마찬가지로 6가닥이
한 다발로 되어 있다.

그러데이션 실
실 1가닥이 그러데이션으로 염색된 실.
다이내믹한 표현이 가능하다.

수틀 — 천을 팽팽하게 고정하기 위해 사용합니다.

수틀을 사용하지 않아도 자수를 놓을 수
있지만, 자수에 익숙지 않다면 천이 팽팽해야
작업하기에 편합니다. 수틀은 크기가 다양한데
직경 10~12cm가 사용하기 좋으며, 수틀보다
도안이 클 때는 수틀을 움직여가면서 수를
놓습니다.

● 나사식 접기형 수틀 사용법

1 나사를 풀어서 수틀을 분리한다.

2 안쪽 틀을 천의 바닥면에 놓고,
  바깥쪽 틀을 천 위에서 끼운다.

직경 8~30cm까지
사이즈가 다양하다. 잡기
편한 10~12cm크기가 좋다.

3 도안이 틀의 중심에 오도록 놓고
  천을 팽팽하게 당긴 다음 나사를
  조인다.

4 천 끝을 당겨 조절한다.

 ## 도안 옮기기

자수 도안을 결정했으면 도안을 천에 옮깁니다. 도안을 깔끔하게 옮겨야 작품 완성도가 높아집니다.

●준비물

수예용 복사지…색이 있는 면을 아래로 놓고 사용합니다.
철필…천 위에 도안을 옮겨 그릴 때 사용하는 금속 도구입니다.
트레이싱페이퍼…도안을 천 위에 옮길 때 사용하는 종이입니다.
셀로판 종이…트레이싱페이퍼 위에 겹쳐서 사용합니다. 트레이싱페이퍼가 찢어지는 것을 막고, 철필이 부드럽게 움직이도록 돕습니다.
연필…도안을 트레이싱페이퍼로 옮길 때 사용합니다.
시침핀…도안을 옮길 때 종이와 천이 비뚤어지지 않도록 고정합니다.

도안을 옮길 때 필요한 도구

천의 연필 자국을 지우는 지우개와 천에 해둔 표시를 쉽게 수정할 수 있는 마커, 초크펜슬 등도 편리하다.

●도안 옮기는 법(수예용 복사지 이용)

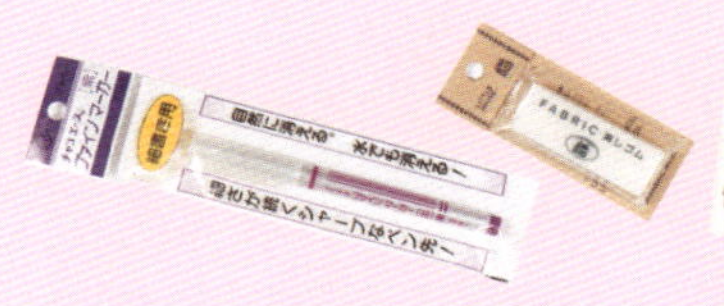

1 도안 위에 트레이싱페이퍼를 놓고 연필로 옮긴다.

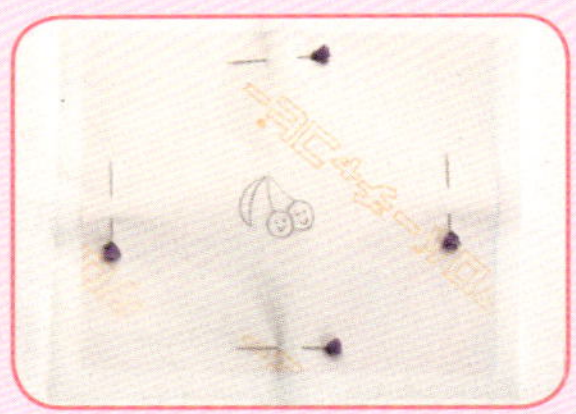

2 천 위에 도안이 그려진 트레이싱페이퍼를 놓고, 사이에 수예용 복사지를 끼운다. 이때 수예용 복사지의 색깔 면이 아래로 가도록 한다. 그리고 시침핀으로 고정한다.

3 트레이싱페이퍼 위에 셀로판 종이를 겹친 다음 철필로 덧그린다.

4 도안을 천에 옮긴 상태.

천 준비하기

천이 울거나 줄지 않도록 먼저 바로 잡거나 한 번 세탁을 합니다. 또 천의 가장자리는 풀리기 쉬우므로 휘감아치기를 해둡니다.

천 준비하는 방법   **가장자리 정리하기**

1 천을 재단하기 전에 1시간 정도 물에 담가둔다.

2 가볍게 탈수한 다음 그늘에서 말린다.

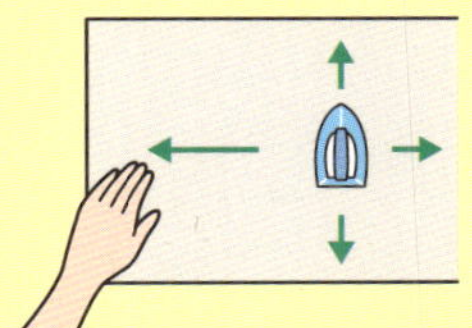

3 반 건조 상태에서 다림질을 하면서 천의 가로세로 올을 수직으로 정리한다. 다림질은 반드시 천의 뒷면에 한다.

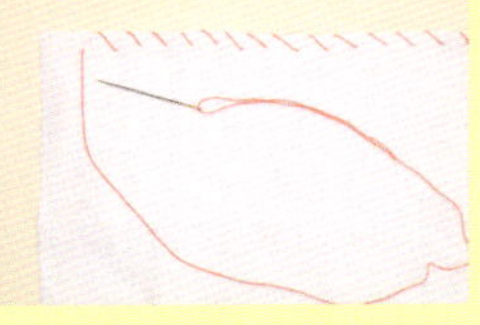

4 천을 자른 다음 가장자리를 훑쳐서 천의 올이 풀리는 것을 방지한다.

 # 25번 자수실 다루기

자수에서 제일 많이 사용하는 25번 자수실은 실 끝을 당겨서 뺀 다음 자르고, 필요한 가닥만큼 뽑아서 사용합니다. 자수를 시작하기 전에 실을 다루는 방법에 대해 알아봅시다.

● 실 빼기

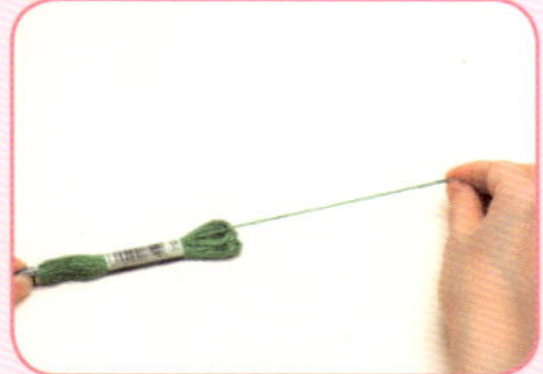

1 라벨은 그대로 두고 다발에서 실 끝을 당겨서 뽑는다.

2 실을 40~50㎝ 길이로 자른다.

3 도안과 용도에 따라서 사용하는 실의 가닥수가 다르니, 다발에서 1가닥씩 필요한 만큼 뽑는다.

4 뽑은 가닥을 깔끔하게 정리해 사용한다. 6가닥이 필요할 때도 한가닥씩 뽑아 정리해 사용하면 자수가 훨씬 깔끔해진다.

● 실 끼우기

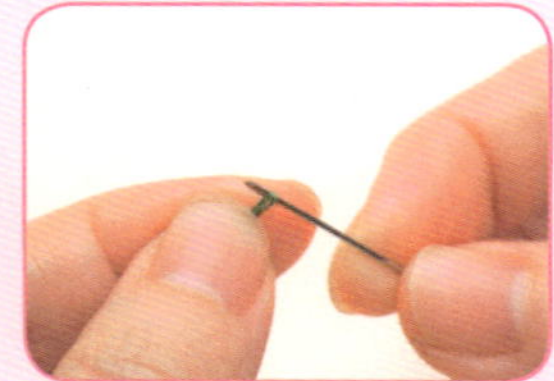

1 정리한 실을 바늘구멍에 댄다.

2 바늘을 살짝 눌러 실을 반으로 접는다.

3 실이 접힌 부분을 바늘구멍에 집어넣는다.

4 실을 당겨서 뺀다.

자수의 시작과 마무리하기

자수의 시작과 끝 부분은 실을 많이 남겨 완성된 자수의 바늘땀에 끼우거나 매듭을 지어 마무리합니다.

● 선을 놓을 때

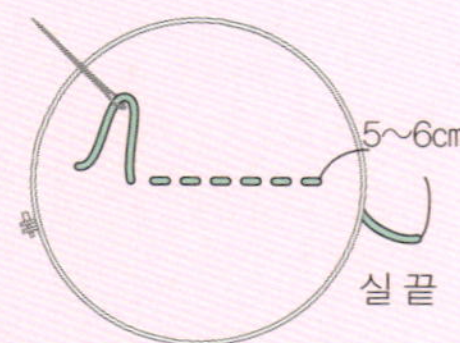

1 시작할 때 천 뒷면에 실을 5~6㎝ 정도 남겨둔다.

2 작업이 끝나면 처음에 남긴 실을 바늘에 끼워서 바늘땀에 통과시킨 다음 실을 자른다. 마지막에 남은 실도 뒷면의 바늘땀에 통과시킨 다음 잘라 깔끔하게 마무리한다.

● 면을 놓을 때

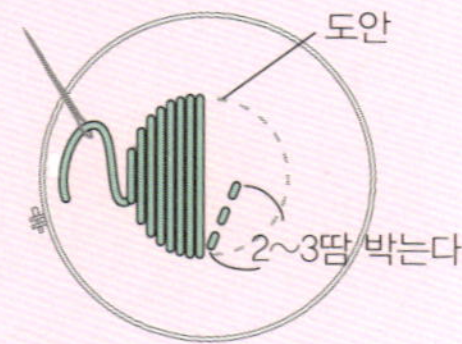

1 도안의 안쪽을 2~3땀 박고 시작점에서 바늘을 뺀다. 작업이 끝나면 바늘땀이 안 보인다.

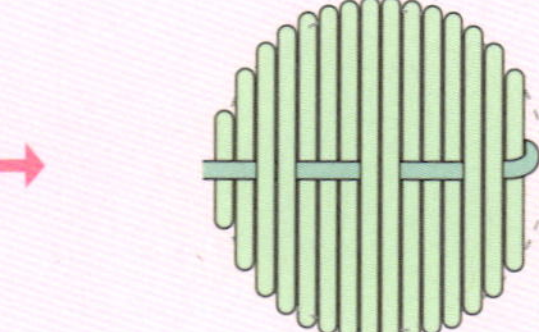

2 작업이 끝나면 남은 실을 뒤의 자수 면을 통과시킨다. 이때 그림처럼 3~4가닥씩 떠서 그 사이로 통과시킨 다음 자른다(예 : 새틴 스티치).

PART 01

24가지 기본 스티치 익히기

세계 각국에는 그 나라의 풍토에 맞는 전통 자수법이 있습니다.

스티치의 명칭은 대개 형태에서 따왔지만 스티치가 탄생한 나라와

지역을 의미하기도 합니다. 먼저 자수의 기본이라고 알려져 있는

유럽의 24가지 스티치를 배워봅시다.

 ## 아우트라인 스티치

윤곽선을 표현할 때 사용하는 대표적인 스티치로 바늘땀을 나열해서 면을
만들기도 합니다. 왼쪽에서 오른쪽으로 바늘땀이 겹치도록 놓습니다.

1

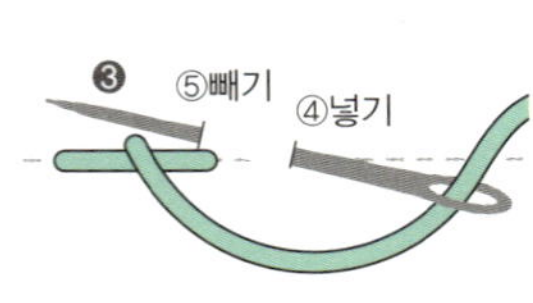

천 뒷면에서 앞으로 바늘을 빼서
한 땀을 놓고 반 땀 되돌아와서
바늘을 뺀다.

2

①～②의 폭과 같은 폭으로
③～④를 놓고 ⑤는 ②의 바로
위에서 뺀다.

3

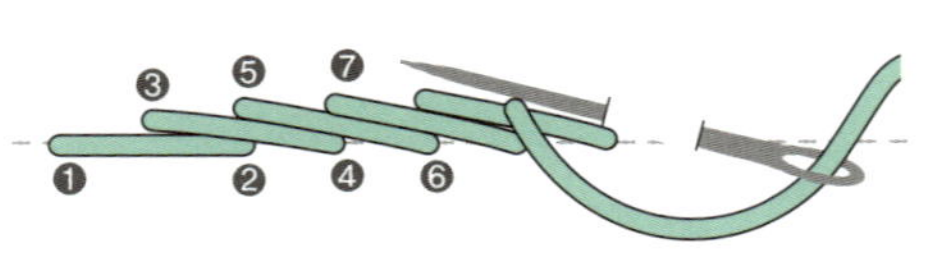

＊ 곡선일 때 ＊

'한 땀 놓고 반 땀
되돌아오기'를 반복한다.

 ## 백 스티치

같은 길이의 바늘땀을 빈틈없이 나열하는 스티치. '한 땀 놓고 한 땀 되돌아가기'를
반복합니다.

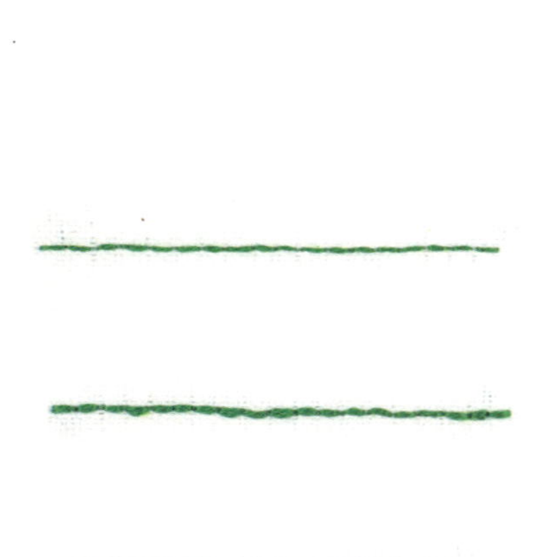

1

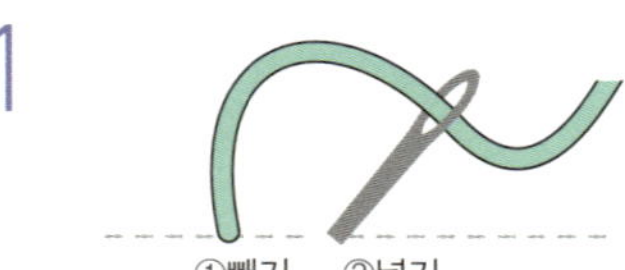

도안의 시작점에서 한 땀 앞으로
나간 지점부터 스티치를 시작한다.

2

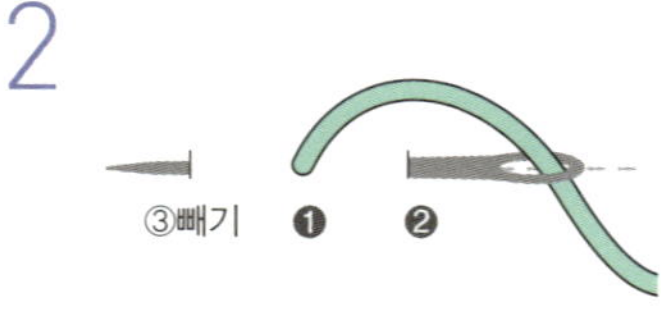

①～②와 ③～①이 같은
길이가 되도록 놓는다.

3

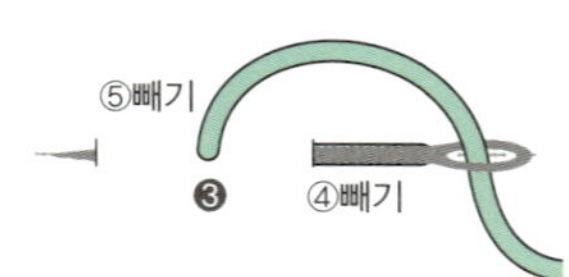

④와 ①은 같은 바늘구멍이다.
2～3을 반복한다.

4

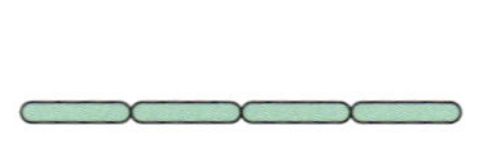

완성

 ## 스트레이트 스티치

가로, 세로, 방사선 모양을 한번에 놓습니다. 실 길이와 스티치가 나열된 모양에 따라 다양한 무늬를 만들 수 있습니다.

꽃 모양 만들기

1

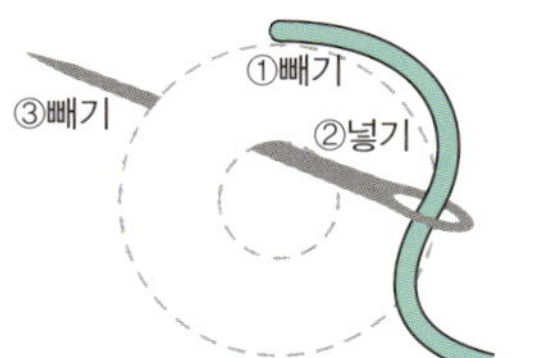

동일한 길이의 바늘땀을 순서대로 놓아 방사선 모양으로 만든다.

2

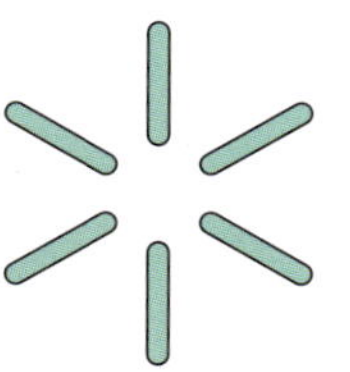

왼쪽으로 스티치 6~8개 정도를 놓으면 꽃 모양이 완성된다.

풀 모양 만들기

1

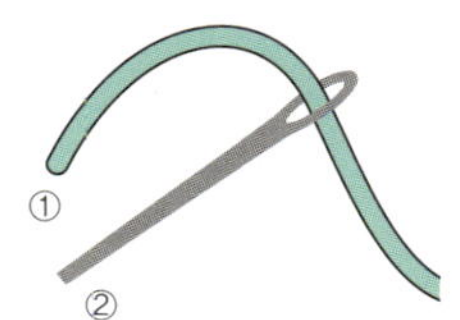

바늘을 세로 방향으로 찌르고 왼쪽에서 오른쪽으로 놓는다.

2

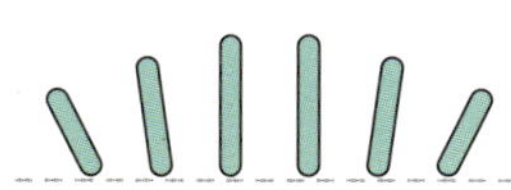

스티치를 사선으로 놓으면 풀 모양이 완성된다.

 ## 러닝 스티치

천의 겉과 뒤의 바늘땀이 같은 길이인 스티치. 바늘땀 길이를 가지런하게 놓으면 더 깔끔합니다.

1

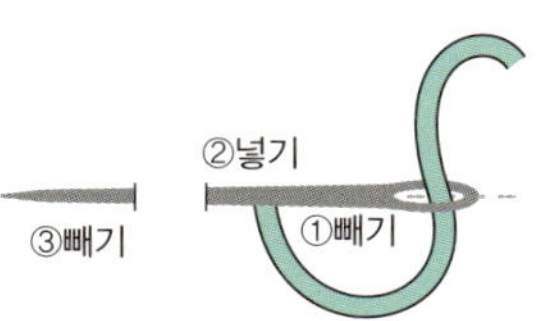

①~②와 ②~③이 같은 길이가 되도록 한다.

2

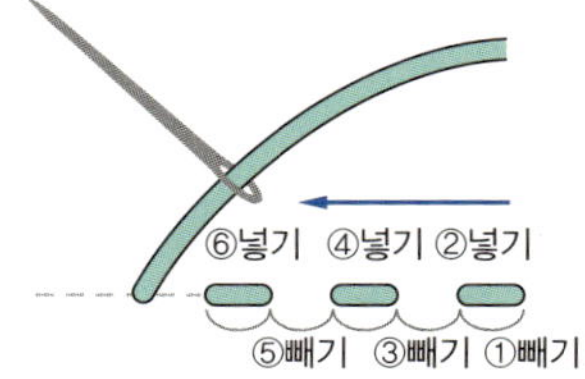

오른쪽에서 왼쪽으로 뜨며, 바늘땀 길이와 바늘땀 사이의 길이가 같다.

3

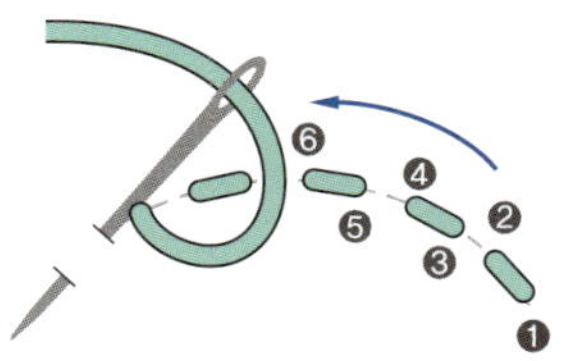

모서리나 곡선을 놓을 때도 바늘땀 길이와 바늘땀 사이의 길이가 같다.

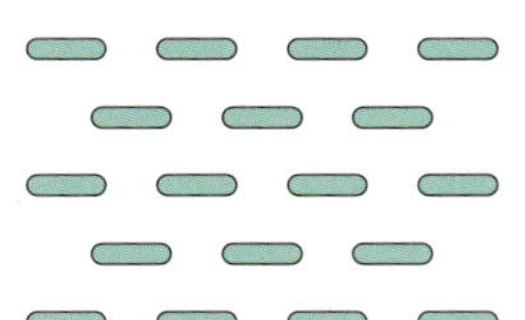

러닝 스티치를 몇 줄 나열해 놓은 것을 '다닝 스티치'라고 한다. 천을 보강하거나 무늬를 표현할 때 사용한다.

새틴 스티치

스트레이트 스티치(p.15)로 면을 채워가는 스티치. 꽃잎이나 잎을 표현할 때 사용합니다.

1

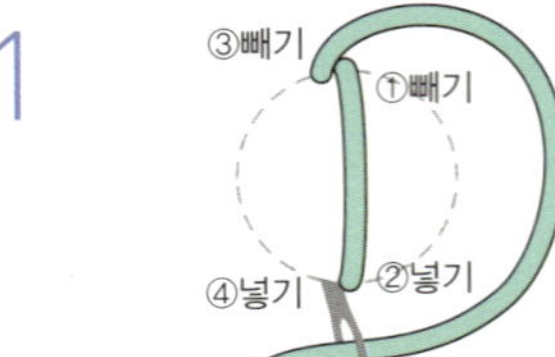

도안이 좌우 대칭일 때는 도안의 중앙에서 시작한다.

2

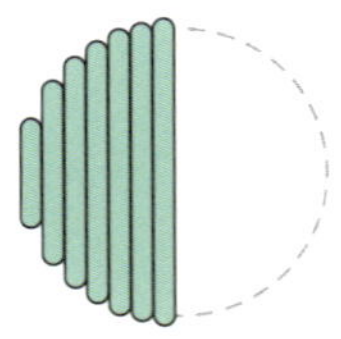

한쪽을 다 놓았으면 자수면 뒤를 통과해 나머지 절반의 시작점에서 바늘을 뺀다(왼쪽 Check! 참고).

3

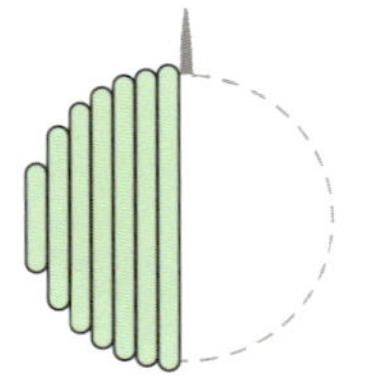

시작점에서 다시 시작해 나머지 절반도 끝까지 놓는다.

4

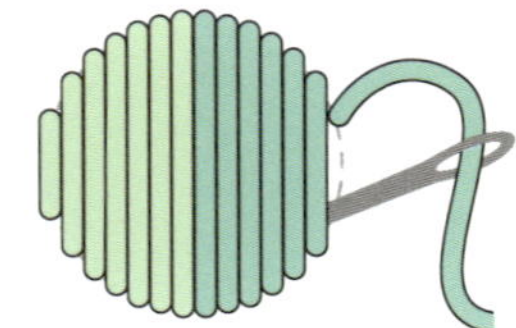

끝까지 다 놓았으면 바늘을 뒤로 빼서 자수면 뒤로 바늘을 2~3회 통과시킨 다음 실을 자른다.

Check!

바늘을 뒤로 빼서 자수면 뒤로 바늘을 통과시킨 다음 중앙으로 되돌아온다.

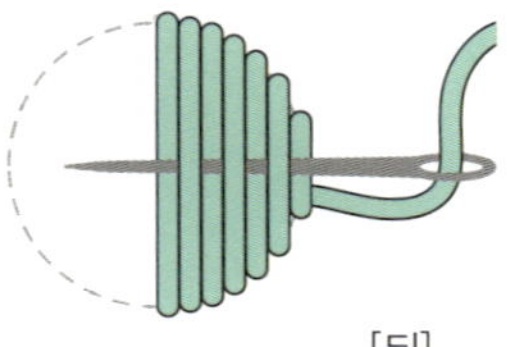

[뒤]

자수면을 도톰하게 하고 싶을 때는 먼저 러닝 스티치(p.15)를 한 다음 그 위에 새틴 스티치를 놓는다.

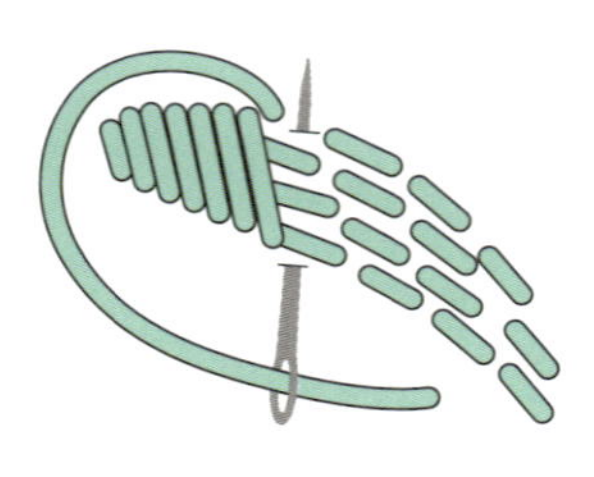

롱 앤 숏 스티치

바늘땀 길이에 장단을 주면서 놓는 스티치로 면을 메웁니다. 동물의 몸통이나 큰 꽃을 표현할 때 사용합니다.

1

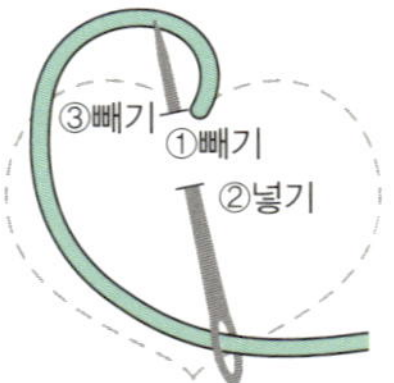

도안의 윤곽선을 따라서 번호대로 땀을 놓는다.

2

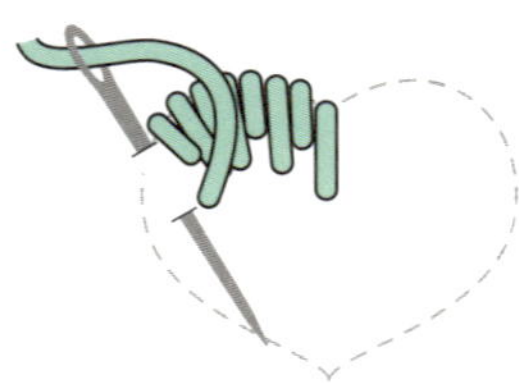

길고 짧은 스트레이트 스티치를 반복하며 면을 메운다.

체인 스티치

체인 모양이 반복되는 스티치. 윤곽이나 면을 메울 때 사용합니다.

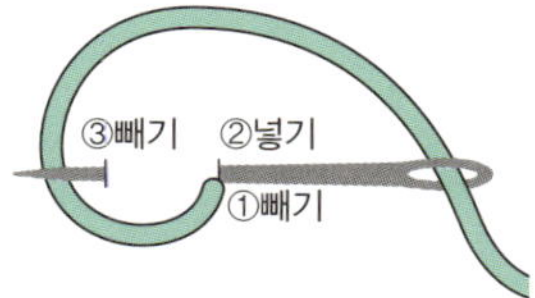

1

그림 순서대로 바늘에 실을 건 다음 실을 당겨서 조인다. ②는 ①과 같은 바늘구멍에 넣는다.

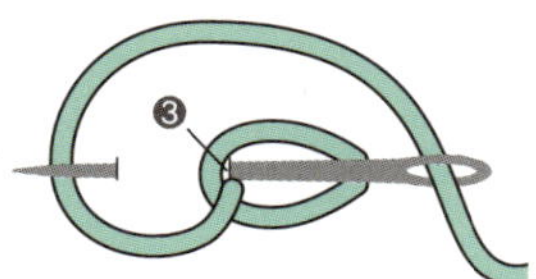

2

체인의 길이와 크기를 일정하게 만든 다음 크기를 맞춰서 뀐다.

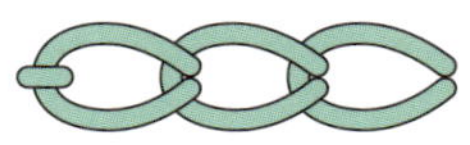

3

마지막은 짧은 스트레이트 스티치(p.15)로 정리한다.

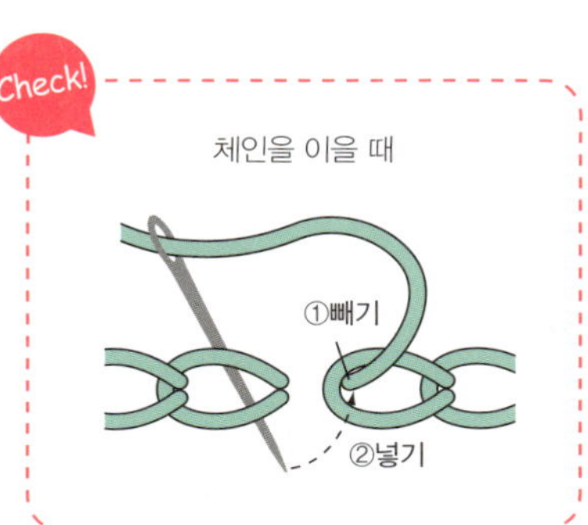

오픈 체인 스티치

체인 모양이 사각형인 스티치. 체인 스티치의 다리 쪽이 벌어져 있습니다.

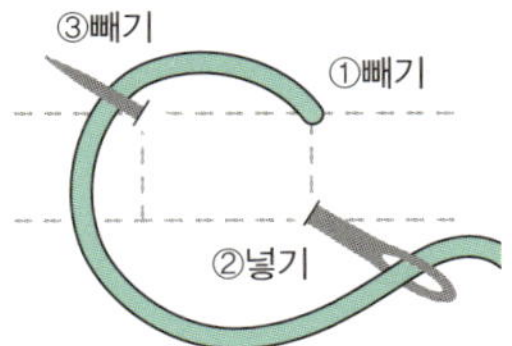

1

③을 ②의 대각선 방향에 놓는다.

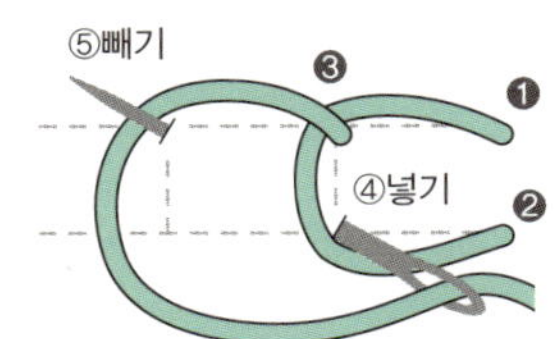

2

같은 방법으로 반복한다.

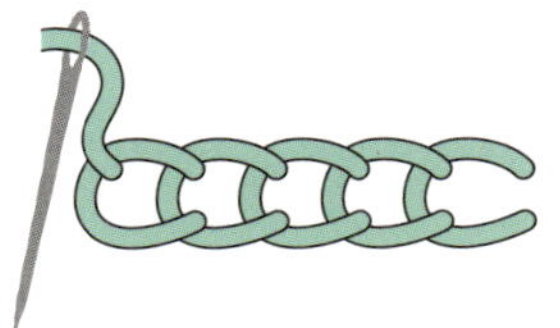

3

체인의 길이를 일정하게 해서 크기를 고르게 한다.

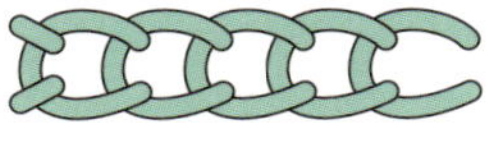

4

마무리할 때는 짧은 스트레이트 스티치(p.15)를 양쪽에 놓아서 고정한다.

레이지데이지 스티치

작은 꽃과 잎을 표현할 때 사용합니다. 스티치 방향을 바꾸면 다양한 무늬를 표현할 수 있습니다.

1

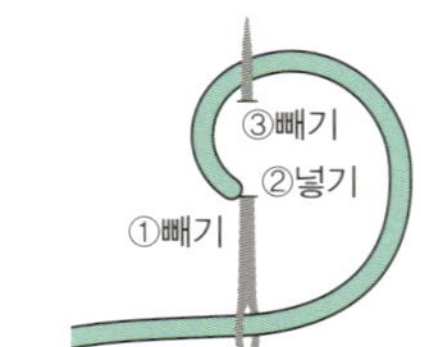

체인 스티치(p.17)와 같은 방법으로 놓고, ②는 ①과 같은 바늘구멍이다.

2

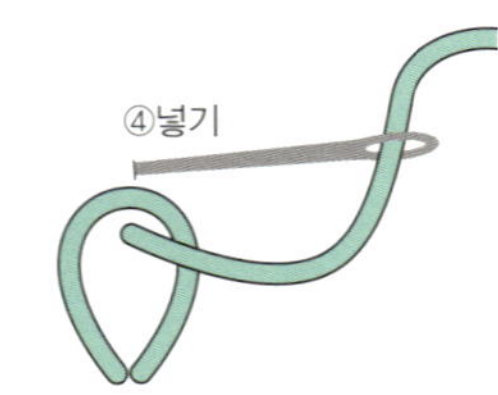

짧은 스트레이트 스티치로 고정시키면 완성된다.

3

1~2를 반복하고 십자가 모양으로 나열하면 작은 꽃이 된다.

Check!

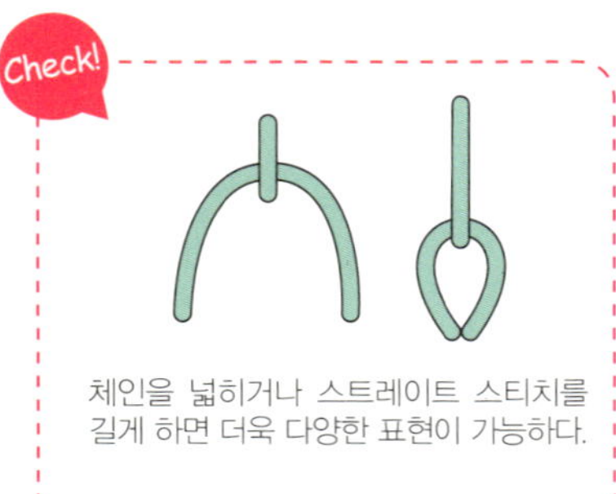

체인을 넓히거나 스트레이트 스티치를 길게 하면 더욱 다양한 표현이 가능하다.

더블 레이지데이지 스티치

레이지데이지 스티치를 이중으로 겹친 스티치. 화려한 꽃 모양을 연출할 수 있습니다.

1

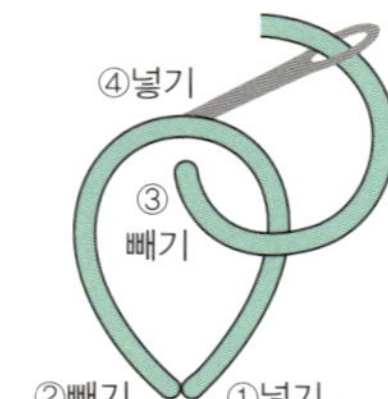

레이지데이지를 놓는다.

2

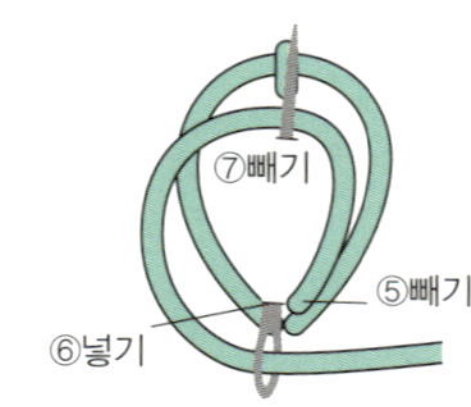

안쪽에 사이즈가 작은 레이지데이지를 더 놓는다.

3

바깥쪽 레이지데이지와 마찬가지로 스트레이트 스티치로 레이지데이지를 고정한다.

4

완성

프렌치노트 스티치

제일 많이 사용되는 매듭 모양 스티치. 바늘에 실을 한두 번(혹은 여러 번)
감아 표현합니다.

1

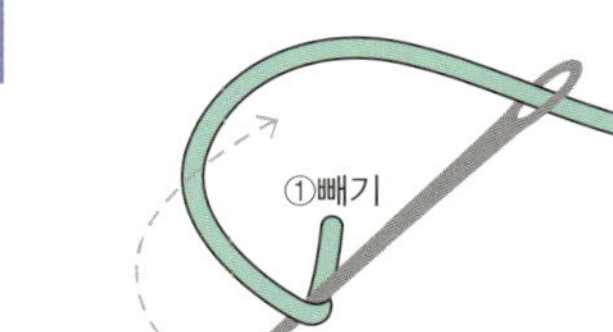

바늘에 실을 한 번 건 뒤, 바늘
끝을 위로 올린다.

2

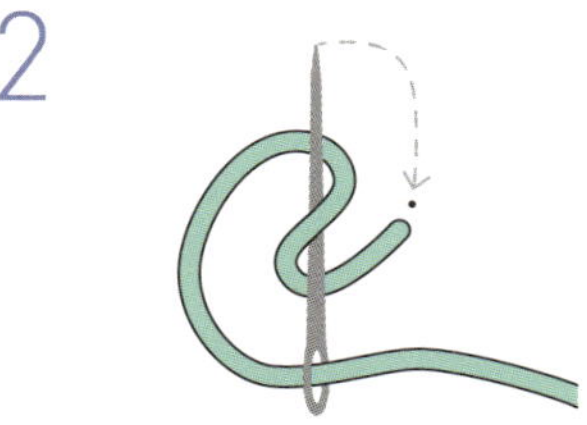

실을 빼낸 곳 바로 옆에 바늘을
세운다.

Check!

실을 3번 감으면 매듭이 커진다.

3

실을 꽉 조여서 바늘을 뒤로
통과시킨다.

4

완성

저먼노트 스티치

짧게 놓은 땀에 바늘을 2번 감아서 매듭을 만드는 스티치. 꽃 심으로 자주
사용됩니다.

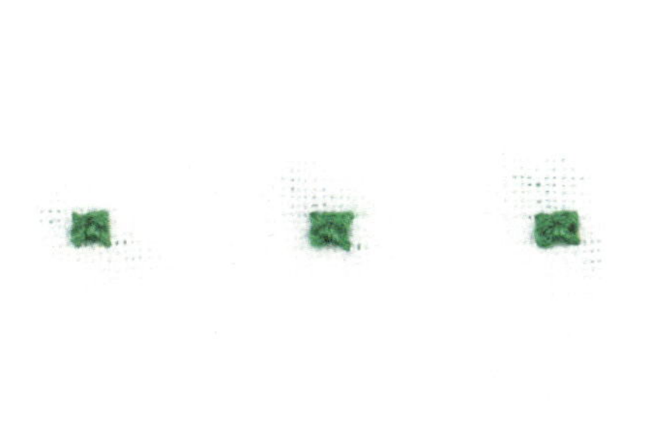

1

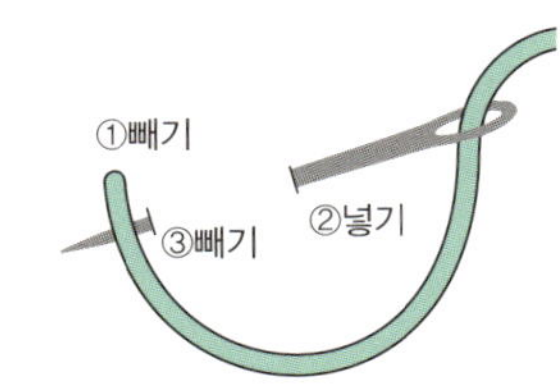

옆으로 한 땀 놓고, 왼쪽
아래로 바늘을 뺀다.

2

바늘땀에 바늘을
통과시킨다.

3

다시 한 번 바늘을
통과시킨다.

4

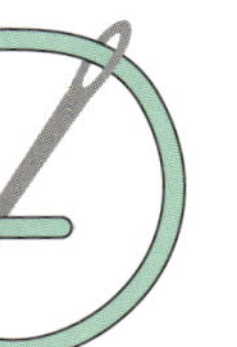

바늘을 뒤로
통과시켜서 조인다.

5

완성

 ## 불리온 스티치

바늘에 실을 감아서 놓는 올록볼록한 스티치.

1

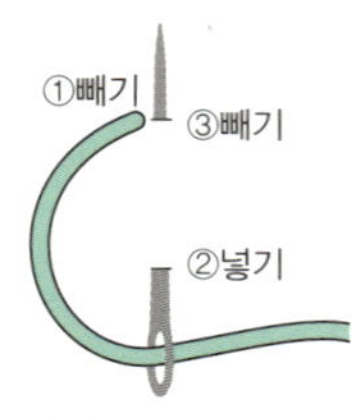

도안의 길이만큼 바늘을 되돌려서 넣고 시작점 바로 옆으로 바늘을 뺀다.

2

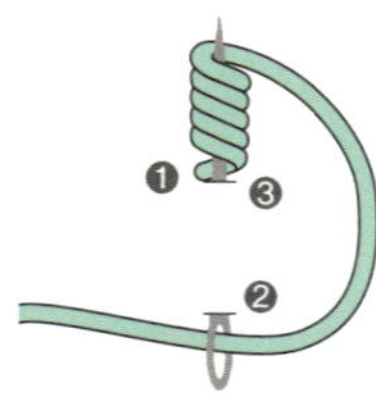

뺀 바늘에 그림처럼 실을 감되, 나중에 조여지므로 바늘땀보다 약간 길게 감는다.

3

감은 실을 손가락으로 꽉 누르면서 바늘을 뺀다.

4

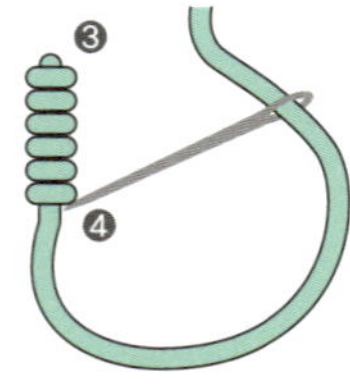

감은 실을 당기면서 스티치 모양을 정리한 다음 바늘을 뒤로 뺀다. ②와 ④는 같은 바늘구멍이다.

 ## 불리온 데이지 스티치

불리온 스티치로 레이지데이지 스티치(p.18)를 놓습니다. 입체적인 꽃 모양을 표현할 때 좋습니다.

1

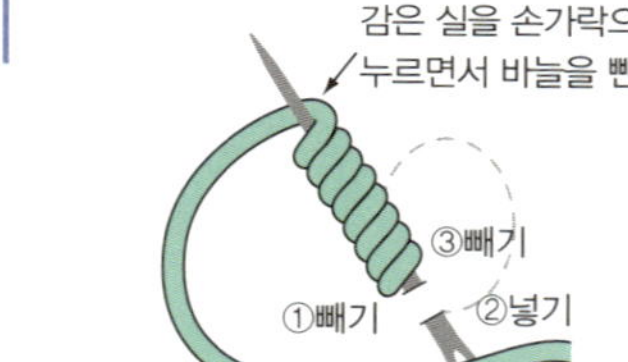

도안에 맞춰서 감기 횟수를 결정해 바늘을 뺀다.

2

둥글게 만든 후 ④에 바늘을 넣고 ⑤에서 뺀다.

3

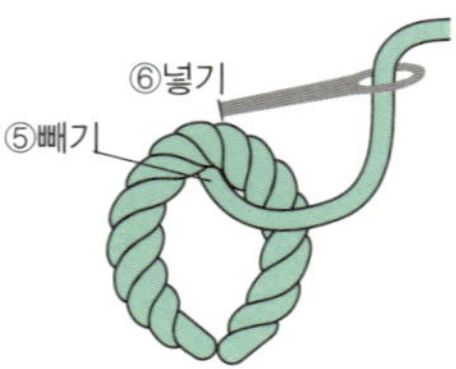

스트레이트 스티치로 아래의 실을 고정한다.

4

완성

 ## 헤링본 스티치

상하 교대로 바늘땀을 놓으면서 옆으로 진행하는 스티치. 선으로 무늬를 만들거나
면을 메울 때 사용합니다.

1

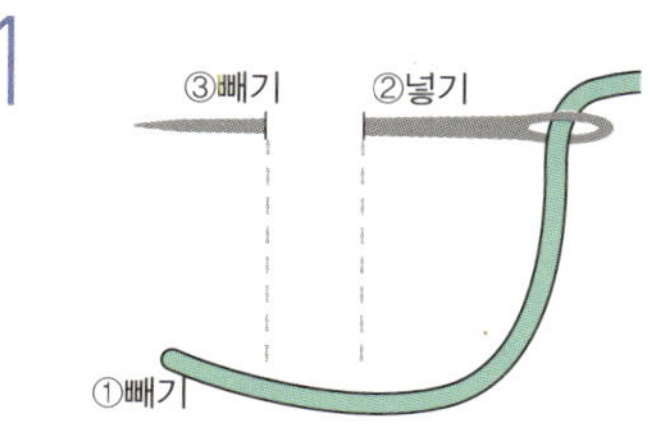

순서대로 바늘을 빼고 넣는다.

2

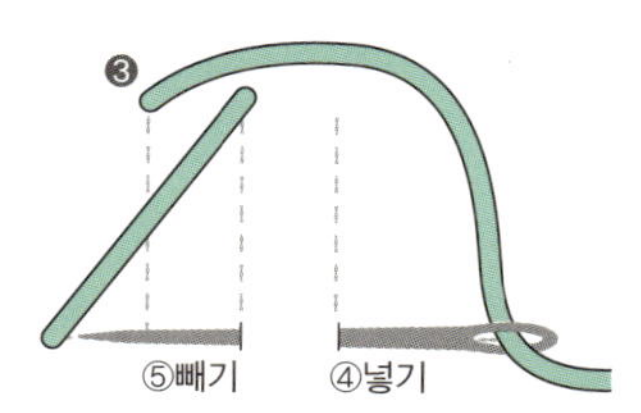

①~⑤를 반복해 상하로
교차시키면서 놓는다.

3

완성

 ## 버튼홀 스티치

단춧구멍을 홀치기 할 때 사용하는 스티치. 컷워크(도안의 가장자리를 홀치고
잘라내는 것)에서 자주 사용합니다.

1

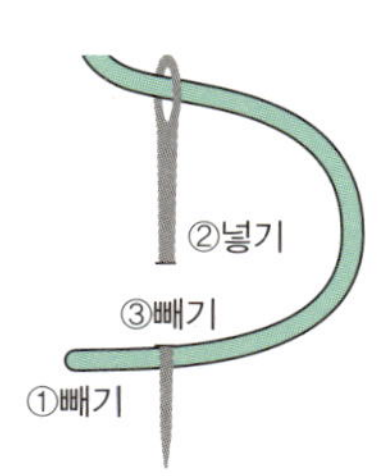

③에서 바늘을 뺄 때는 바늘이 실
위로 오게 한다.

2

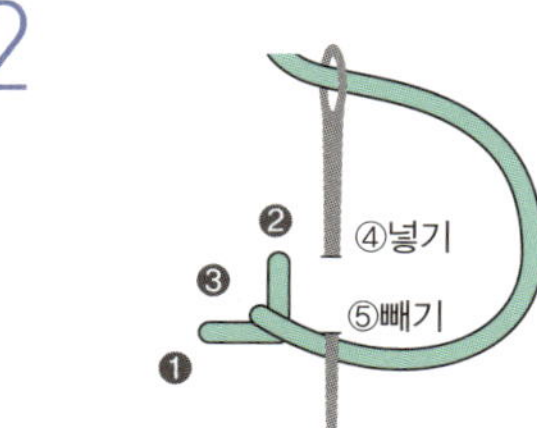

같은 간격으로 반복해서 놓는다.

3

촘촘하게 놓으면 천 풀림 방지가 된다.

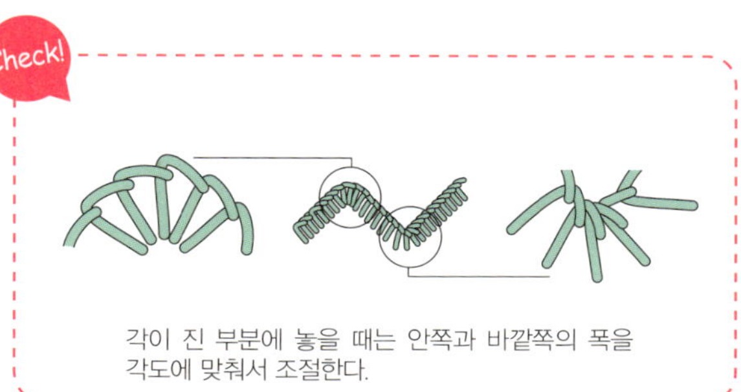

각이 진 부분에 놓을 때는 안쪽과 바깥쪽의 폭을
각도에 맞춰서 조절한다.

 ## 플라이 스티치

V자 모양 스티치. 간격을 좁히거나 스트레이트 스티치의 길이를 바꿔서 다양한
모양을 만듭니다.

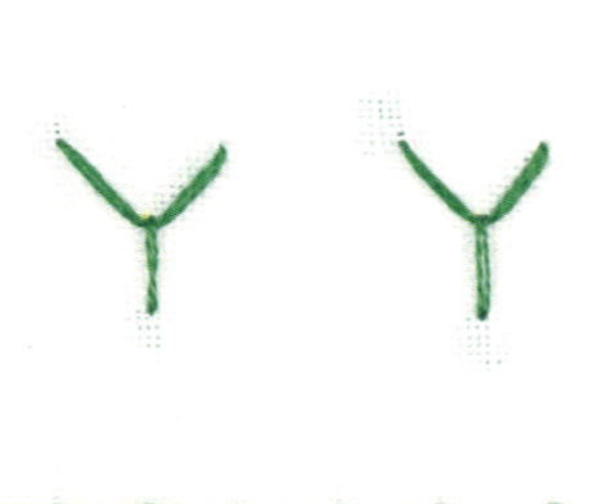

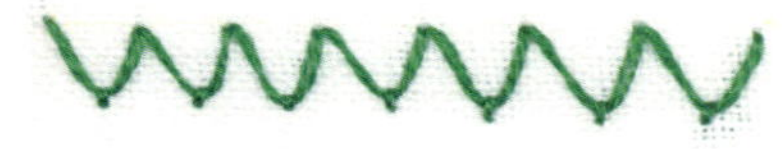

1

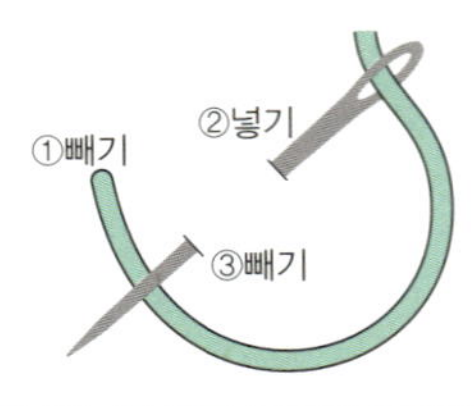

②에 바늘을 넣고 도안의 대각선
방향인 ③으로 바늘을 뺀다.

2

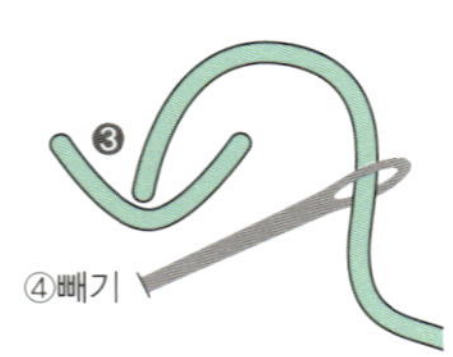

스트레이트 스티치로 고정한다.

* 플라이 스티치의 응용 *

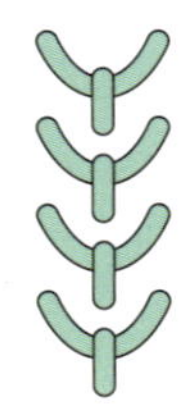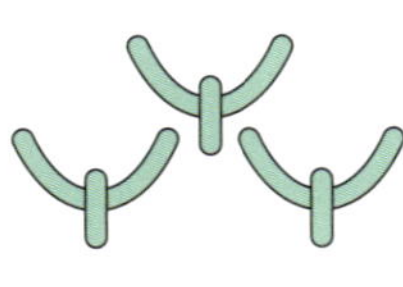

 ## 코랄 스티치

매듭을 만들면서 놓습니다. 선으로 무늬를 표현하거나 촘촘하게 놓으면서 면을 메우기도
합니다.

직선 모양 만들기

1

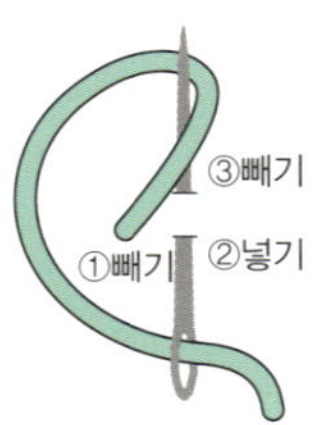

천을 살짝 떠서 바늘 끝에
실을 건다.

2

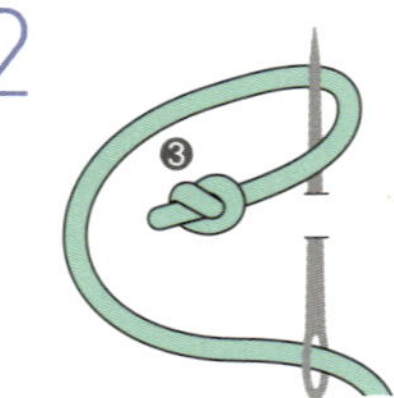

매듭을 지어 실을 누르면서
수를 놓는다.

3

1~2를 반복한다.

지그재그 모양 만들기

1

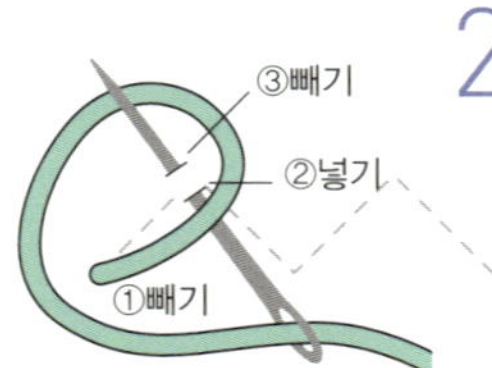

지그재그로 놓고 싶을 때는
도안의 각진 부분을 작게 떠서
바늘 끝에 실을 건다.

2

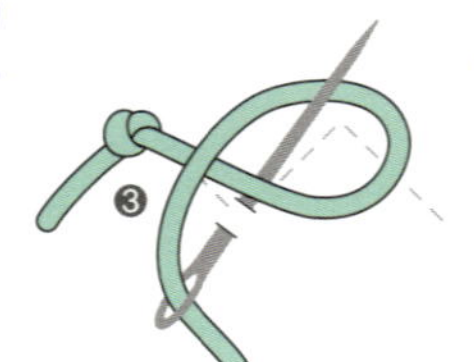

아래쪽의 각진 부분을
작게 떠서 바늘 끝에
실을 건다.

3

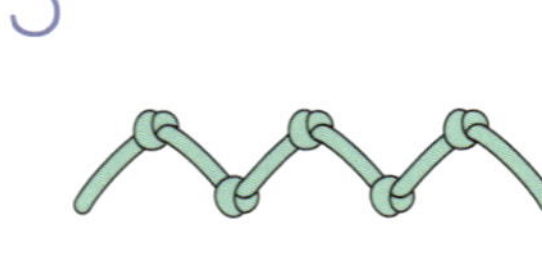

1~2를 반복한다.

 ## 페더 스티치

두꺼운 선을 놓거나 무늬로 면을 메울 때 사용합니다.

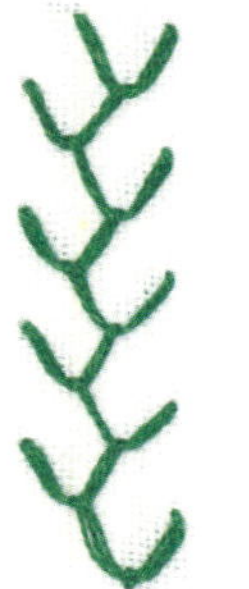

1

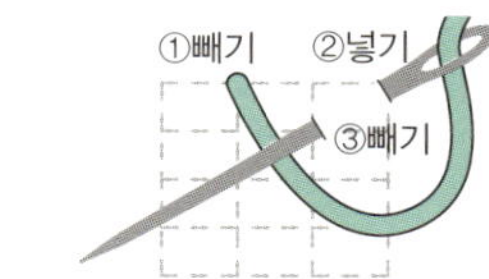

①과 ②의 중앙에서 1칸 정도 아래에 ③을 뜬다.

2

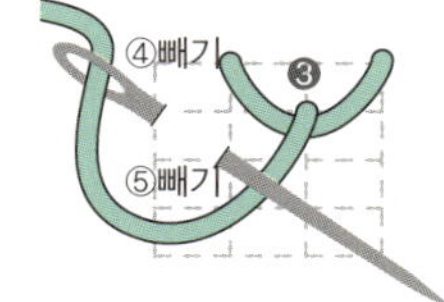

③에서 2칸 왼쪽 부분에 바늘을 넣고 ⑤에서 빼낸 뒤 실 위로 바늘을 뺀다.

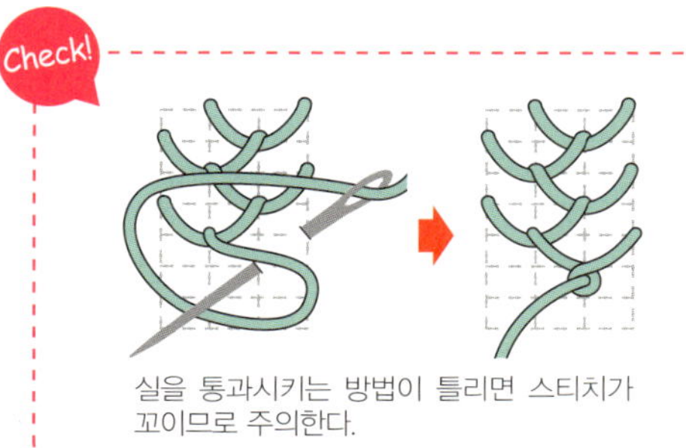

실을 통과시키는 방법이 틀리면 스티치가 꼬이므로 주의한다.

3

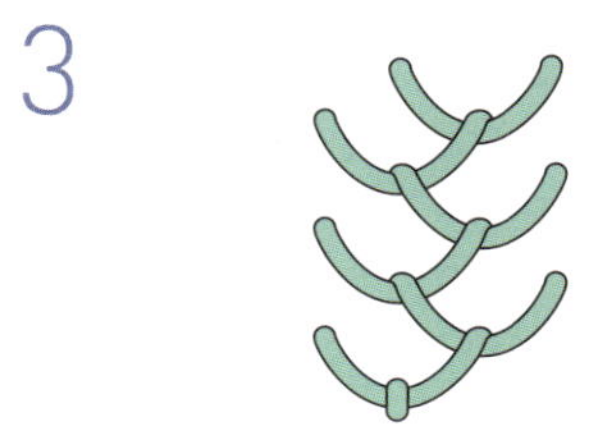

좌우 교대로 반복해서 놓는다.

 ## 더블 페더 스티치

페더 스티치를 같은 방향으로 두 번씩 놓는 스티치. 역동적인 라인을 표현할 수 있습니다.

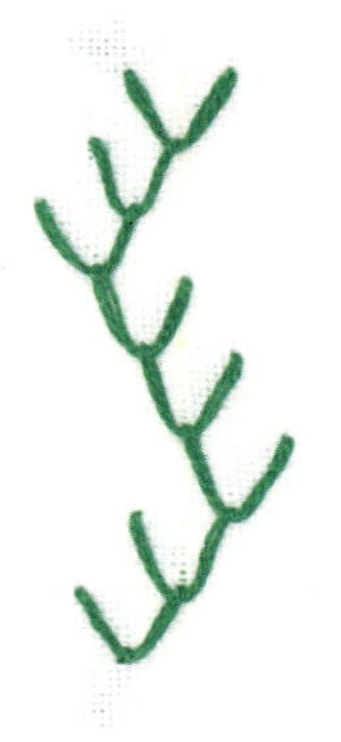

1

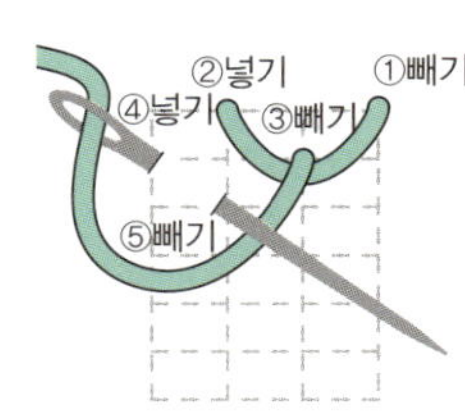

페더 스티치와 같은 방법으로 놓는다.

2

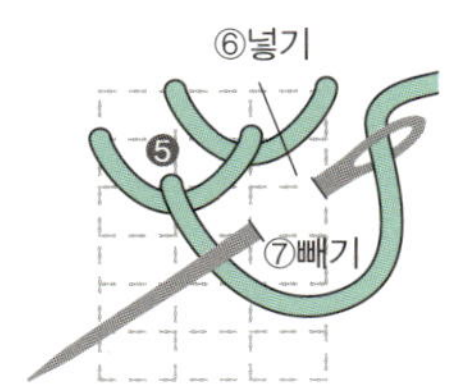

오른쪽에도 같은 방법으로 놓는다.

3

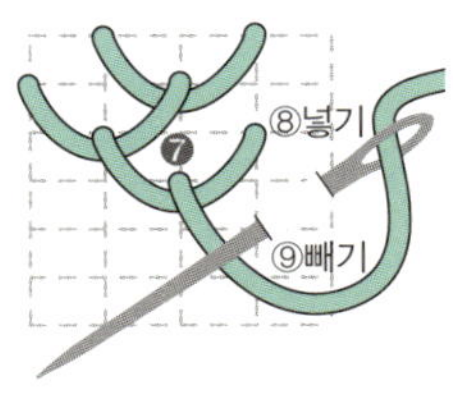

오른쪽에 한 번 더 같은 방법으로 놓는다.

4

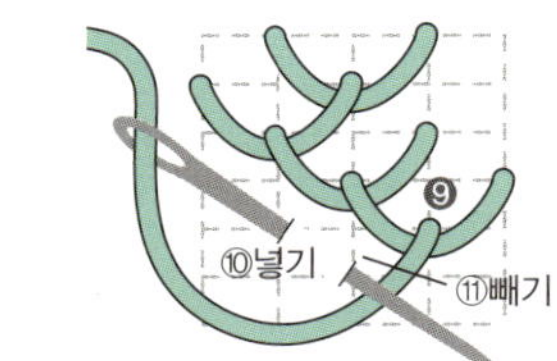

좌우 교대로 2번씩 반복한다.

 **블랭킷 스티치**

가장자리를 홀칠 때 사용하는 스티치. 도안에 맞춰서 바늘을 작업하기 편한 방향으로 움직입니다.

1

버튼홀 스티치(p.21)와 방법은 같지만 스티치 간격이 더 넓은 것이 특징이다.

2

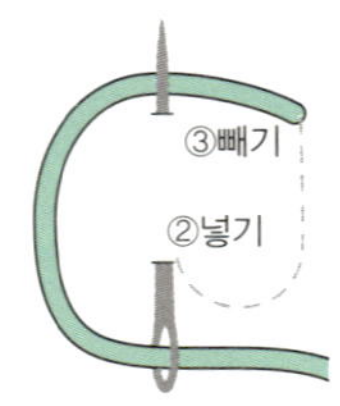

실 위로 바늘을 빼서 당긴다.

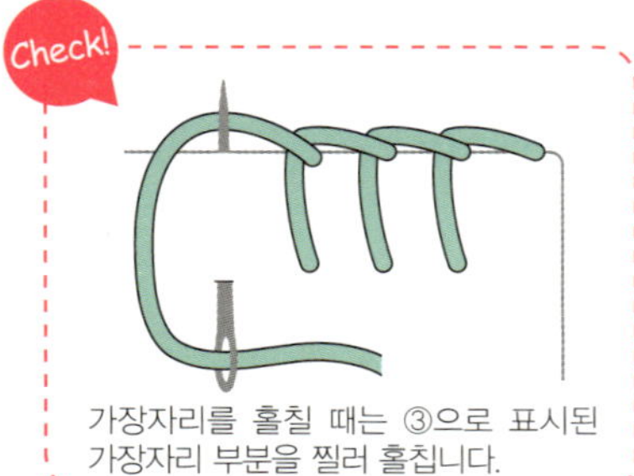

가장자리를 홀칠 때는 ③으로 표시된 가장자리 부분을 찔러 홀칩니다.

3

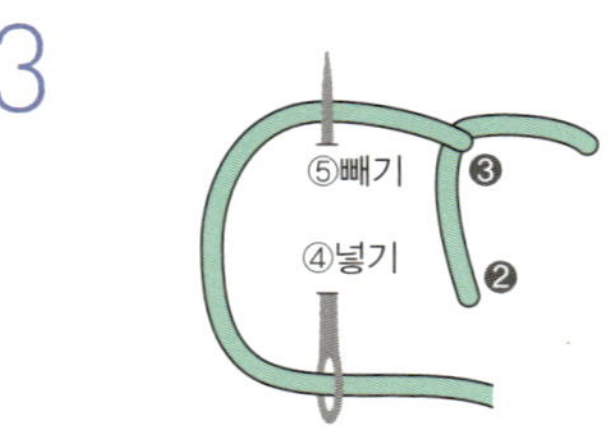

②〜③과 같은 방법으로 ④〜⑤를 반복해 완성한다.

*** 코너 ***

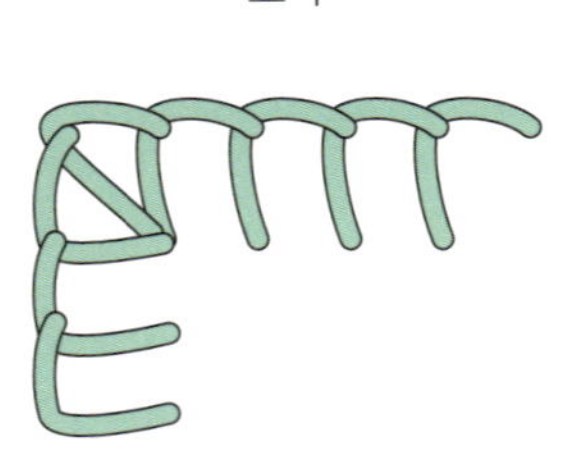

 **코칭 스티치**

실을 놓고 다른 실로 고정하는 스티치. 두 가닥의 실을 써 독특하고 멋스럽습니다.

1

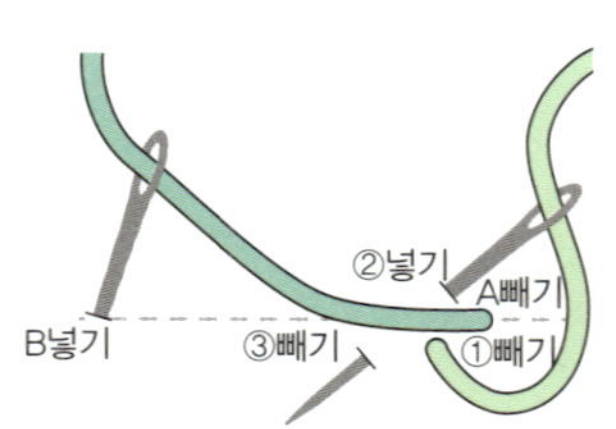

도안에 맞춰서 실을 놓고 옆에서 다른 실을 뺀 다음 고정시킨다.

2

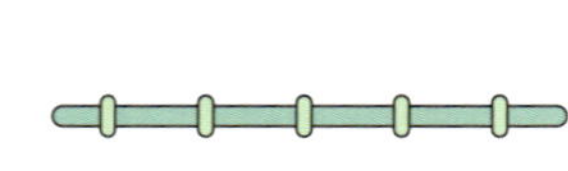

고정시키는 실은 고정하는 실에 수직이 되도록 한다.

실을 고정할 때는 심이 되는 실을 감지 않고 살짝 고정시키는 정도가 깔끔하다.

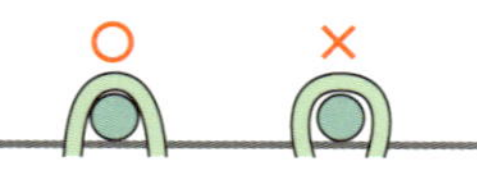

[뒤]

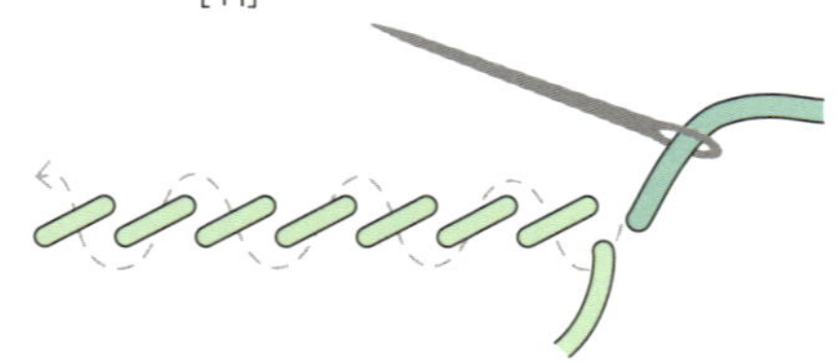

작업이 끝났으면 실을 뒤로 빼서 점선처럼 보이는 바늘땀에 통과시켜서 정리한다.

 ## 위빙 스티치

스트레이트 스티치에 실을 둘둘 감아서 거미집처럼 만드는 스티치입니다.

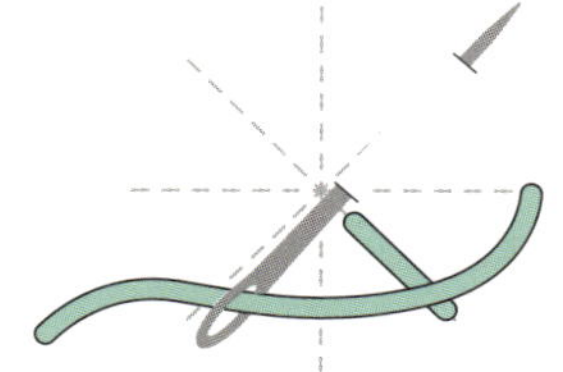

1 스트레이트 스티치(p.15)를 도안대로 놓는다.

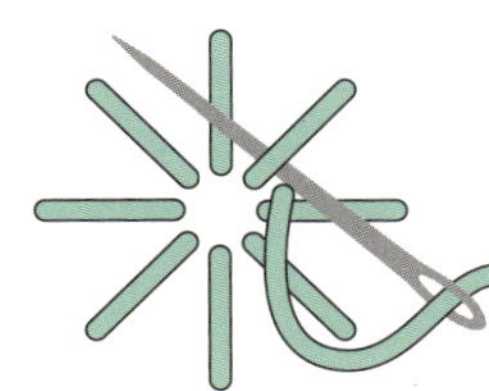

2 중심 가까이에서 바늘을 빼 실을 1가닥 뜬다.

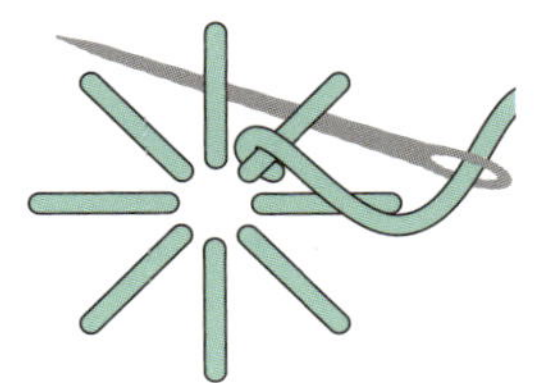

3 뜬 실과 다음 실에 바늘을 통과시킨다.

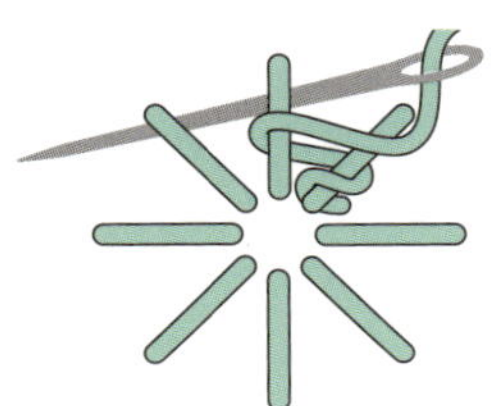

4 마찬가지로 2가닥씩 뜨면서 몇 번을 놓아 반복한다.

 ## 케이블 스티치

저먼노트 스티치(p.19)를 연속해서 놓는 스티치. 입체감을 표현할 때 놓습니다.

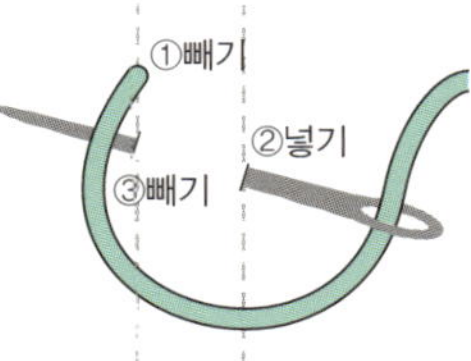

1 바늘땀이 대각선으로 놓이도록 ③으로 뺀다.

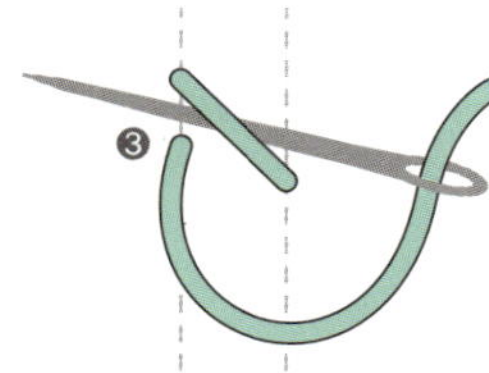

2 대각선 바늘땀에 바늘을 통과시킨다.

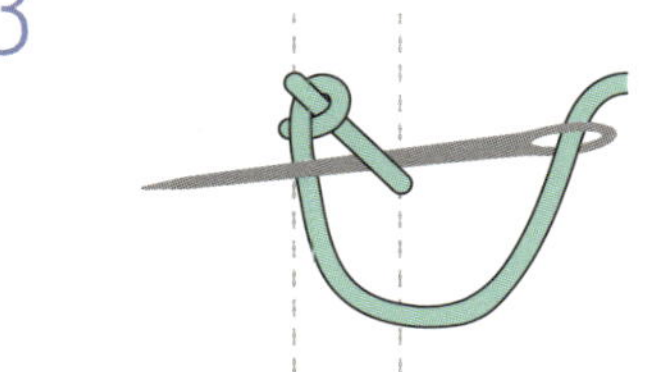

3 다시 한 번 대각선 바늘땀에 바늘을 통과시킨다.

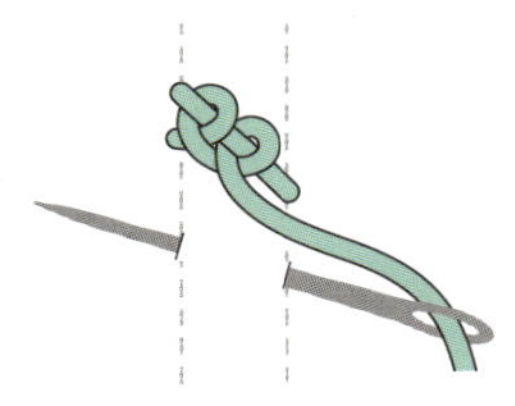

4 1~3을 반복한다.

다림질로 마무리하기

자수를 완성한 후에는 다림질을 해 자수를 깔끔하고
입체적으로 정리합니다.

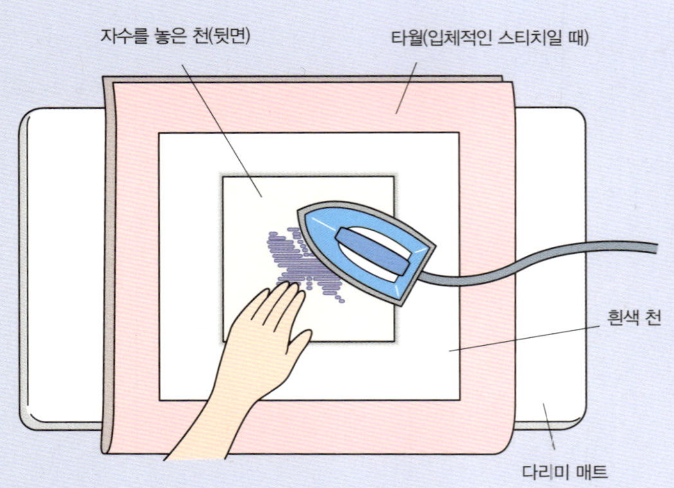

작업이 모두 끝났으면 천에 남아 있는 도안의
선을 물에 적신 면봉으로 지웁니다. 너무 지저
분하면 중성세제를 넣은 따뜻한 물로 조심스럽
게 세탁하고, 세제가 남아 있지 않도록 충분히
헹군 뒤 타월 사이에 끼워 물기를 뺍니다. 다림
질을 할 때는 자수가 눌리지 않도록 타월 같은
부드러운 천을 다리미 매트 위에 깔고 깨끗한
흰색 천을 위에 겹칩니다. 그 위에 작품의 뒷면
이 위로 오도록 놓고 물을 뿌린 다음 천에 맞는
적절한 온도로 다리면 입체적이고 깔끔하게 자
수가 마무리됩니다.

도안 읽는 법

도안에는 스티치 기법의 종류와 실의 제조회사명, 가닥수, 색 번호 등을 표기했습니다.
이 책의 도안 읽는 법을 소개합니다.

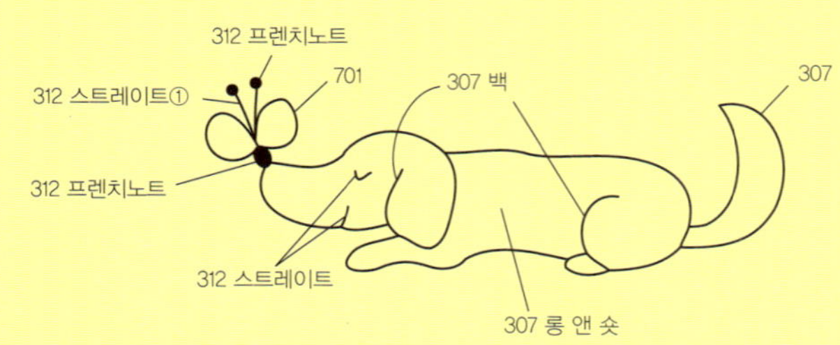

- 각 스티치는 실의 제조회사명, 색 번호, 스티
  치 기법의 순으로 표기합니다. 스티치 기법
  은 간단히 이름만 표기했으며(예를 들어, '스
  트레이트 스티치'는 '스트레이트'), PART03
  부터는 S를 표기해 '스트레이트S'로 표기했
  습니다.

- 실의 제조회사명, 스티치 이름이 없는 부분
  은 도안 아래의 '주'에서 설명하고 있으며, 실
  의 가닥수는 ○ 안에 표기했습니다.

- 왼쪽 도안의 '312 스트레이트①'은 코스모 25
  번 자수실의 색 번호 312번으로 스트레이트
  스티치를 실 1가닥으로 놓으라는 뜻입니다.

지정 외 면은 새틴 스티치. ○ 안은 실 가닥수. 지정 외는 2가닥.
실은 모두 코스모. 프렌치노트는 1번 감기.

기본 스티치로
원 포인트 자수 놓기

PART01에서 익힌 기본 스티치를 이용해서

손수건이나 셔츠, 양말 등에 원 포인트 자수를 놓아보세요.

평범했던 소품들이 귀엽고 센스 있는 소품으로 거듭난답니다.

다양한 도안을 실물 크기로 실었으니

마음에 드는 디자인을 골라 도전해보세요.

소품에 자수를 놓아요

에이프런이나 셔츠, 양말 등 기성품에 원 포인트의 작은 자수를 놓아보세요.
나만의 개성을 살린 귀여운 작품이 된답니다.

**귀여운 동물이 그려진
셔츠와 양말이에요.**
(동물 도안 p.36)

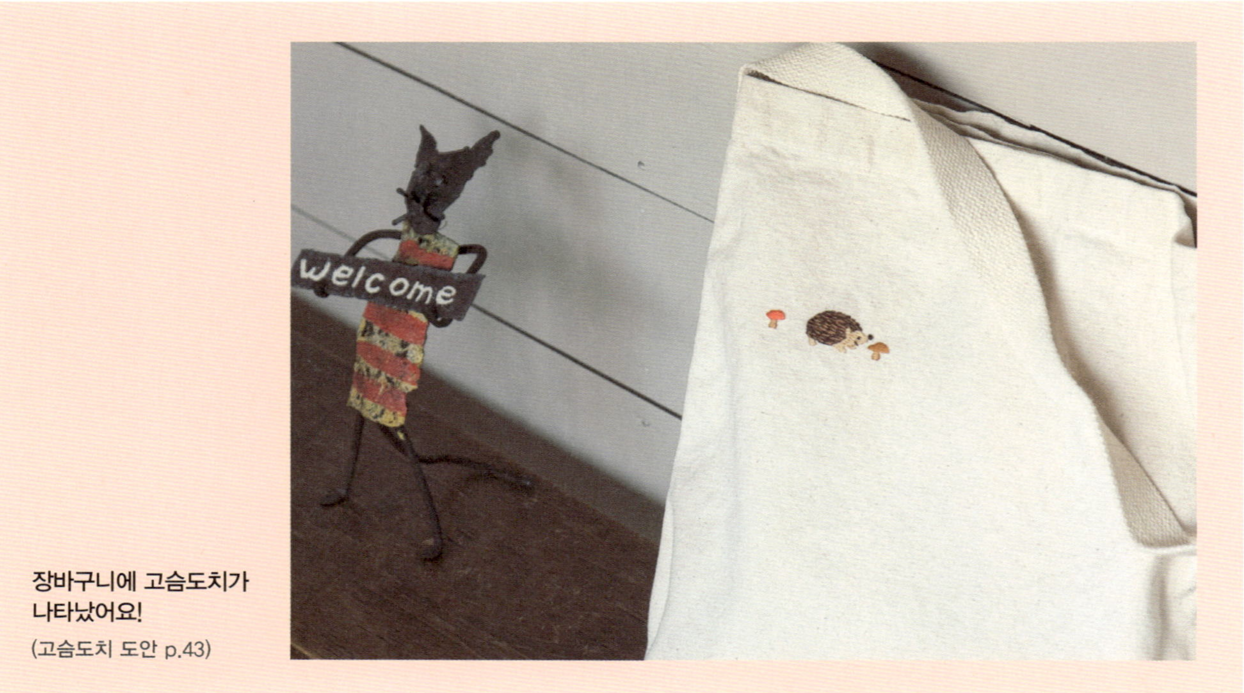

**장바구니에 고슴도치가
나타났어요!**
(고슴도치 도안 p.43)

런천 매트와 젓가락 주머니에 아기자기한 수를 놓았어요.
(콩 도안 p.49 / 그릇 도안 p.51)

가방에 넣고 다니고 싶어지는 손수건이에요.
(다람쥐 도안 p.32 / 교회 도안 p.61)

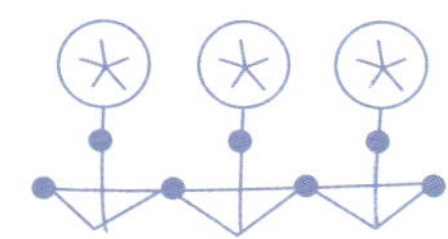

개성 있는 셔츠와 블라우스가 되었어요.
(체리 도안 p.39 / 클로버 도안 p.47)

디자인 · 제작 / 코무라타 노리코

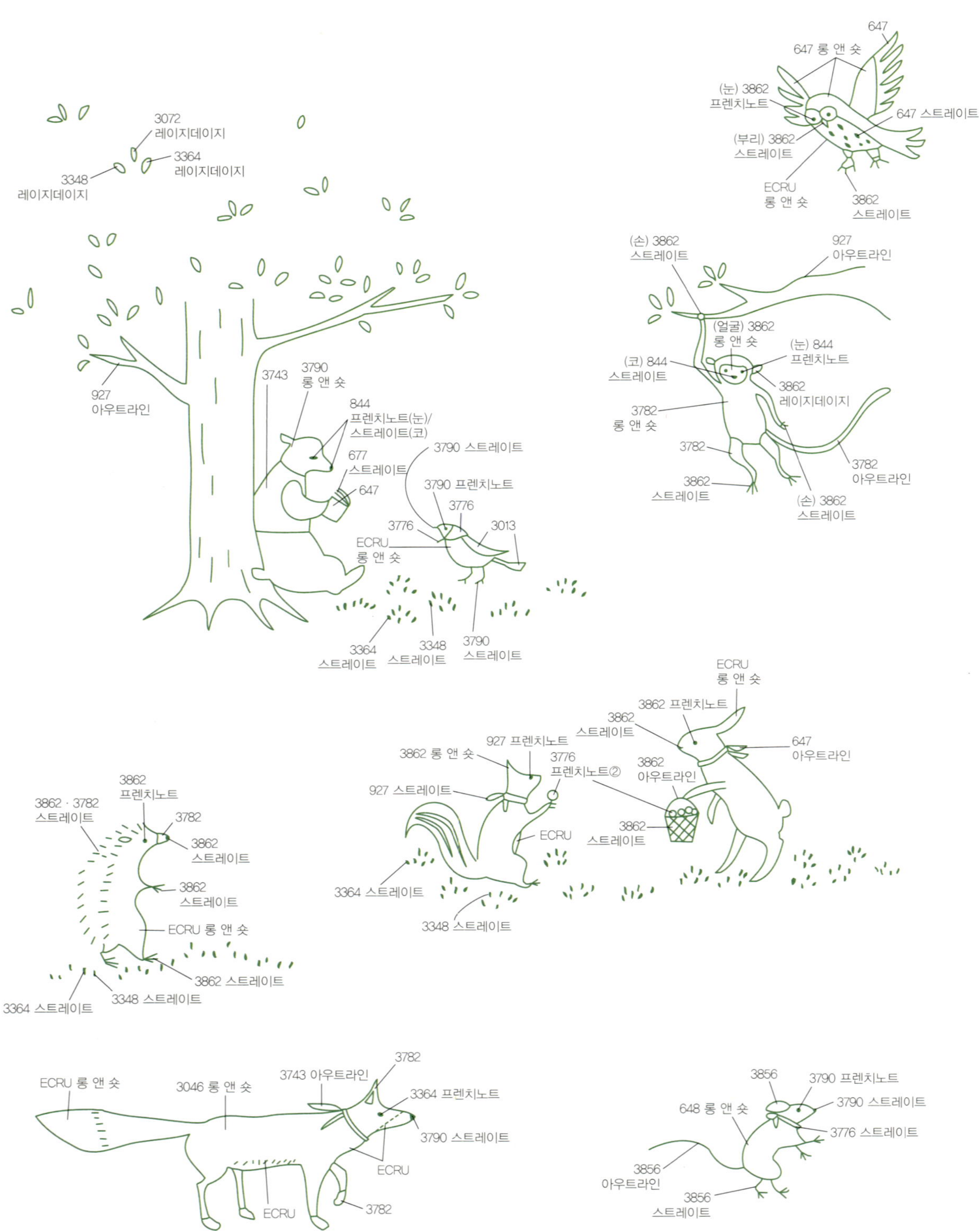

지정 외 면은 새틴 스티치. ○ 안은 실 가닥수. 지정 외는 1가닥. 프렌치노트는 1번 감기. 지정 외 실은 DMC.

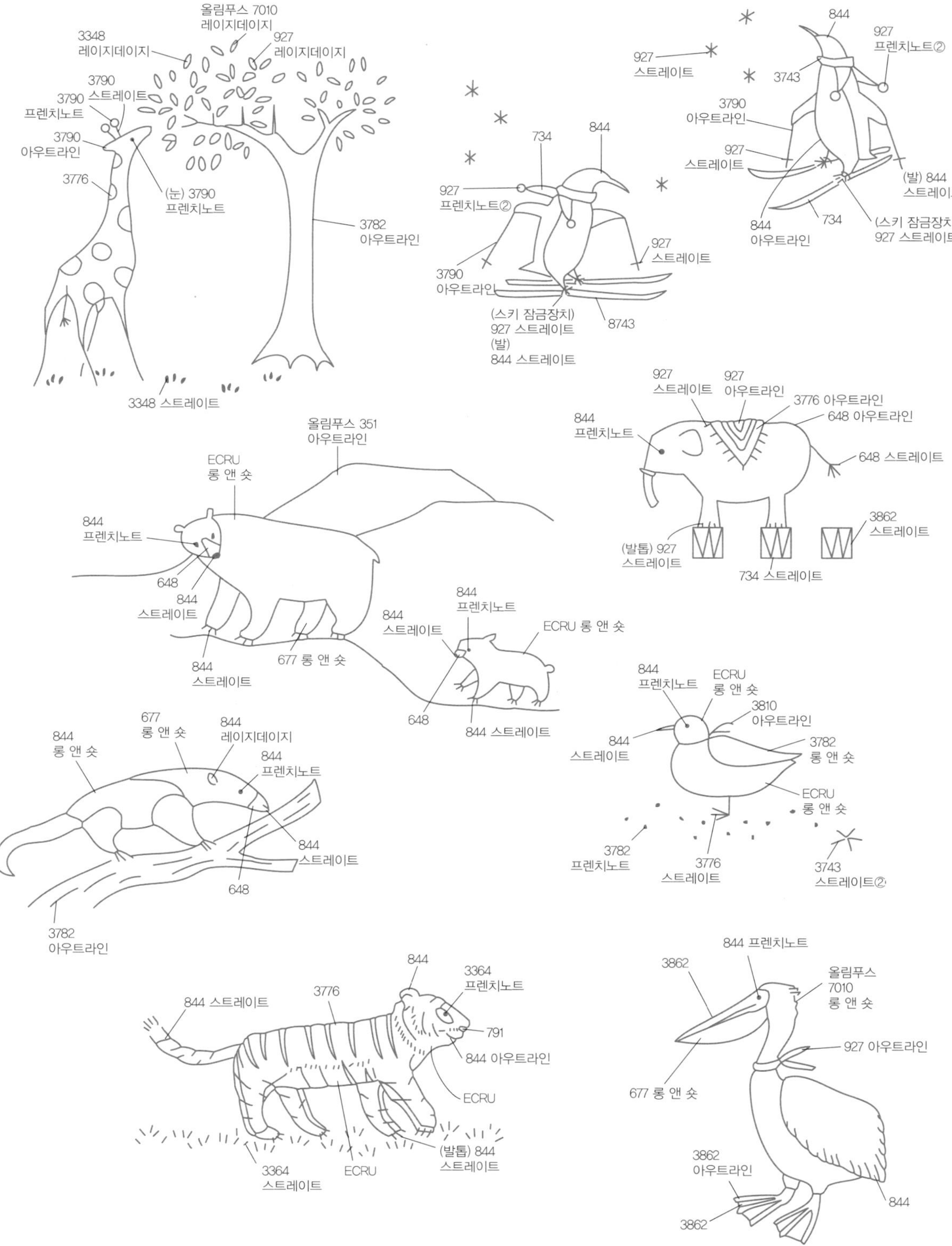
올림푸스 7010
레이지데이지
3348
레이지데이지
927
레이지데이지
3790 스트레이트
3790
프렌치노트
3790
아우트라인
3776
(눈) 3790
프렌치노트
3782
아우트라인
3348 스트레이트
927
스트레이트
734
844
927
프렌치노트②
3790
아우트라인
927
프렌치노트②
3743
927
프렌치노트②
927
스트레이트
(발) 844
스트레이트
844
아우트라인
734
(스키 잠금장치)
927 스트레이트
3790
아우트라인
(스키 잠금장치)
927 스트레이트
(발)
844 스트레이트
8743
올림푸스 351
아우트라인
ECRU
롱 앤 숏
844
프렌치노트
648
844
스트레이트
844
스트레이트
677 롱 앤 숏
844
프렌치노트
844
스트레이트
648
844 스트레이트
ECRU 롱 앤 숏
927
스트레이트
927
아우트라인
3776 아우트라인
648 아우트라인
844
프렌치노트
648 스트레이트
3862
스트레이트
(발톱) 927
스트레이트
734 스트레이트
677
롱 앤 숏
844
레이지데이지
844
롱 앤 숏
844
프렌치노트
844
스트레이트
648
3782
아우트라인
844
프렌치노트
ECRU
롱 앤 숏
3810
아우트라인
844
스트레이트
3782
롱 앤 숏
ECRU
롱 앤 숏
3782
프렌치노트
3776
스트레이트
3743
스트레이트②
844 스트레이트
3776
844
3364
프렌치노트
791
844 아우트라인
ECRU
(발톱) 844
스트레이트
3364
스트레이트
ECRU
844 프렌치노트
3862
올림푸스
7010
롱 앤 숏
927 아우트라인
677 롱 앤 숏
3862
아우트라인
844
3862

디자인 · 제작 / 카와나 아키코

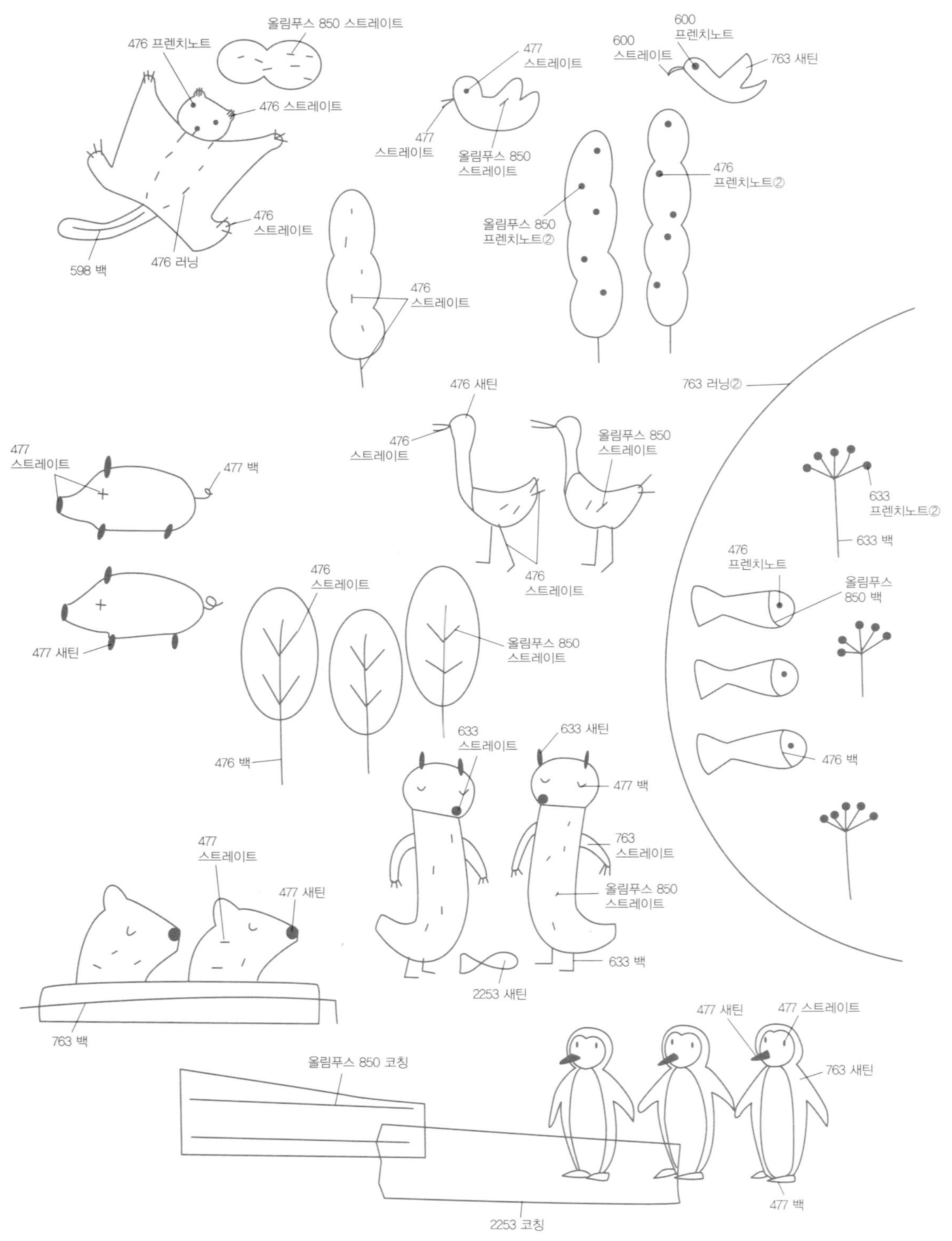

○ 안은 실 가닥수. 지정 외는 1가닥. 프렌치노트는 1번 감기. 지정 외 실은 코스모. 지정 외 면은 천이나 펠트를 사용.

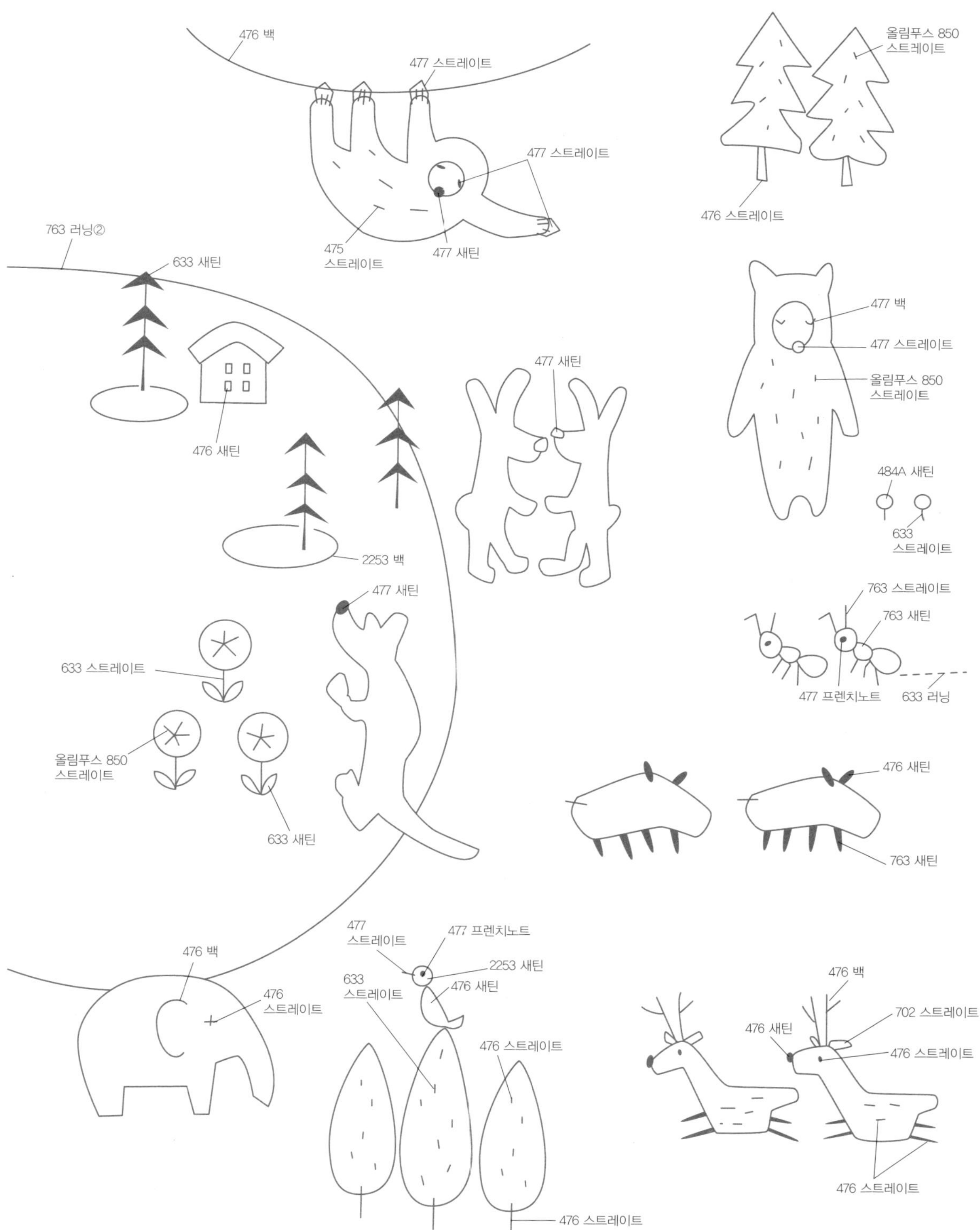

476 백
477 스트레이트
477 스트레이트
475 스트레이트
477 새틴
올림푸스 850 스트레이트
476 스트레이트
763 러닝②
633 새틴
476 새틴
2253 백
477 새틴
477 새틴
633 스트레이트
올림푸스 850 스트레이트
633 새틴
477 백
477 스트레이트
올림푸스 850 스트레이트
484A 새틴
633 스트레이트
763 스트레이트
763 새틴
477 프렌치노트
633 러닝
476 새틴
763 새틴
476 백
476 스트레이트
477 스트레이트
477 프렌치노트
2253 새틴
633 스트레이트
476 새틴
476 스트레이트
476 스트레이트
476 백
476 새틴
702 스트레이트
476 스트레이트
476 스트레이트

봄

디자인 · 제작 / 시라이 미즈호

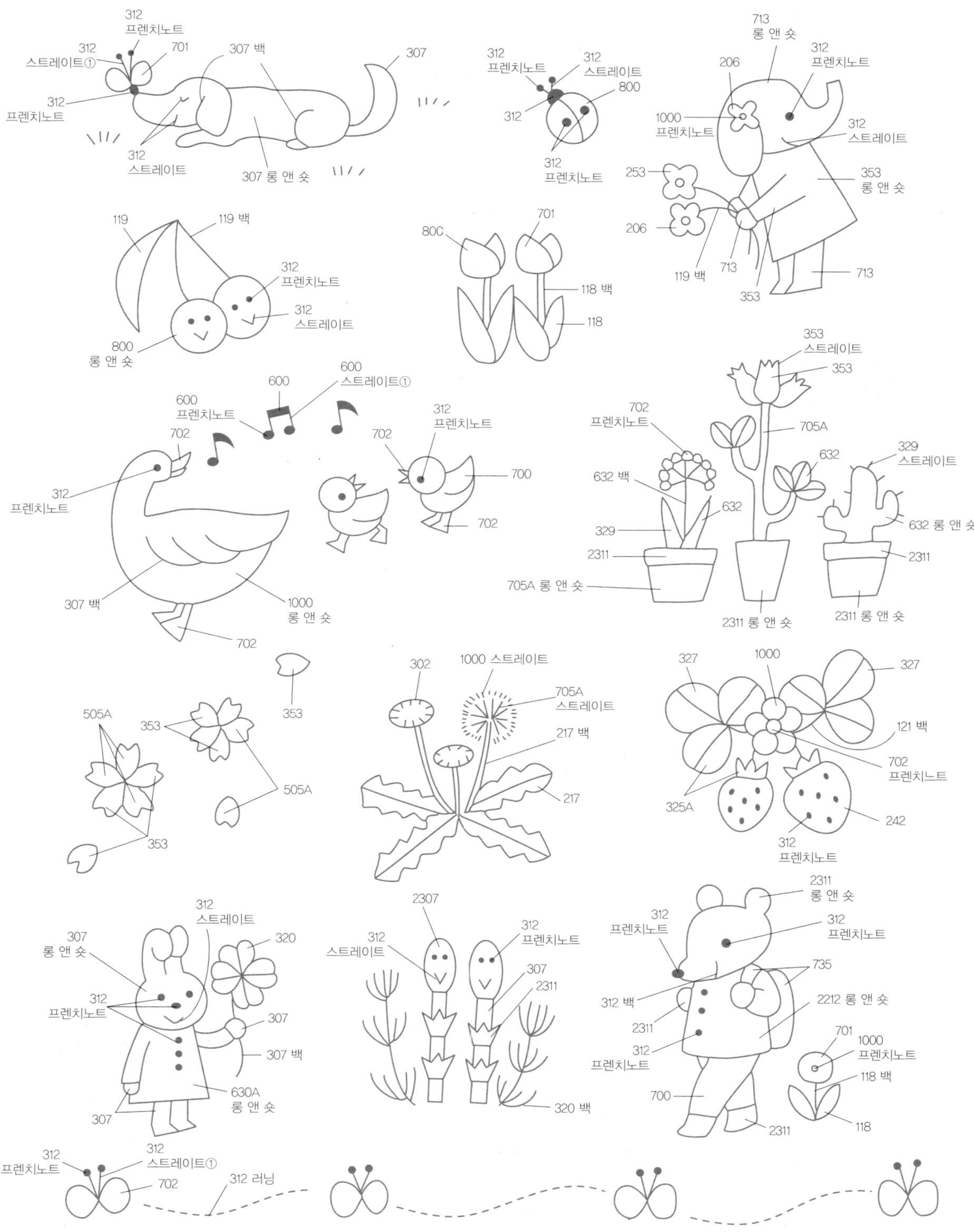

지정 외 면은 새틴 스티치. ○ 안은 실 가닥수. 지정 외는 2가닥. 프렌치노트는 1번 감기. 지정 외 실은 코스모.

디자인 · 제작 / 시라이 미즈호

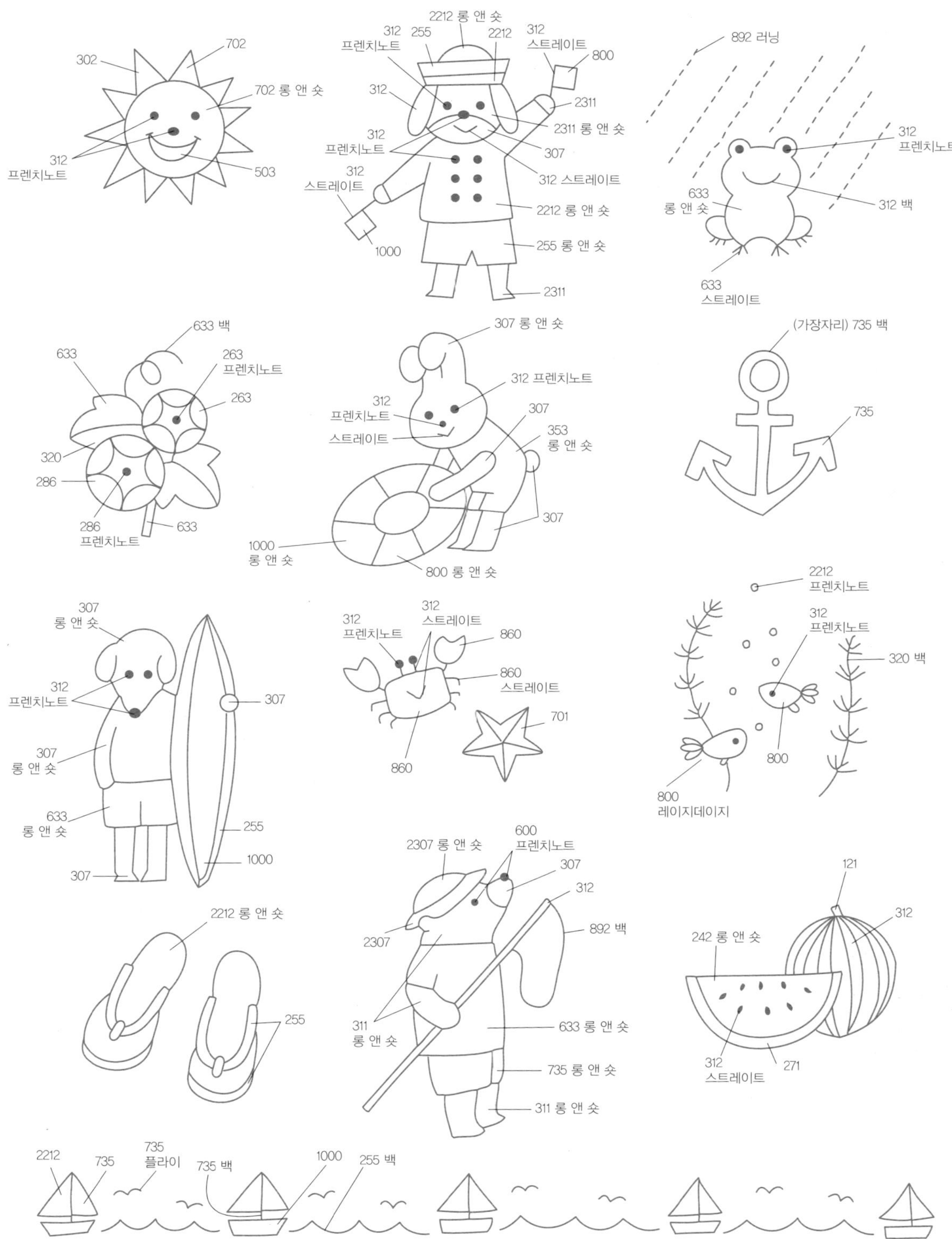

지정 외 면은 새틴 스티치. ○ 안은 실 가닥수. 지정 외는 2가닥. 프렌치노트는 1번 감기. 지정 외 실은 코스모.

디자인 · 제작 / 시라이 미즈호

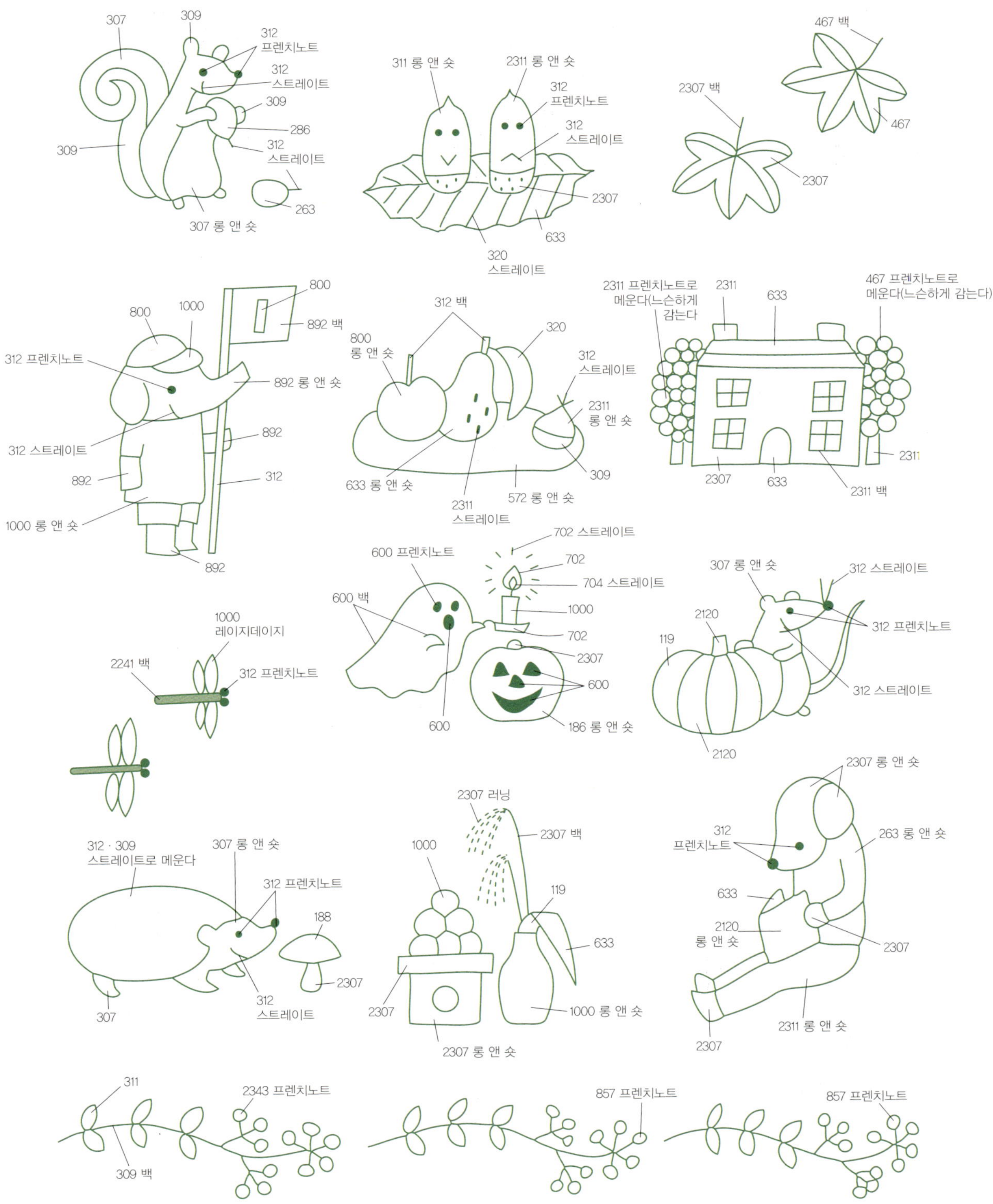

지정 외 면은 새틴 스티치. ○ 안은 실 가닥수. 지정 외는 2가닥. 프렌치노트는 1번 감기. 지정 외 실은 코스모.

디자인 · 제작 / 시라이 미즈호

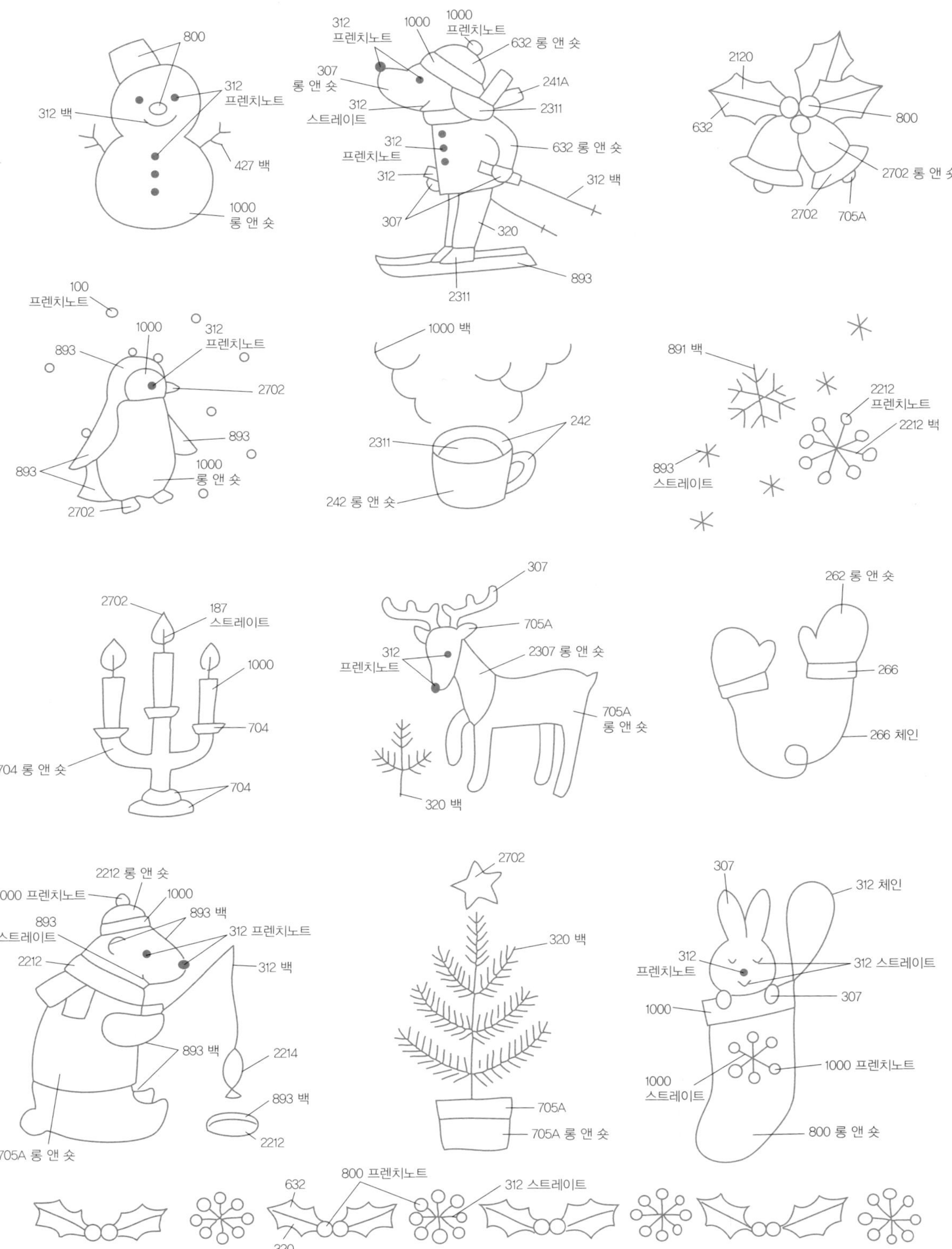

지정 외 면은 새틴 스티치. ○ 안은 실 가닥수. 지정 외는 2가닥. 프렌치노트는 1번 감기. 지정 외 실은 코스모.

디자인 · 제작 / annas

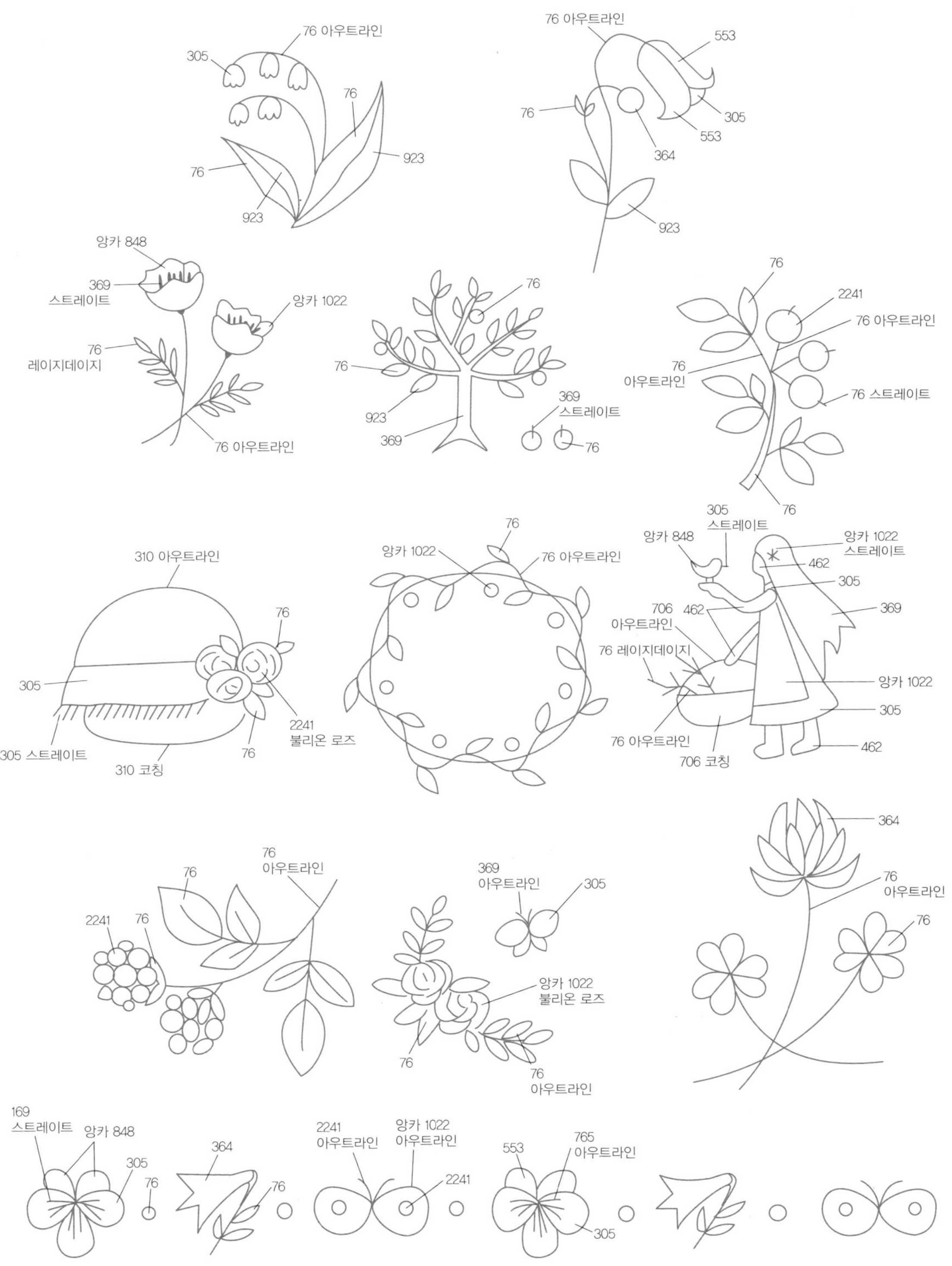

지정 외 면은 새틴 스티치. ○ 안은 실 가닥수. 지정 외 실은 코스모. 불리온 로즈 스티치는
불리온 스티치를 장미꽃처럼 놓는 스티치.

a pple
apple?
BEANS
banana.
A B
egg plant.
1. 2. 3.
pumpkin.
mushroom.
TOMATO
TOMATO
green peas.

디자인 · 제작 / 오노 리에

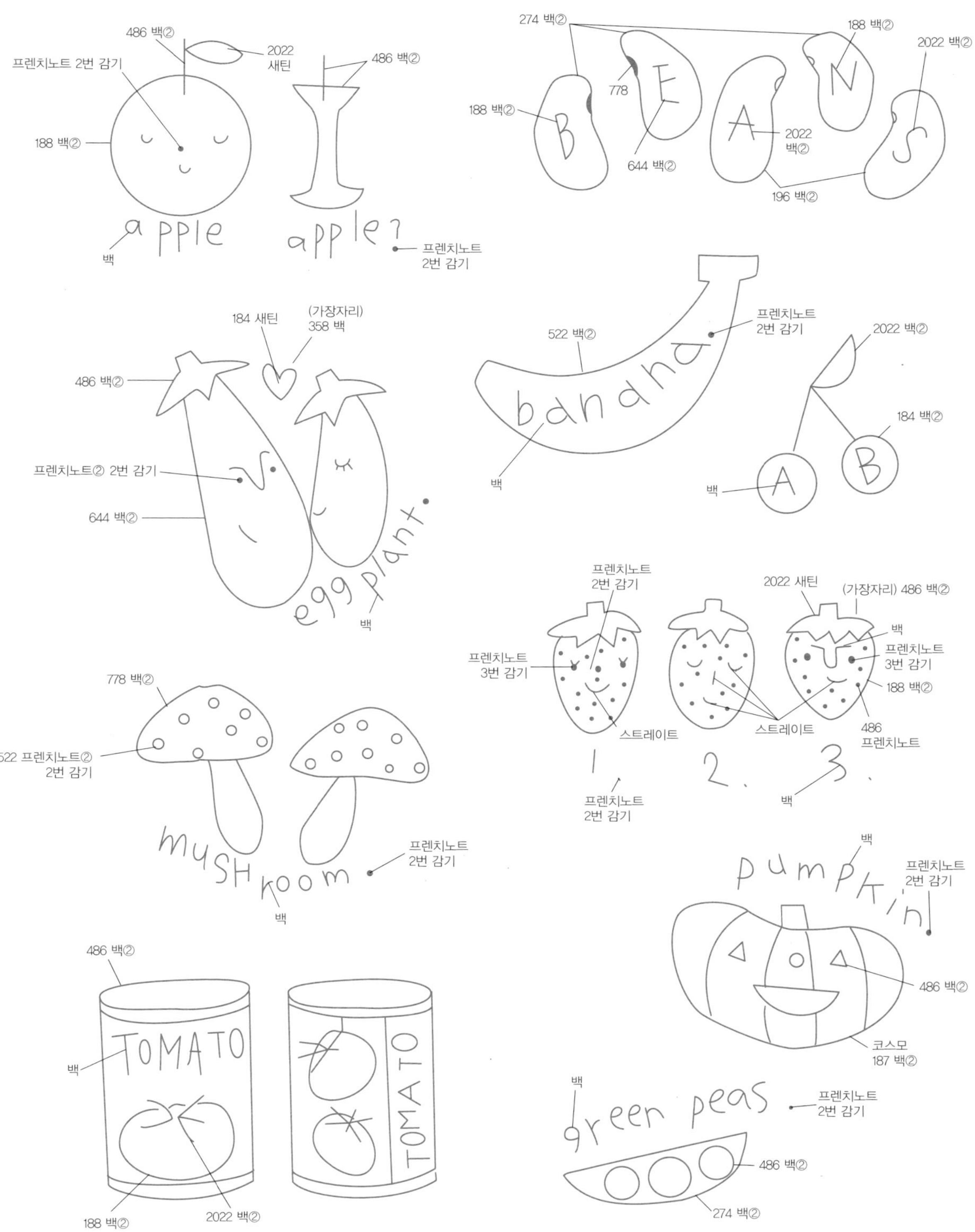

○ 안은 실 가닥수. 지정 외는 1가닥. 콩 안 이외의 알파벳, 숫자, 얼굴 표정은 1가닥으로 놓고 실은 올림푸스 358. 지정 외는 프렌치노트로 1번 감기. 지정 외 실은 올림푸스.

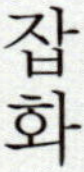

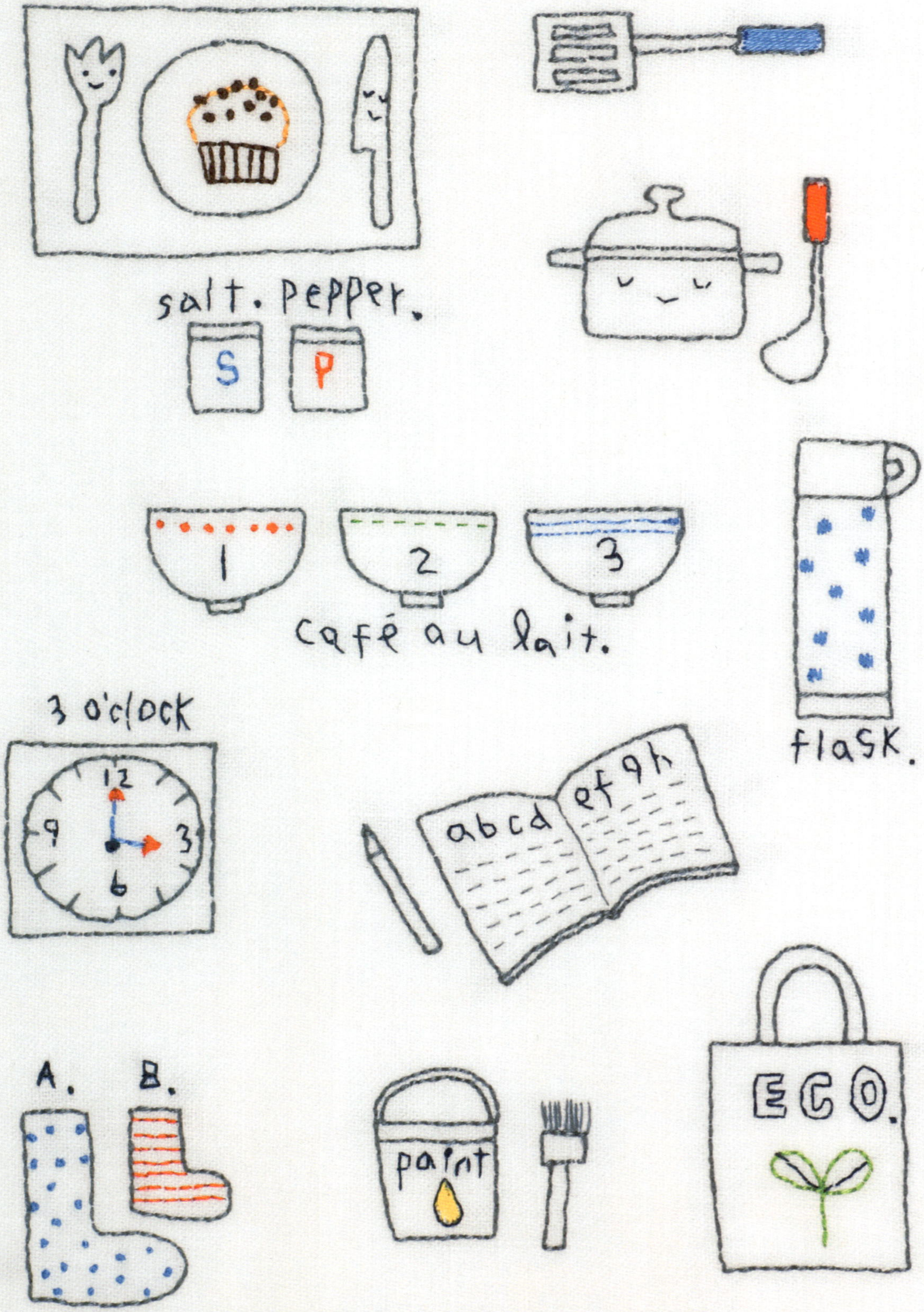
salt. pepper.
S
P
1
2
3
café au lait.
flask.
3 o'clock
12
9
3
6
abcd
efgh
A.
B.
paint
ECO.

디자인 · 제작 / 오노 리에

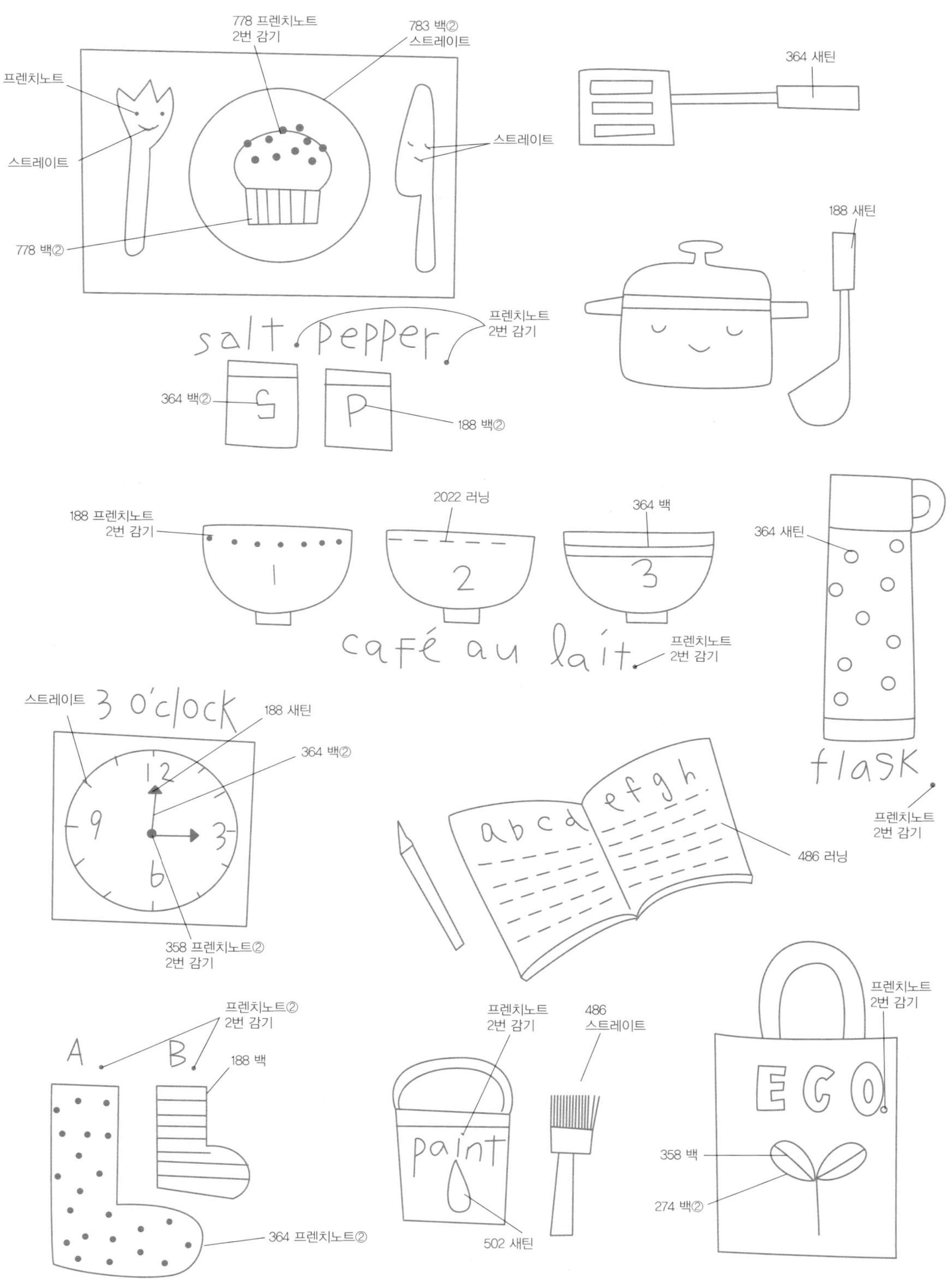

지정 외 선은 백 스티치로 2가닥, 실은 올림푸스 486. ○ 안은 실 가닥수. 지정 외는 1가닥. 알파벳, 숫자, 얼굴 표정은 1가닥, 실은 올림푸스 358. 지정 외는 프렌치노트로 1번 감기. 실은 모두 올림푸스.

디자인 · 제작 / 카와나 아키코

PART 02 기본 스티치로 원 포인트 자수 놓기

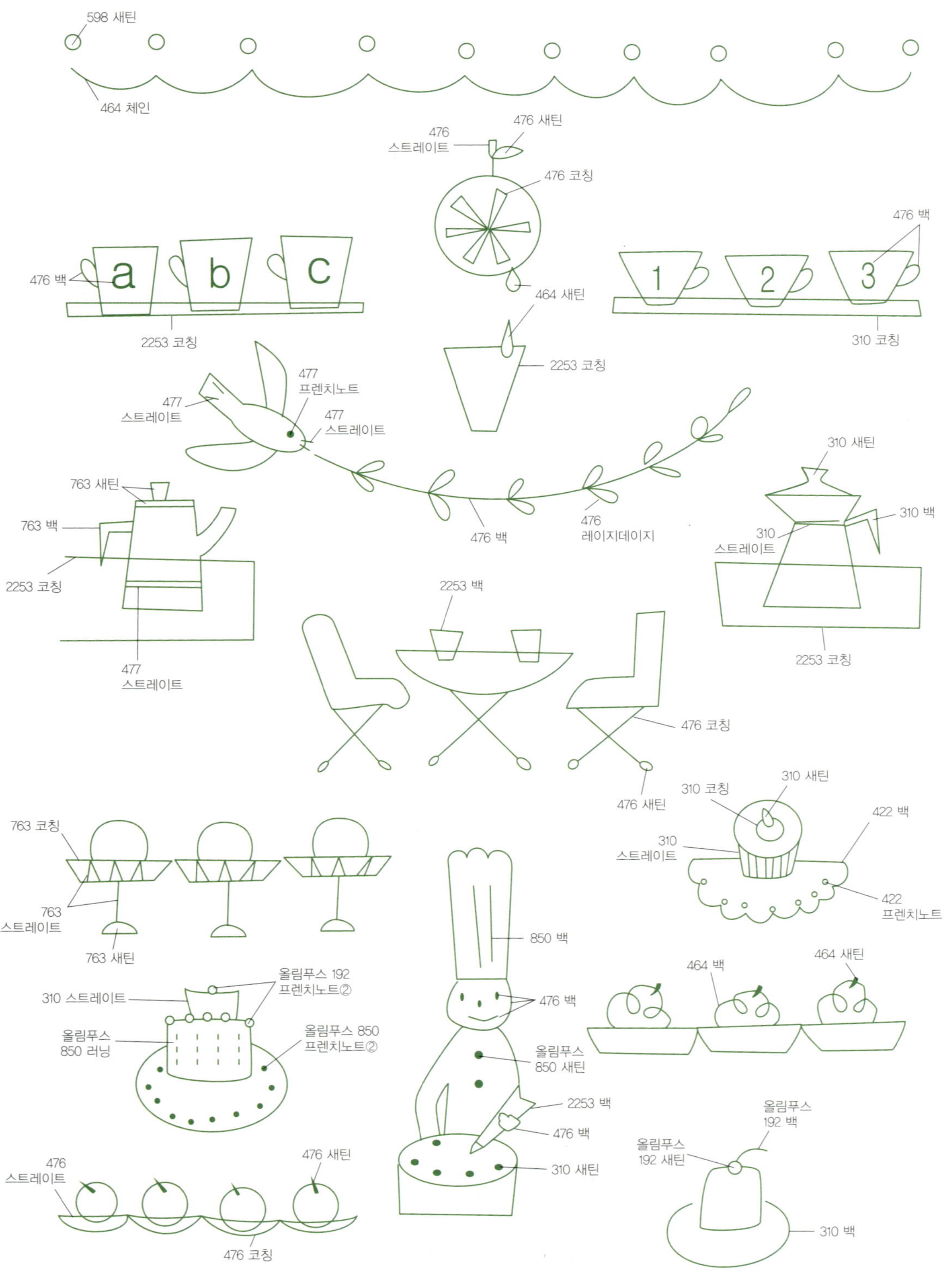

○ 안은 실 가닥수. 지정 외는 1가닥. 프렌치노트는 1번 감기. 지정 외 실은 코스모. 지정 외 면에는 천이나 펠트를 사용.

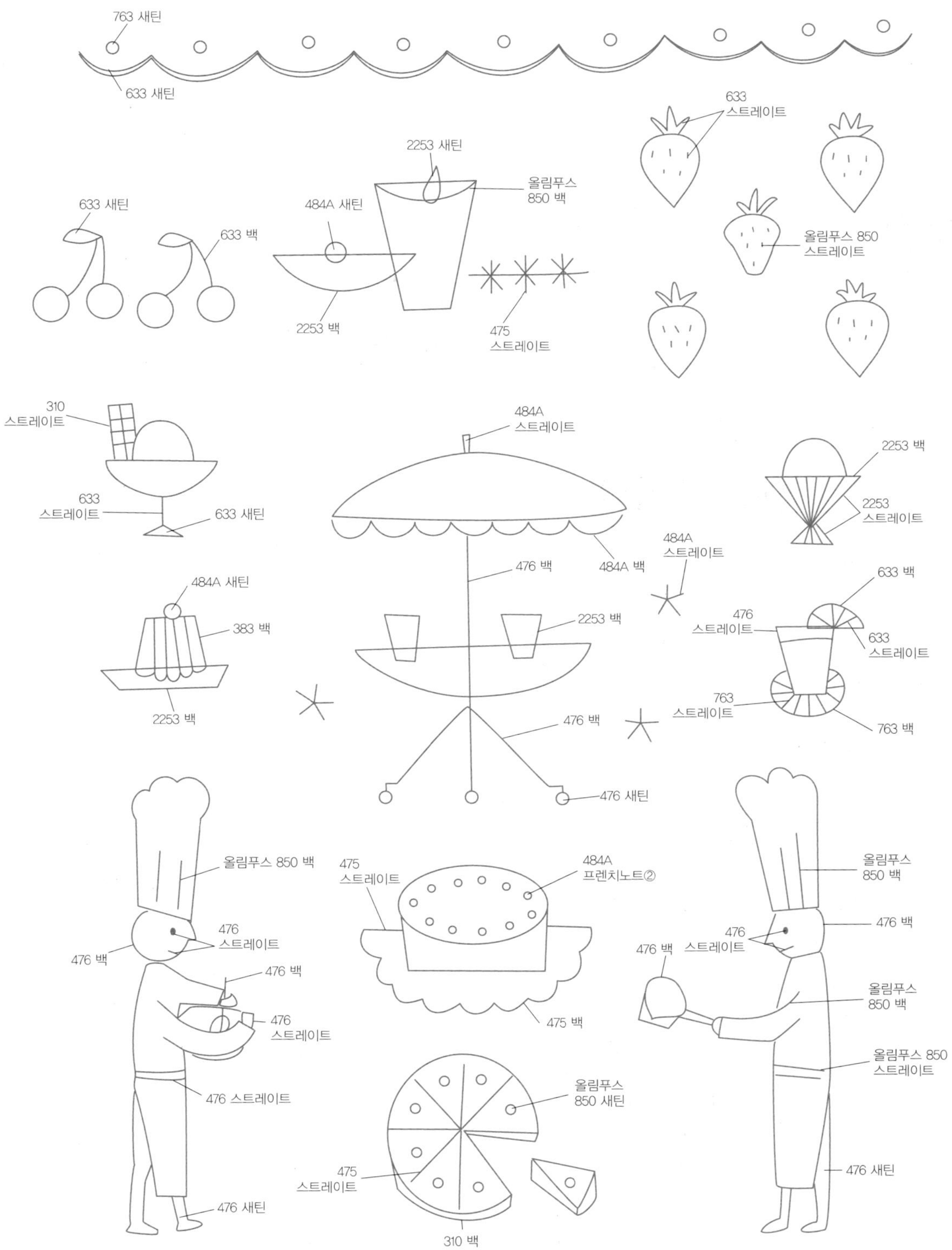

763 새틴
633 새틴
633 새틴
633 백
2253 새틴
484A 새틴
올림푸스 850 백
2253 백
475 스트레이트
633 스트레이트
올림푸스 850 스트레이트
310 스트레이트
633 스트레이트
633 새틴
484A 스트레이트
476 백
484A 백
484A 스트레이트
2253 백
2253 스트레이트
484A 새틴
383 백
2253 백
2253 백
476 스트레이트
633 백
633 스트레이트
763 스트레이트
763 백
476 백
476 새틴
올림푸스 850 백
476 백
476 스트레이트
476 백
476 스트레이트
476 스트레이트
476 새틴
475 스트레이트
484A 프렌치노트②
475 백
올림푸스 850 새틴
475 스트레이트
310 백
올림푸스 850 백
476 백
476 백
476 스트레이트
올림푸스 850 백
올림푸스 850 스트레이트
476 새틴

디자인 · 제작 / 이시이 히로코

Baby
MILK

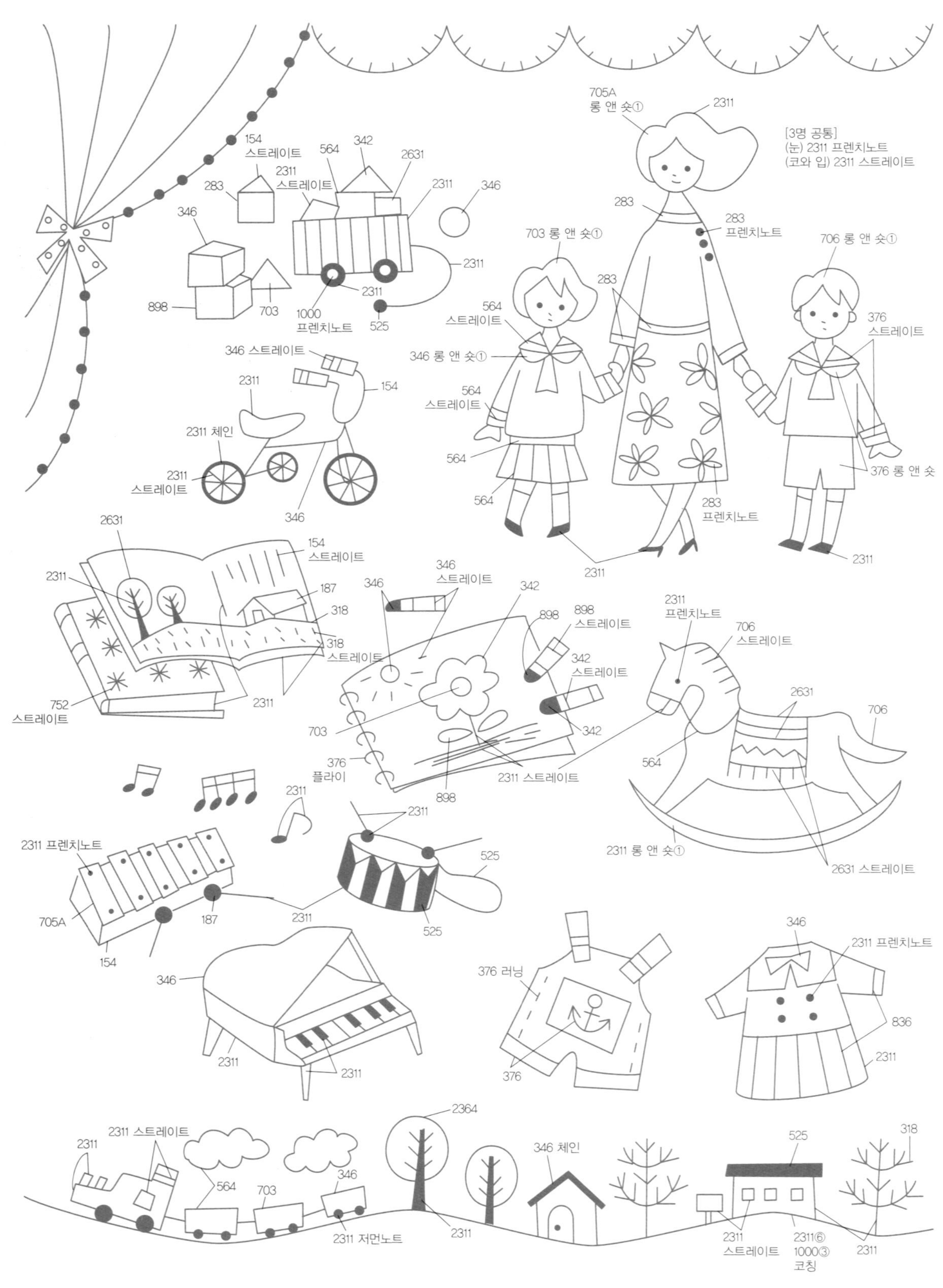

지정 외 면은 새틴 스티치. 지정 외 선은 백 스티치. ○ 안은 실 가닥수. 지정 외는 2가닥. 프렌치노트는 2번 감기. 실은 모두 코스모.

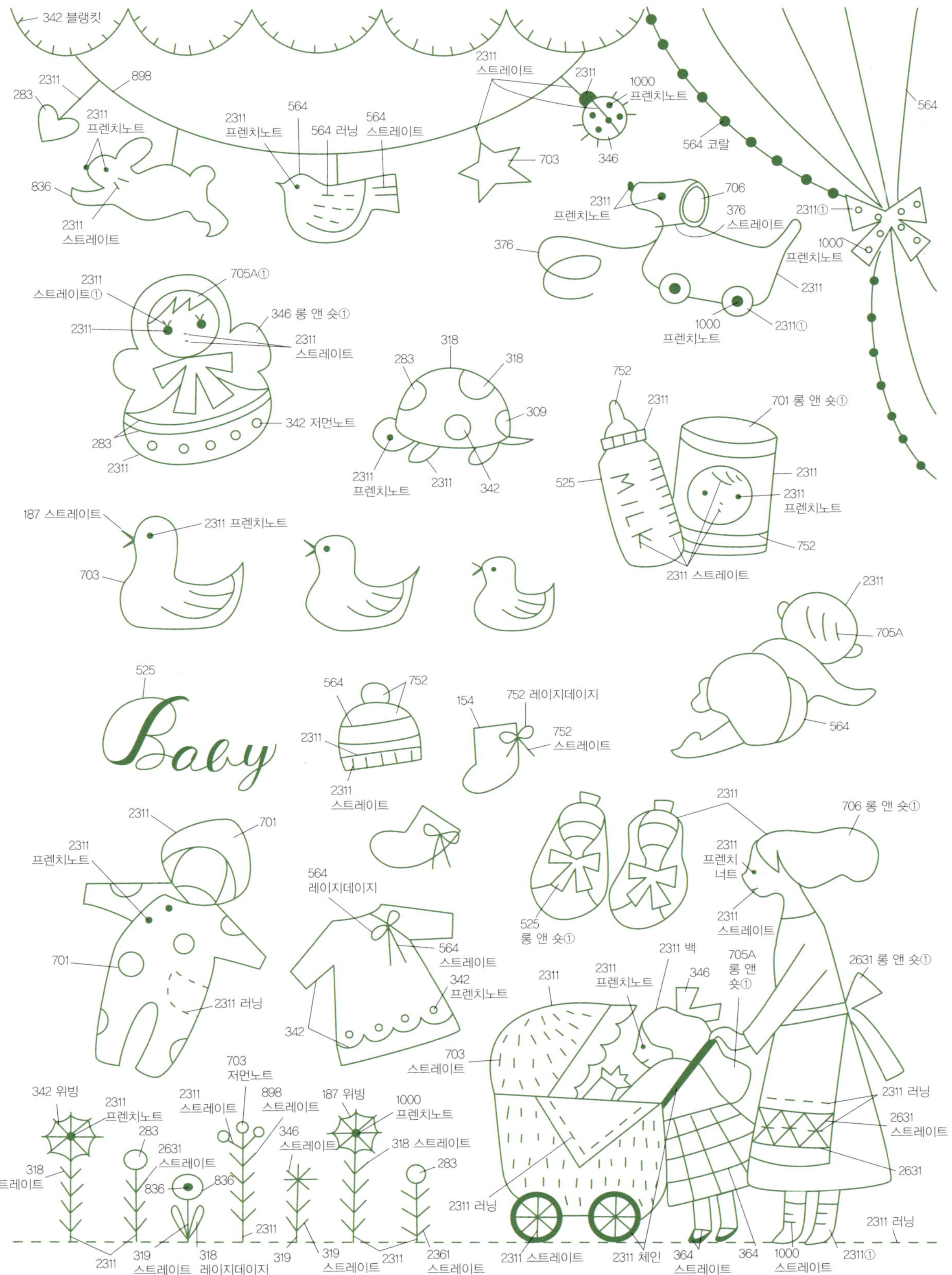

342 블랭킷
2311
898
283
2311 프렌치노트
2311 프렌치노트
564
564 러닝
564 스트레이트
2311 스트레이트
836
2311 스트레이트
2311 스트레이트
1000 프렌치노트
346
703
2311 프렌치노트
706
376
376 스트레이트
2311①
1000 프렌치노트
2311
1000 프렌치노트
2311①
564
564 코랄
2311 스트레이트①
705A①
346 롱 앤 숏①
2311 스트레이트
283
2311
342 저먼노트
283
2311
318
283
318
309
2311 프렌치노트
2311
342
752
2311
701 롱 앤 숏①
525
MILK
2311
2311 프렌치노트
752
2311 스트레이트
187 스트레이트
2311 프렌치노트
703
2311
705A
564
525
Baby
564
752
2311
2311 스트레이트
154
752 레이지데이지
752 스트레이트
2311
701
2311 프렌치노트
701
2311 러닝
564 레이지데이지
564 스트레이트
342 프렌치노트
342
2311
706 롱 앤 숏①
2311 프렌치너트
2311 스트레이트
705A 롱 앤 숏①
525 롱 앤 숏①
2311 백
346
2311 프렌치노트
2311
2631 롱 앤 숏①
703 스트레이트
2311 러닝
2631 스트레이트
2631
2311 러닝
342 위빙
2311 프렌치노트
283
2311 스트레이트
898 스트레이트
187 위빙
1000 프렌치노트
346 스트레이트
318 스트레이트
2631 스트레이트
836
836
283
318 스트레이트
319
318 레이지데이지
319
319 스트레이트
2311
2361 스트레이트
2311 스트레이트
2311 체인
364 스트레이트
364
1000 스트레이트
2311①
2311 러닝

웨딩

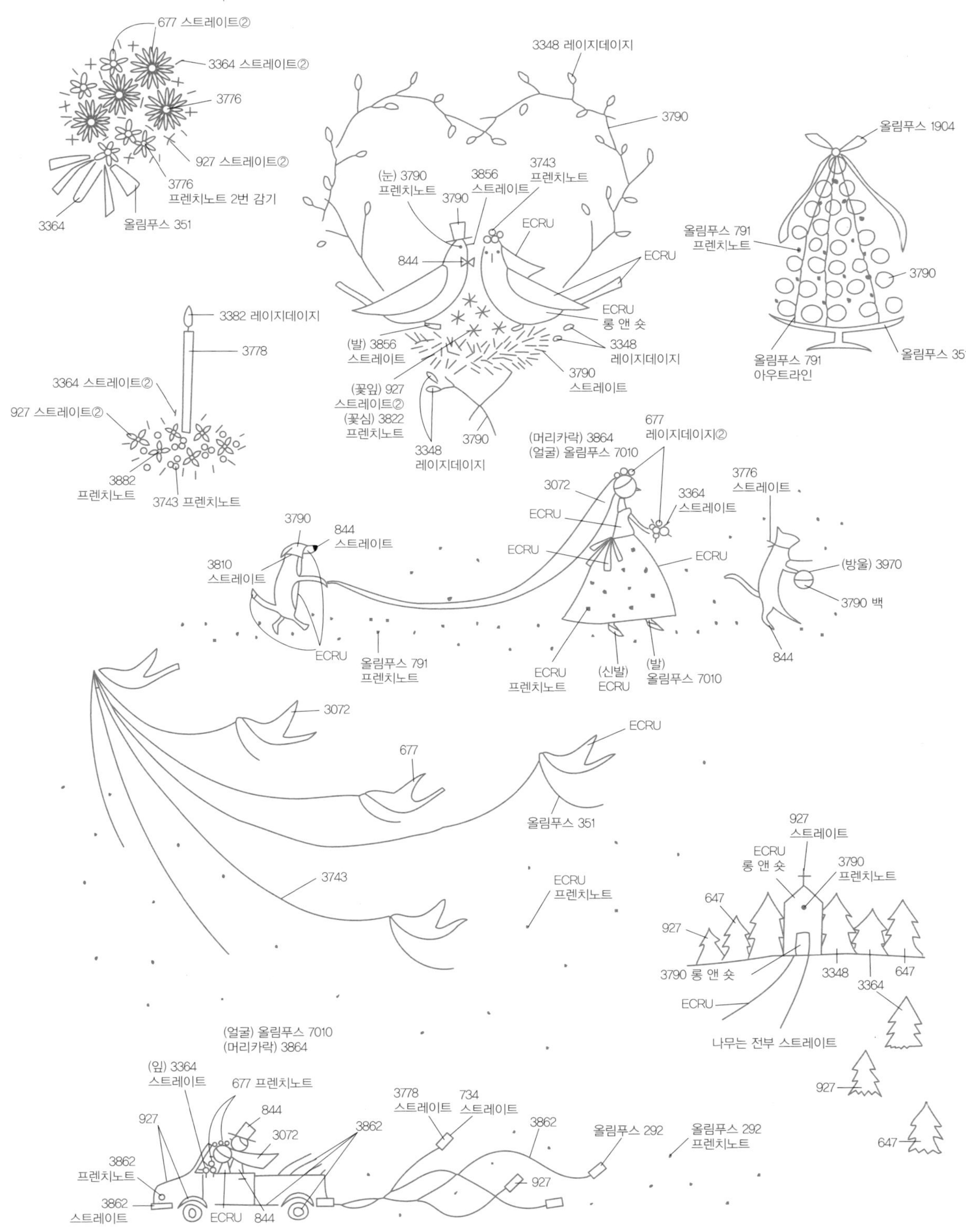

지정 외 선은 아우트라인 스티치. 지정 외 면은 새틴 스티치.

○ 안은 실의 가닥수. 지정 외는 1가닥. 프렌치노트는 1번 감기. 지정 외 실은 DMC.

생일
파티

HAPPYBIRTHDAY

디자인 · 제작 / 코무라타 노리코

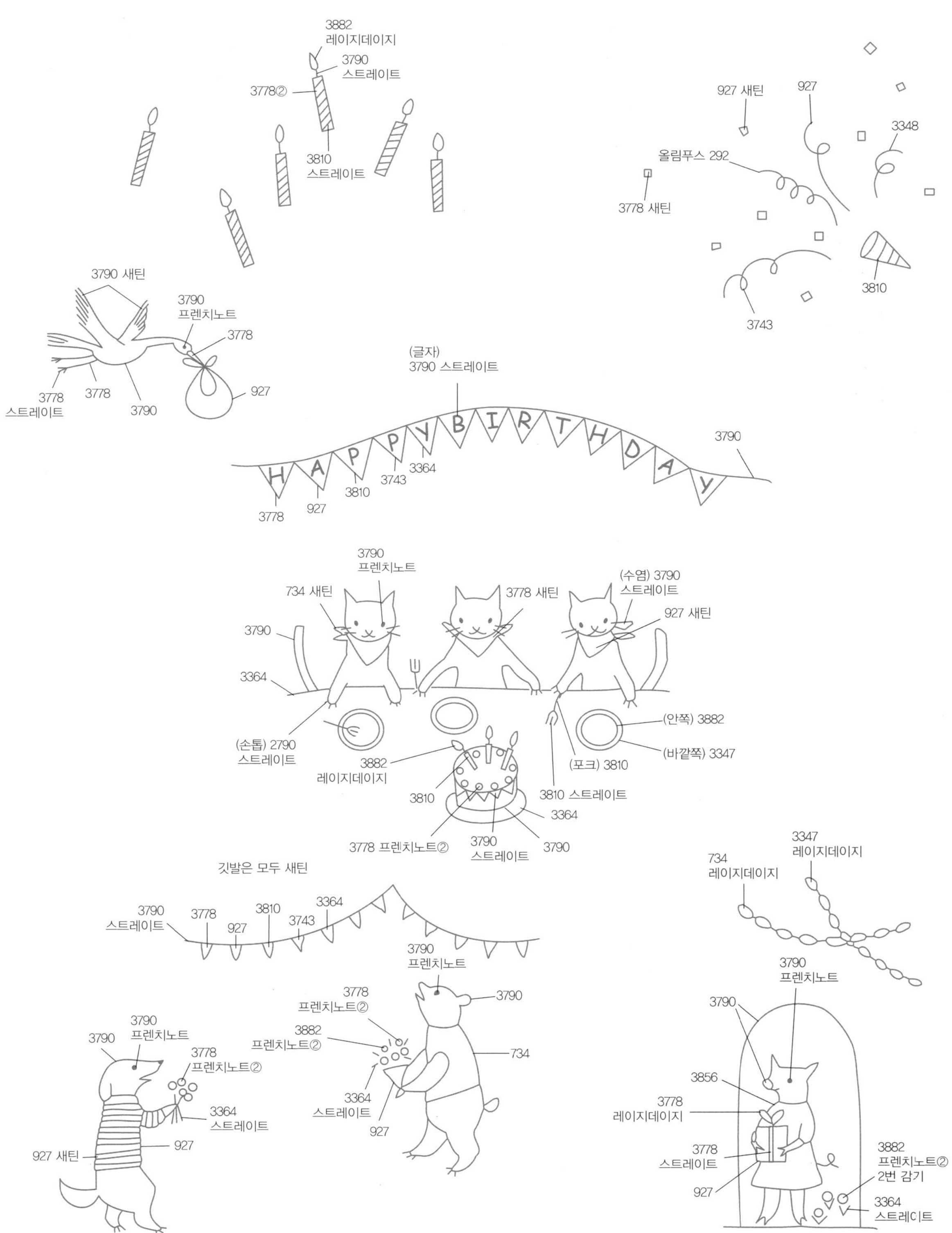

지정 외의 선은 아웃라인 스티치. ○ 안은 실 가닥수. 지정 외는 1가닥. 프렌치노트는 1번 감기. 지정 외 실은 DMC.

디자인 · 제작 / 카와나 아키코

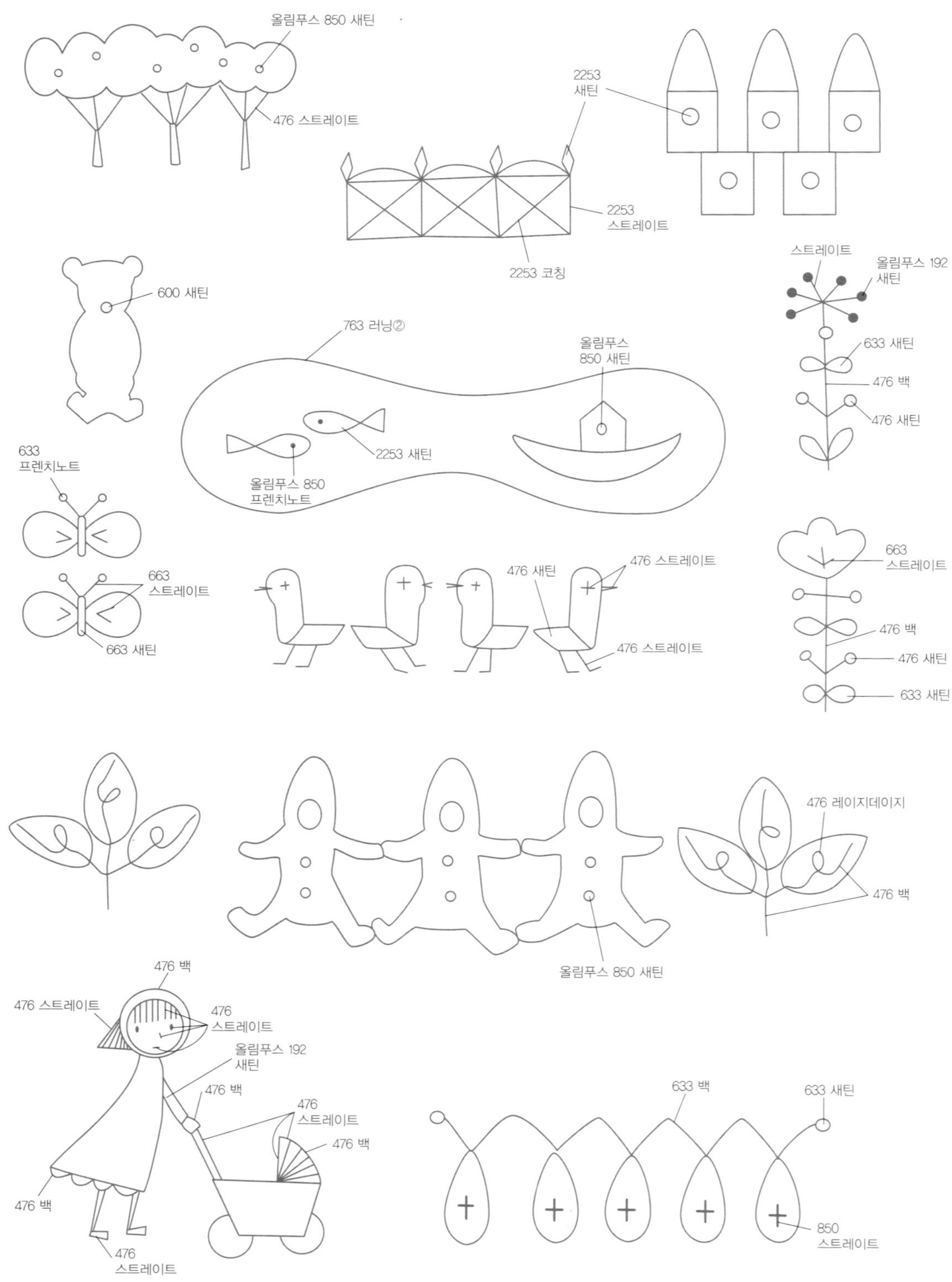

○ 안은 실 가닥수. 지정 외는 1가닥. 프렌치노트는 1번 감기. 지정 외 실은 코스모. 지정 외 면은 천이나 펠트를 사용.

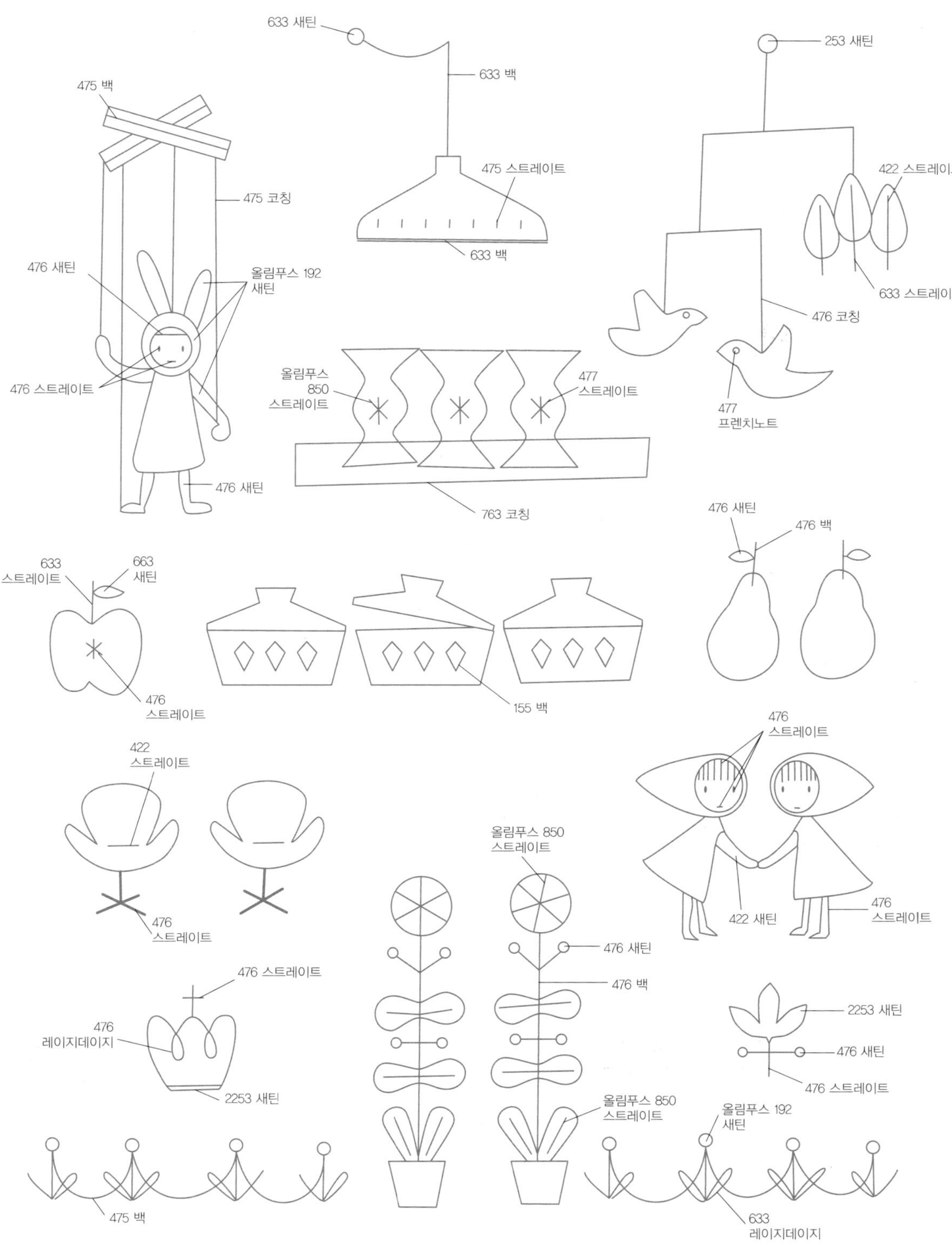
633 새틴
633 백
253 새틴
475 백
475 코칭
475 스트레이트
633 백
422 스트레이트
633 스트레이트
476 코칭
476 새틴
올림푸스 192 새틴
476 스트레이트
477 스트레이트
올림푸스 850 스트레이트
476 새틴
477 프렌치노트
763 코칭
476 새틴
476 백
633 스트레이트
663 새틴
476 스트레이트
155 백
476 스트레이트
422 스트레이트
476 스트레이트
476 스트레이트
422 새틴
476 스트레이트
476 스트레이트
476 레이지데이지
올림푸스 850 스트레이트
476 새틴
476 백
2253 새틴
476 새틴
476 스트레이트
2253 새틴
475 백
올림푸스 850 스트레이트
올림푸스 192 새틴
633 레이지데이지

탈것

디자인 · 제작 / haru + mi sugihara

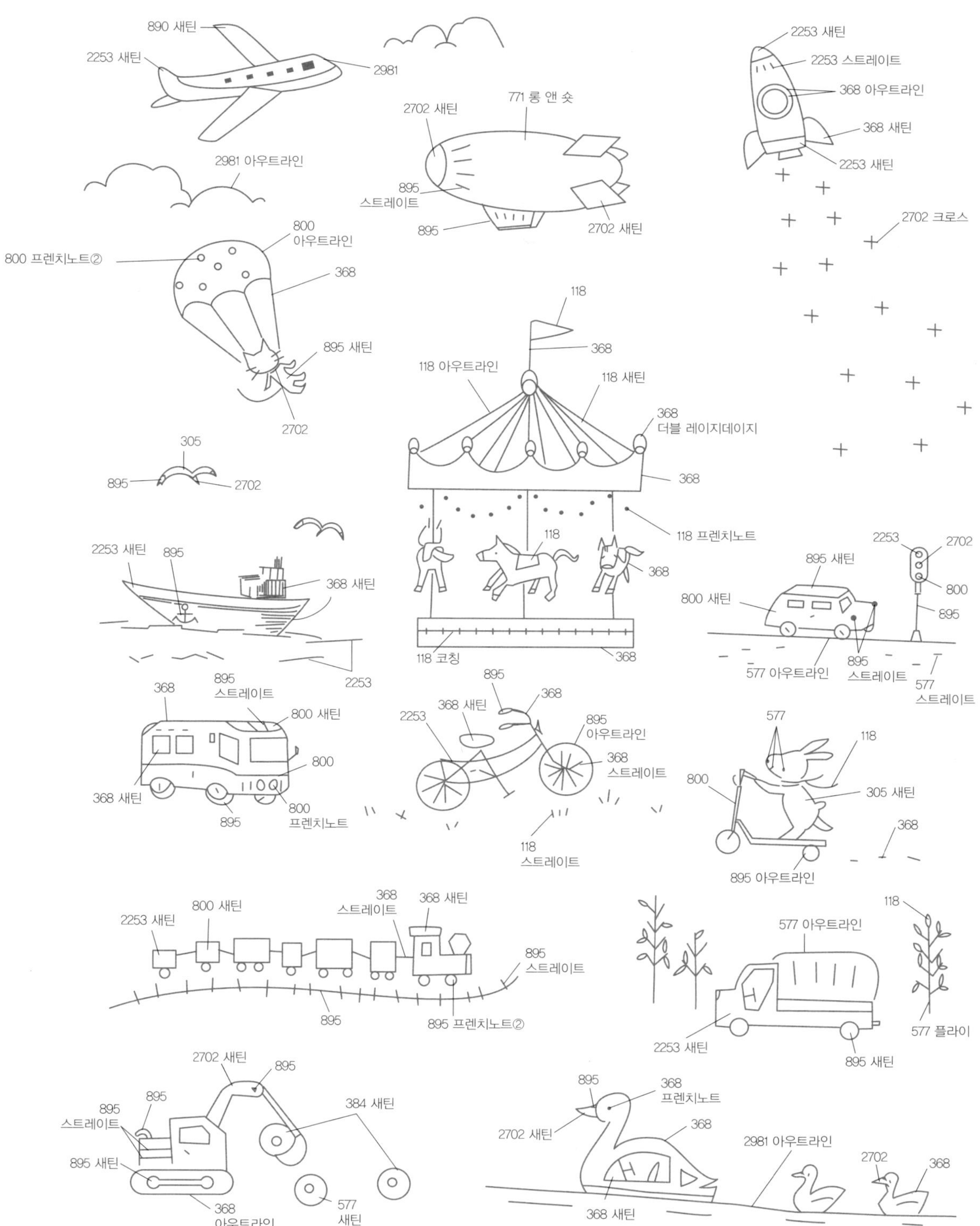

지정 외 선은 백 스티치. ○ 안은 실 가닥수. 지정 외는 1가닥. 프렌치노트는 1번 감기. 지정 외 실은 코스모.

세 계 여 행

디자인 · 제작 / haru + mi sugihara

지정 외의 선은 백 스티치. ○ 안은 실 가닥수. 지정 외는 1가닥. 프렌치노트는 1번 감기. 지정 외 실은 코스모.

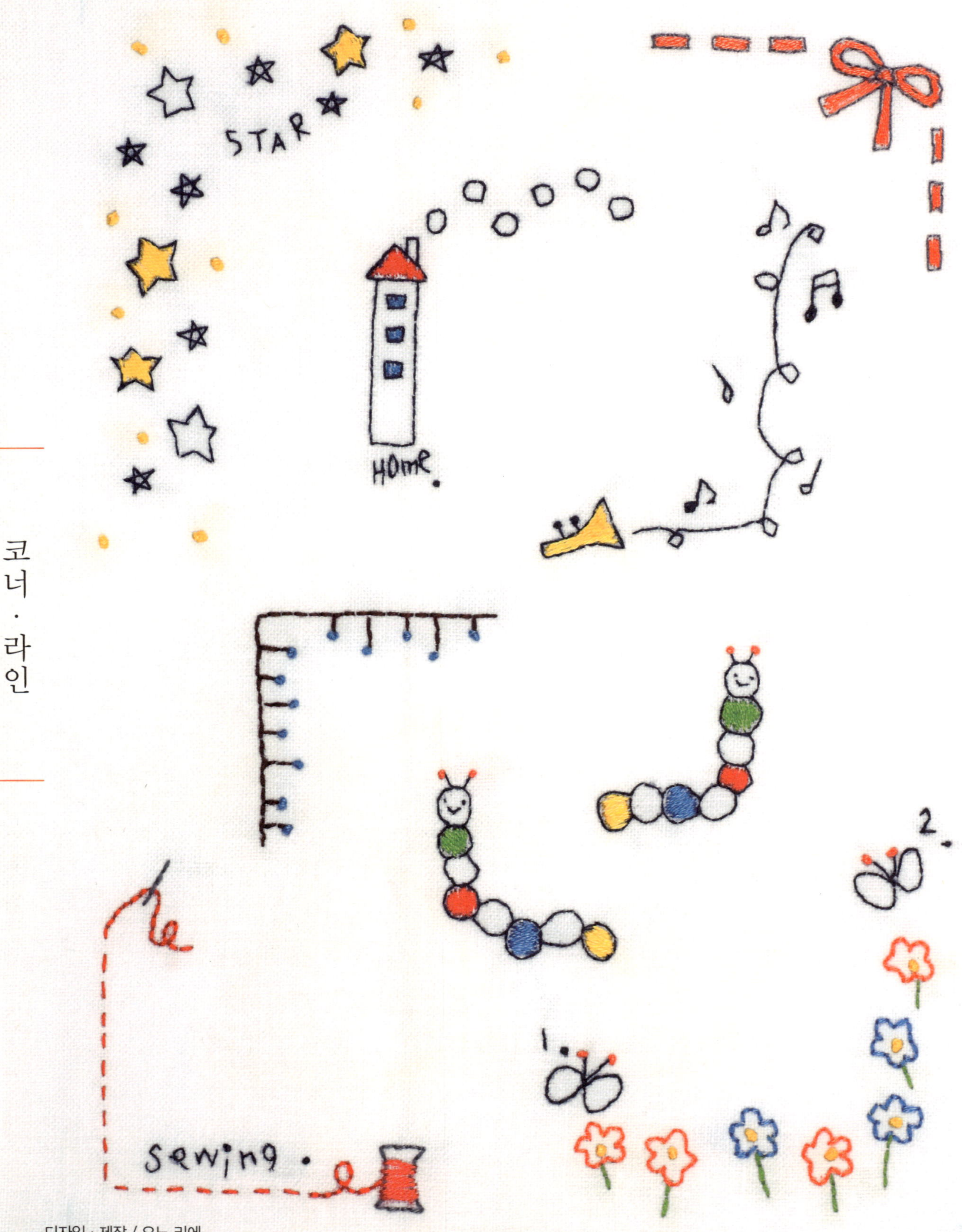

디자인 · 제작 / 오노 리에

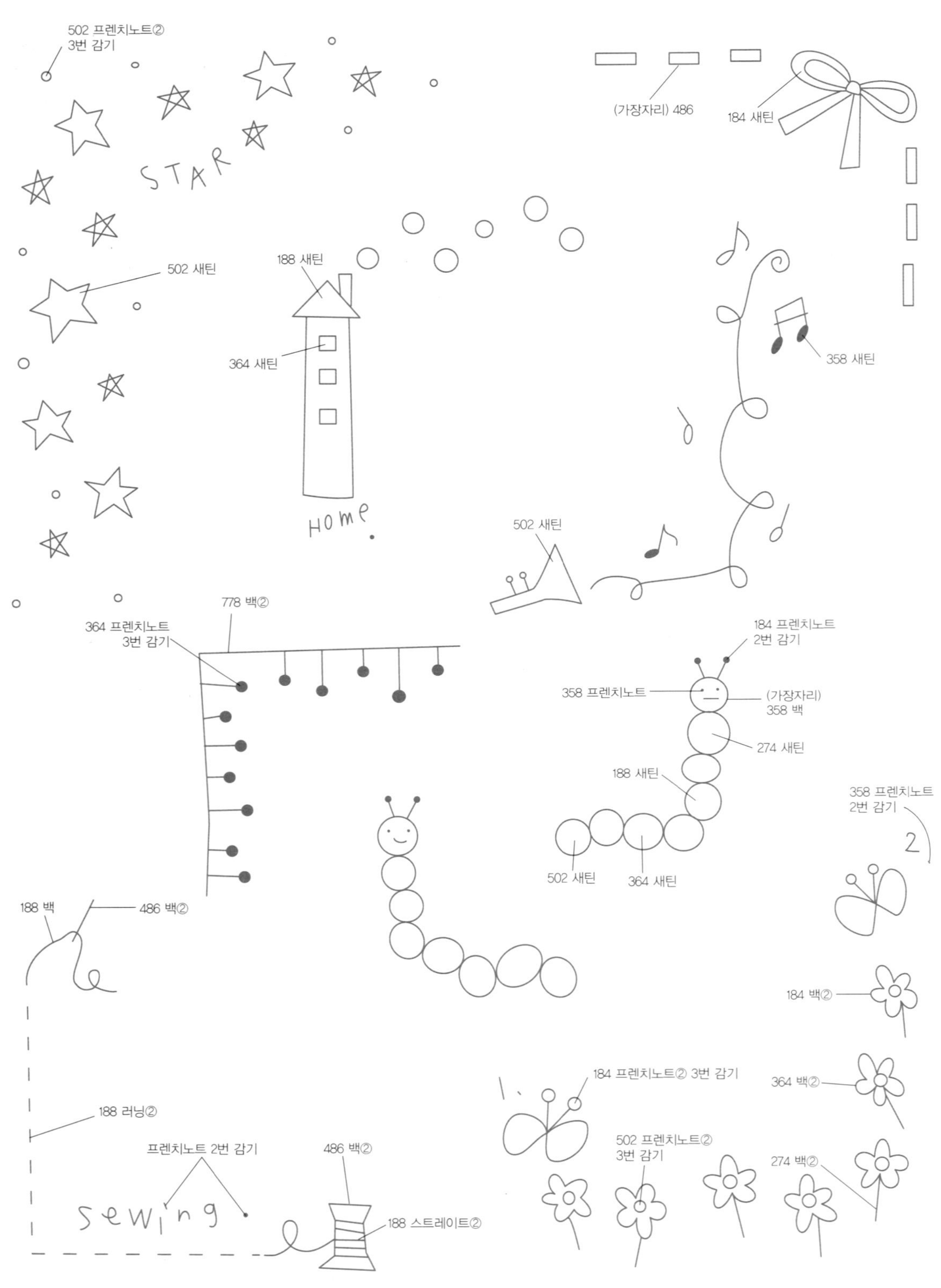

지정 외의 선은 백 스티치. 실은 1가닥. ○ 안은 실 가닥수. 프렌치노트는 지정 외 1번 감기. 실은 모두 올림푸스 358.

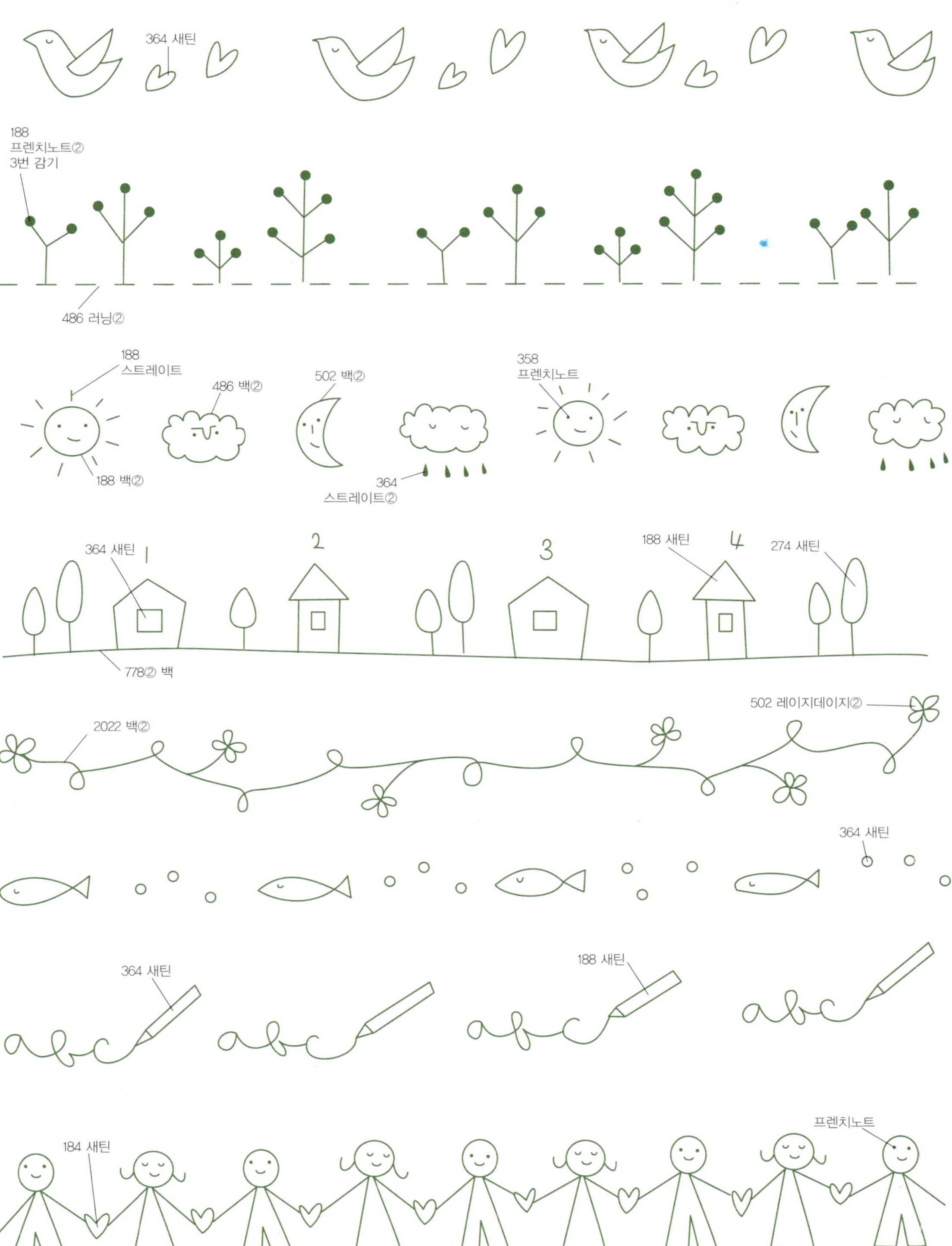
364 새틴
188
프렌치노트②
3번 감기
486 러닝②
188
스트레이트
486 백②
502 백②
358
프렌치노트
188 백②
364
스트레이트②
364 새틴
188 새틴
274 새틴
778② 백
2022 백②
502 레이지데이지②
364 새틴
364 새틴
188 새틴
184 새틴
프렌치노트

디자인 · 제작 / 세바타 야스코

○ 안은 실 가닥수. 지정 외는 1가닥. 프렌치노트는 1번 감기. 실은 모두 DMC. 휘감기 체인 스티치는 p.137 참고.

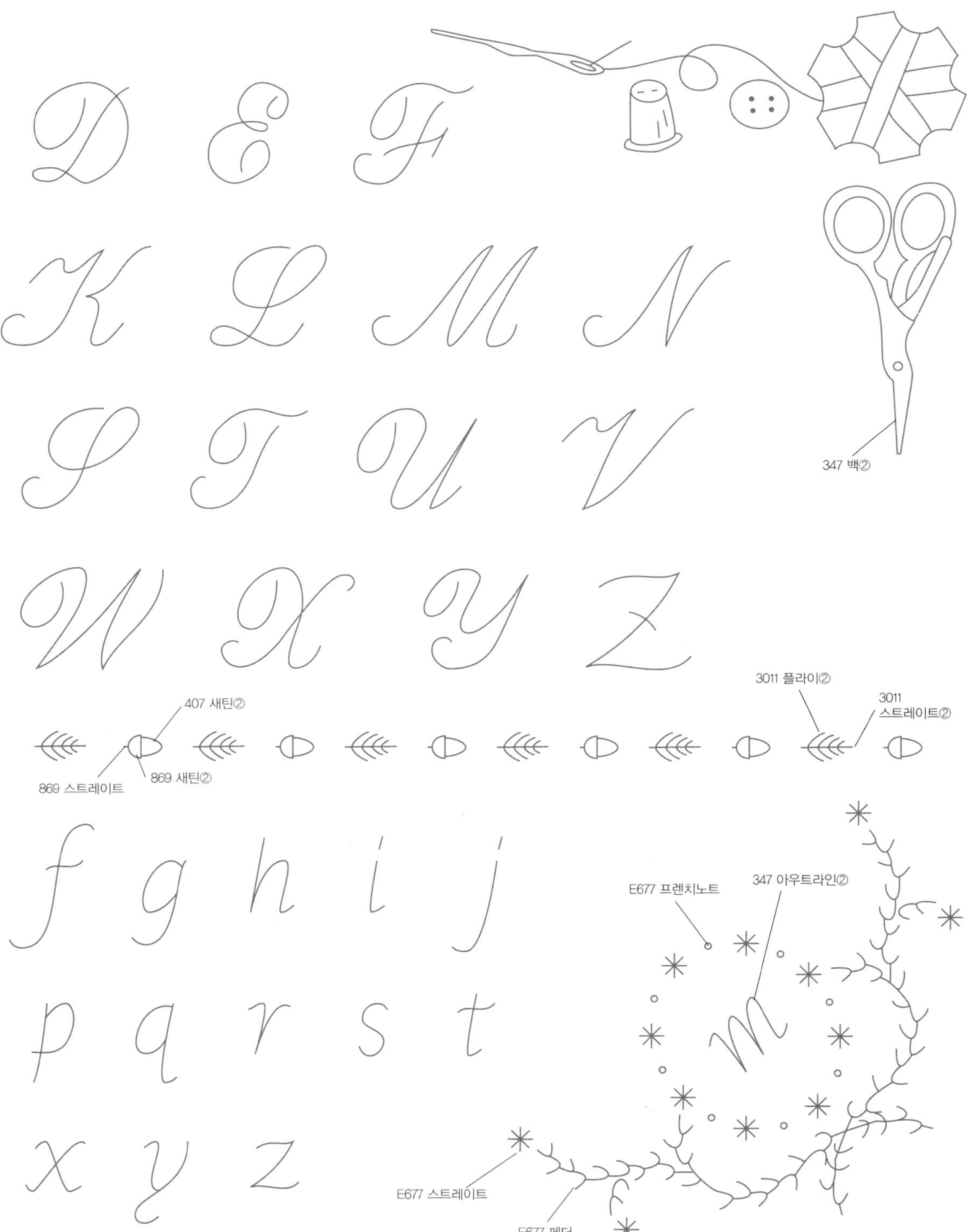

347 백②
407 새틴②
869 스트레이트
869 새틴②
3011 플라이②
3011 스트레이트②
E677 프렌치노트
347 아우트라인②
E677 스트레이트
E677 페더

A B C D E F
G H I J K L
M N O P Q R
S T U V W
X Y Z

디자인 · 제작 / konomi

abcdefghi

jklmnopq

rstuvwxyz

1234567890

A B C D E F
G H I J K L
M N O P Q R
S T U V W
X Y Z

실은 대문자 앙카 123. 소문자는 앙카 136. 숫자는 앙카 123. 모두 1가닥. 새틴 스티치.

a b c d e f g h i

j k l m n o p q

r s t u v w x y z

1 2 3 4 5 6 7 8 9 0

크로스 스티치에 도전해요

×모양으로 놓는 크로스 스티치는 면을 메우거나 연속 무늬를 표현할 때 사용합니다.
심플한 도안에서 복잡한 도안까지 놓을 수 있는 만능 스티치지요.
초보자도 쉽게 할 수 있으므로 마음에 드는 도안을 크로스 스티치로 표현해 보세요.

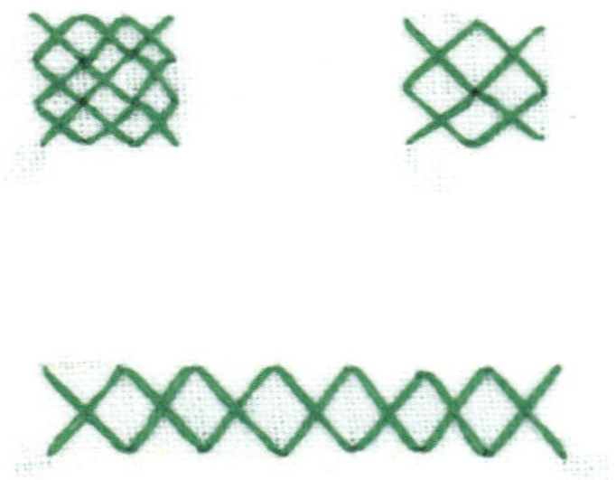

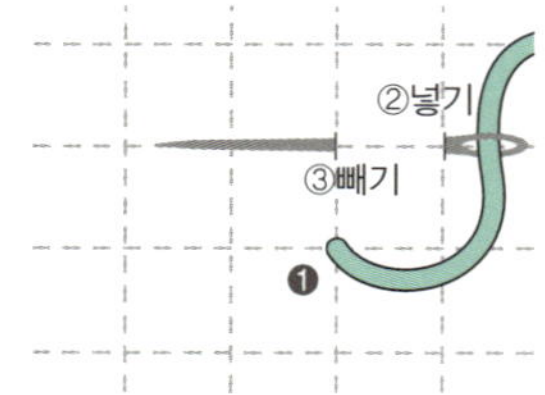

도안을 천에 옮기지 않아요

크로스 스티치는 도안을 천에 옮기지 않고 천의 올을 세면서 놓습니다.
그래서 천의 가로세로 눈이 동일하고 눈을 셀 수 있는 천을 사용해서 놓는
것이 기본입니다. 도안과 천의 눈에 따라 1눈을 사용할 때와 2눈, 3눈을
사용할 때가 있으며, 먼저 놓는 실의 방향은 /이든 \이든 상관없습니다.
단, 한 작품 안에서는 같은 방향으로 통일해야 합니다.

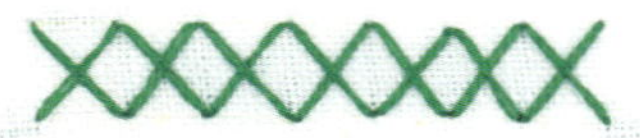

가로로 하나씩 놓는 경우

1   2   3   4

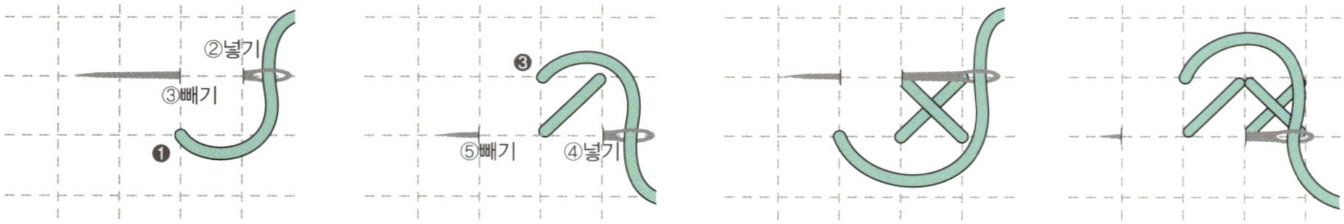

'왼쪽 아래에서 바늘을 빼서 오른쪽 위에 넣고, 왼쪽 위로 빼서 오른쪽 아래로 넣기'를 반복한다.

세로로 하나씩 놓는 경우

1   2   3   4

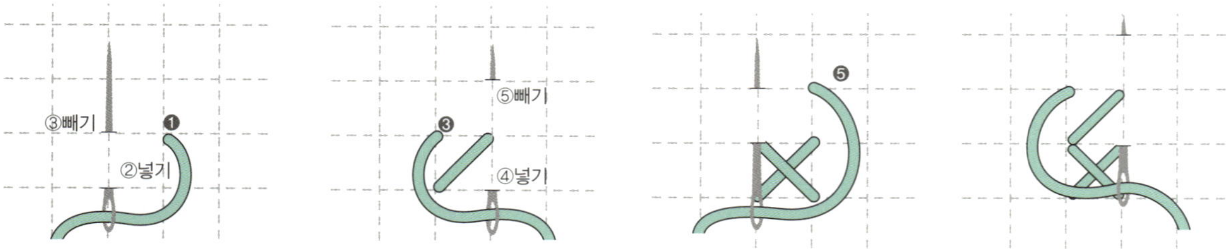

'오른쪽 위로 바늘을 빼서 왼쪽 아래에 넣고, 왼쪽 위로 빼서 오른쪽 아래에 넣기'를 반복한다.

가로 방향으로 왕복하면서 놓는 경우

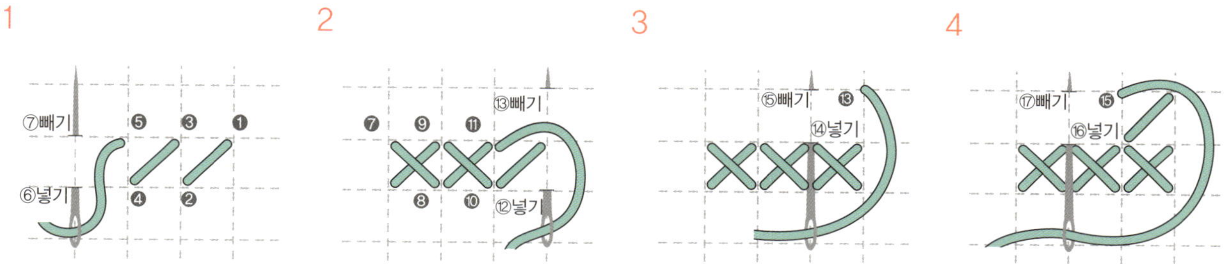

그림의 순서대로 바늘을 움직여 가로로 ×를 연속해 놓은 다음 위 블록의 오른쪽 위로 바늘을 빼서 같은 방법으로 놓는다.

세로 방향으로 왕복하면서 놓는 경우

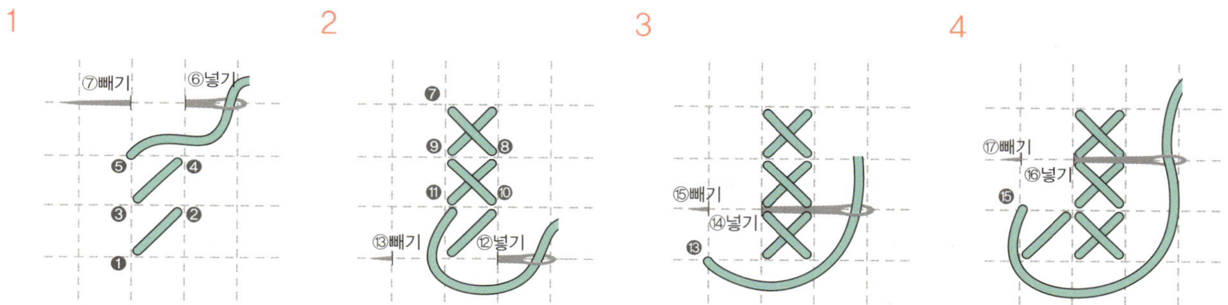

그림의 순서대로 바늘을 움직여 세로로 ×를 연속해 놓은 다음 왼쪽 블록의 왼쪽 아래로 바늘을 빼서 같은 방법으로 놓는다.

대각선 위로 놓는 경우

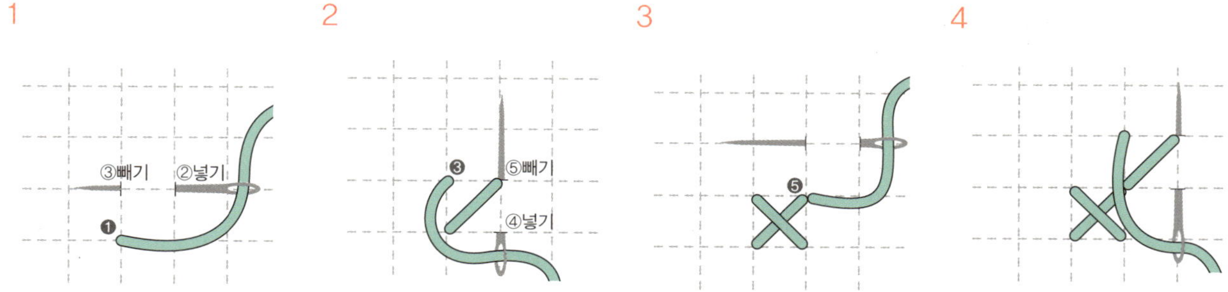

왼쪽 아래에서 오른쪽 위로 넣고, 왼쪽 위로 빼서 ×를 만든다. 같은 블록의 오른쪽 위로 빼기를 반복한다.

대각선 아래로 놓는 경우

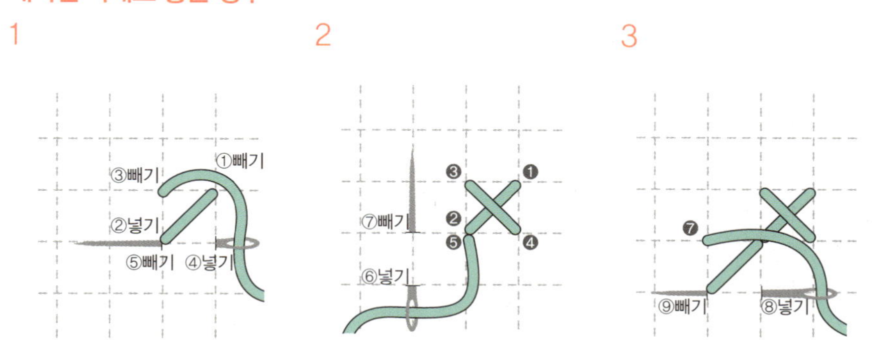

오른쪽 위에서 왼쪽 아래로 넣고 왼쪽 위로 빼서 ×를 만든다. 같은 블록의 왼쪽 아래로 빼기를 반복한다.

실 정리하는 법

[뒷면]

• 실이 가로로 나열되어 있는 경우

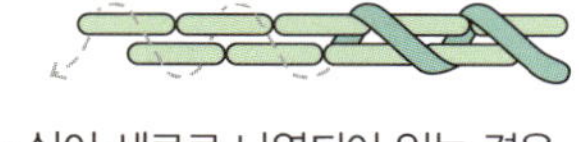

• 실이 세로로 나열되어 있는 경우

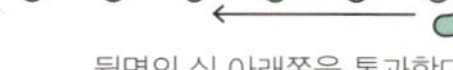

뒷면의 실 아래쪽을 통과한다

뒷면의 실이 옆으로 나열되어 있을 때는 실을 통과시키고 나서 자르고, 세로로 나열되어 있을 때는 실을 옆으로 통과시켜 정리한다.

디자인·제작 / 이토 치아키

실은 DMC 310. 1가닥 사용. 음표의 라인은 백 스티치. 백조의 왕관은 DMC 8번 Blanc 1가닥 사용.

디자인 · 제작 / 이토 치아키

실은 앙카 1025. 1가닥 사용.

디자인 · 제작 / 히라이즈미 치에

실은 모두 DMC. 2가닥 사용.

여자아이가 좋아하는 것

디자인 · 제작 / 히라이즈미 치에

실은 모두 DMC. 2가닥 사용.

크로스 스티치로 만들어요

기법은 단순하지만 다양한 표현이 가능한 크로스 스티치. 한 가지 색으로 수를 놓으면
고풍스럽고, 다양한 색으로 수를 놓으면 아기자기한 멋을 낼 수 있습니다.

눈 결정 모티브 쿠션과 빨간 스티치가 인상적인 무릎덮개 (도안 p.89)

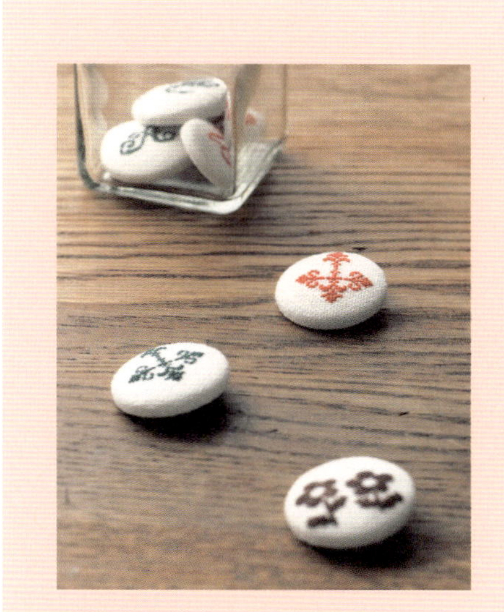

패션 용품이나 소품 만들기 등
다양하게 사용할 수 있는 싸개단추

귀여운 무늬가 돋보이는 어린이 타월 (도안 p.91)

선물용으로 좋은 런천 매트 (도안 p.87)

 # 웨이스트캔버스 사용법

눈을 세기 어려운 천이라면 웨이스트캔버스를 사용합니다.

크로스 스티치는 천의 눈을 세면서 놓는 기법입니다. 하지만 천의 눈을 세기 어려운 천에 자수를 놓는다면 웨이스트캔버스를 사용해보세요. 세로줄과 가로줄이 같은 간격으로 나열되어 있는 웨이스트캔버스를 천 위에 붙인 다음 그 위에 자수를 놓으면 된답니다. 티셔츠와 손수건 등 생활용품에 크로스 스티치를 놓을 때 편리해요.

웨이스트캔버스

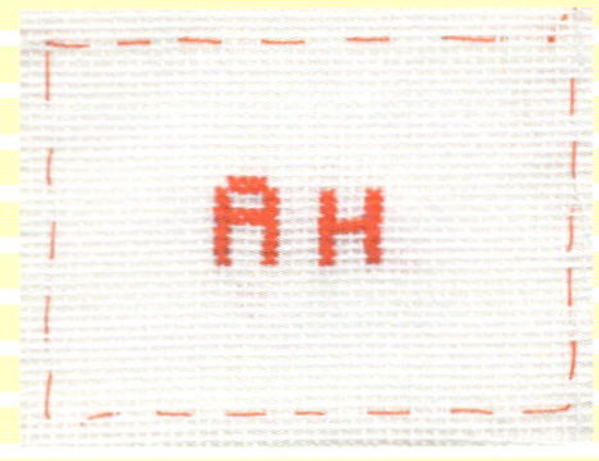

웨이스트캔버스를 도안보다 약간 크게 잘라서 시침질로 천에 고정한 뒤, 캔버스의 눈을 세면서 자수를 놓습니다.

※캔버스가 약간 두꺼우므로 실을 팽팽하게 당겨 수를 놓습니다. 그래야 캔버스의 올을 뺐을 때 실이 느슨해지지 않습니다.

자수를 다 놓았으면 시침실을 빼고 웨이스트캔버스의 세로와 가로 올을 하나씩 뺍니다.

※천과 캔버스가 수평이 되도록 맞춘 뒤 조심스럽게 뺍니다.

웨이스트캔버스를 사용한
밥상보

밥상보에 웨이스트캔버스를 사용해서 꽃을 수놓았어요. 약간 도톰한 꽃이 완성됐습니다.

디자인 · 제작 / 이토 치아키

PART 03

자수와 핸드메이드 소품 만들기

자수를 수놓은 간단한 작품을 직접 만들어보아요.

친절한 설명과 눈에 쏙 들어오는 그림이 있어 초보자도

쉽게 만들 수 있으니 따라만 한다면 미니 백과 미니 파우치,

귀여운 북 커버, 파리 향기가 물씬 나는 소품 등을 만들 수 있습니다.

자수의 세계에 흠뻑 빠져보세요.

빨간 두건 여자아이 · 사과를 노리는 원숭이
북 커버

아플리케와 스티치로 어른과 아이 모두 좋아할 만한 캐릭터를 수놓았습니다. 명랑한 여자아이는 귀엽고, 원숭이는 금방이라도 사과를 잡으러 뛰어내려 올 것 같지요?

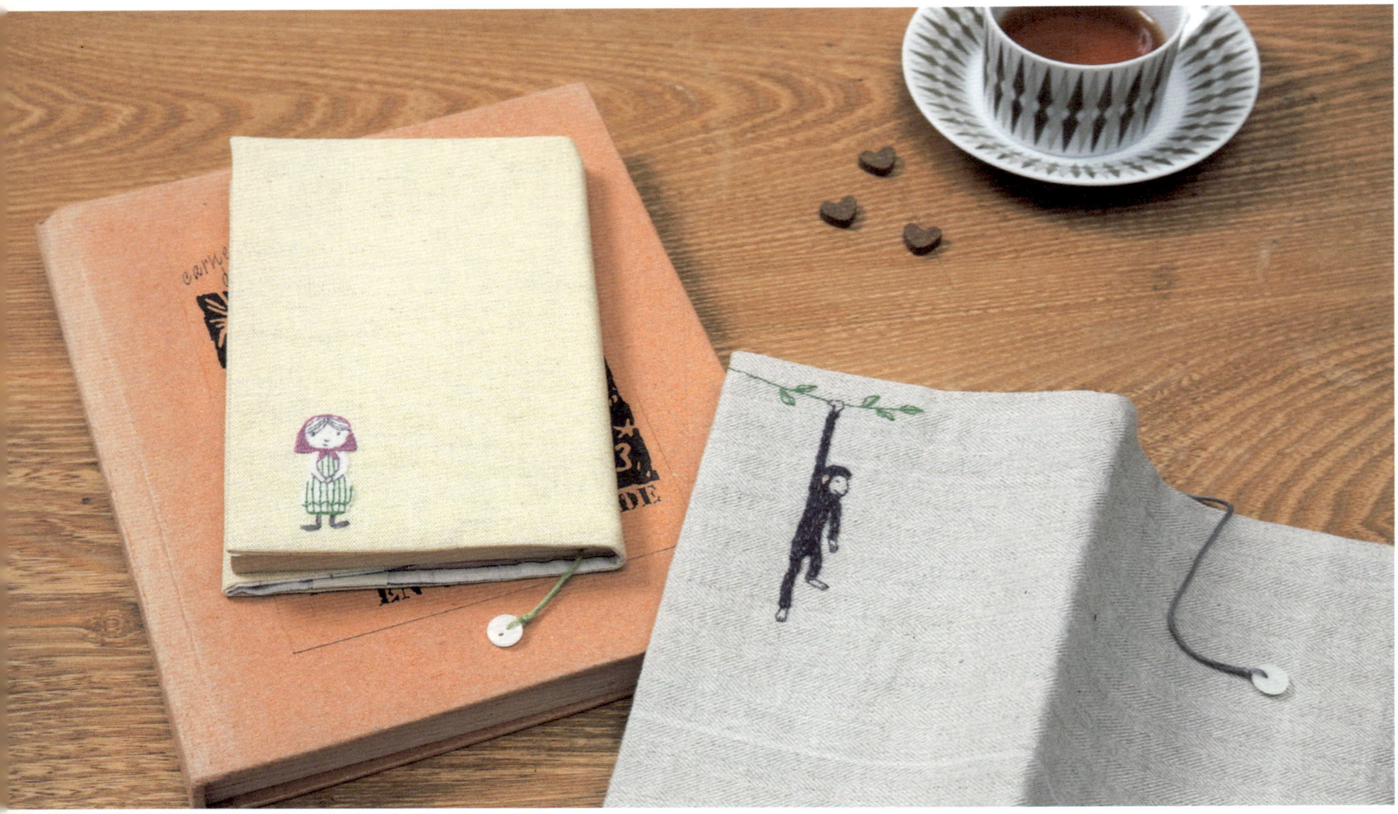

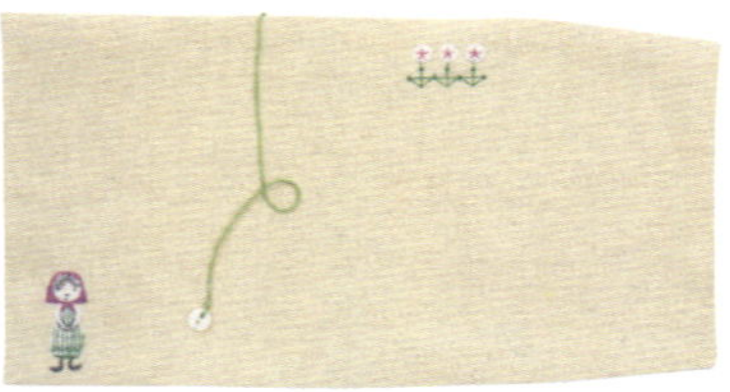

빨간 두건 여자아이 북 커버

[재료]

겉감 : 크림색 면마 38×18㎝
안감 : 검정색 스트라이프 면 38×18㎝
아플리케용 천 : 흰색 울 5×3㎝
책갈피용 끈 : 초록색 면 끈 27㎝
스트라이프용 면 테이프 : 2㎝(폭)×18㎝
책갈피용 : 단추 1개

[완성 사이즈]

폭 36㎝ 높이 16㎝

〈실제 치수 도안〉

※얼굴과 몸, 꽃은 흰색 펠트, 실은 모두 1가닥 사용

겉

안

디자인 · 제작 / 카와나 아키코

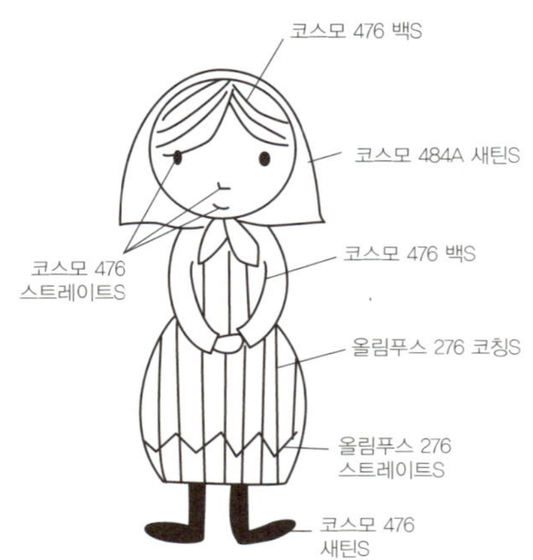

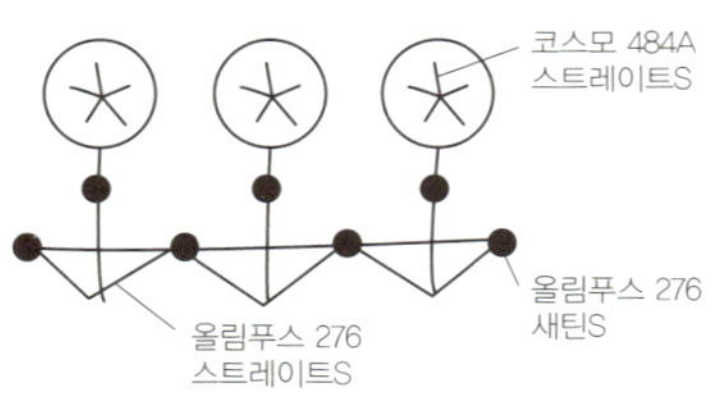

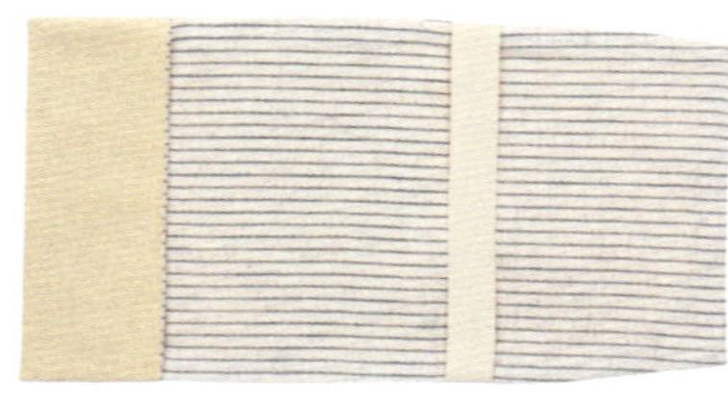

사과를 노리는 원숭이 북 커버

[재료]

겉감 : 베이지색 면마 38×18cm
안감 : 푸른색 스트라이프 면 38×18cm
아플리케용 : 갈색 펠트 8×3cm / 빨간색 마 2×2cm
책갈피용 끈 : 초록색 면 끈 27cm
스트라이프용 : 면 테이프 2cm(폭)×18cm
책갈피용 : 단추 1개

[완성 사이즈]

폭 36cm 높이 16cm

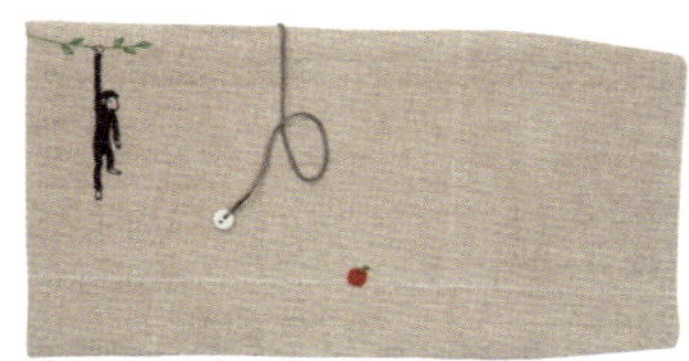

겉

안

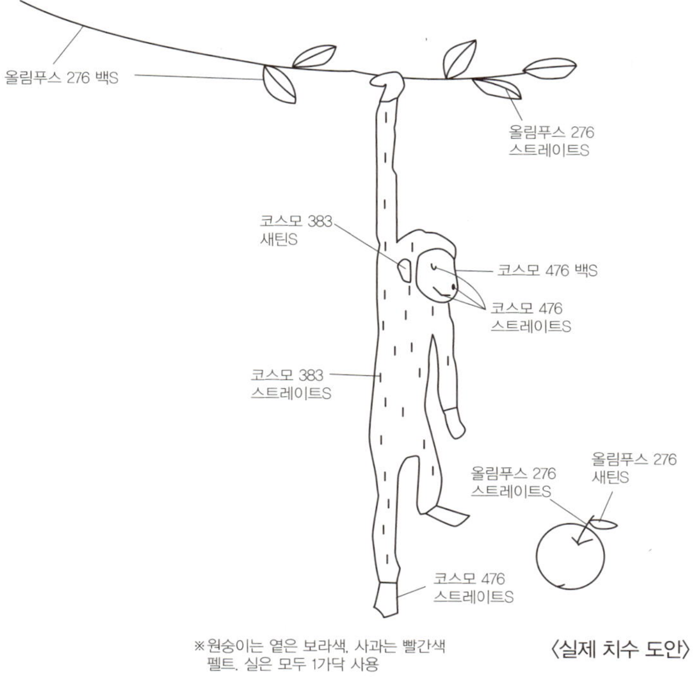

※원숭이는 옅은 보라색, 사과는 빨간색
펠트. 실은 모두 1가닥 사용

〈실제 치수 도안〉

[만드는 법]

① 겉감과 안감 모두 도안의 치수에 시접을 고려해서 재단한다. 겉감에
  자수와 아플리케의 도안, 책갈피와 끈을 끼우는 위치, 접히는 위치 등을
  초크펜슬로 표시한다.

② 겉감에 자수와 아플리케를 한다.

③ 책갈피를 만든다. 버튼에 끈을 통과시켜서 한 번 매듭을 짓고 고정시킬
  때 빠지지 않도록 실 끝에 매듭을 짓는다.

④ 겉감과 안감을 겉끼리 맞대 바느질하고 시접을 바깥쪽으로 넘긴다.

⑤ 접는 부분까지 안쪽으로 접어 넣는다.

⑥ 책갈피와 스트랩을 겉감과 안감 사이에 끼워 넣는다.

⑦ 창구멍을 남기고 재봉틀로 박는다.

⑧ 시접을 갈라서 창구멍으로 뒤집은 뒤, 다림질로 시접을 정리하고
  창구멍을 막는다.

시접=1cm / 단위=cm

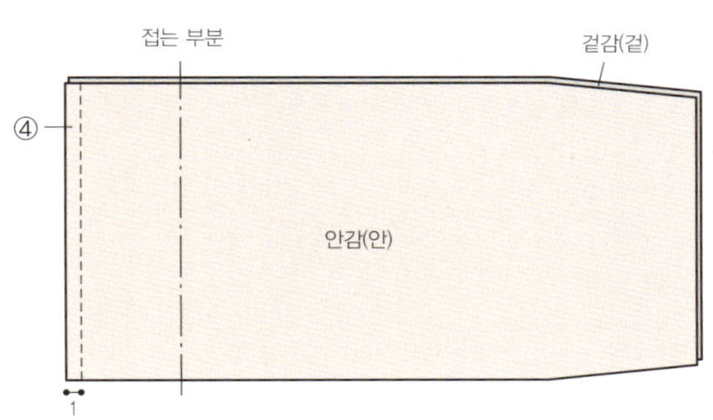

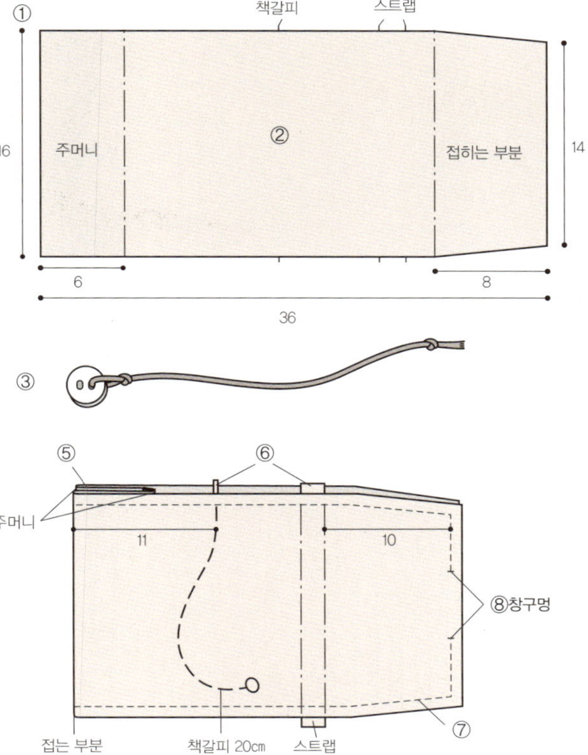

작은 새가 노래하는

미니 파우치

바닥이 넓어서 수납공간이 넉넉한 파우치입니다. 배색된 천에 레이스를 덧댄 파우치가 멋스럽지요. 포인트로 수놓은 작은 새가 금방이라도 지저귈 것 같습니다.

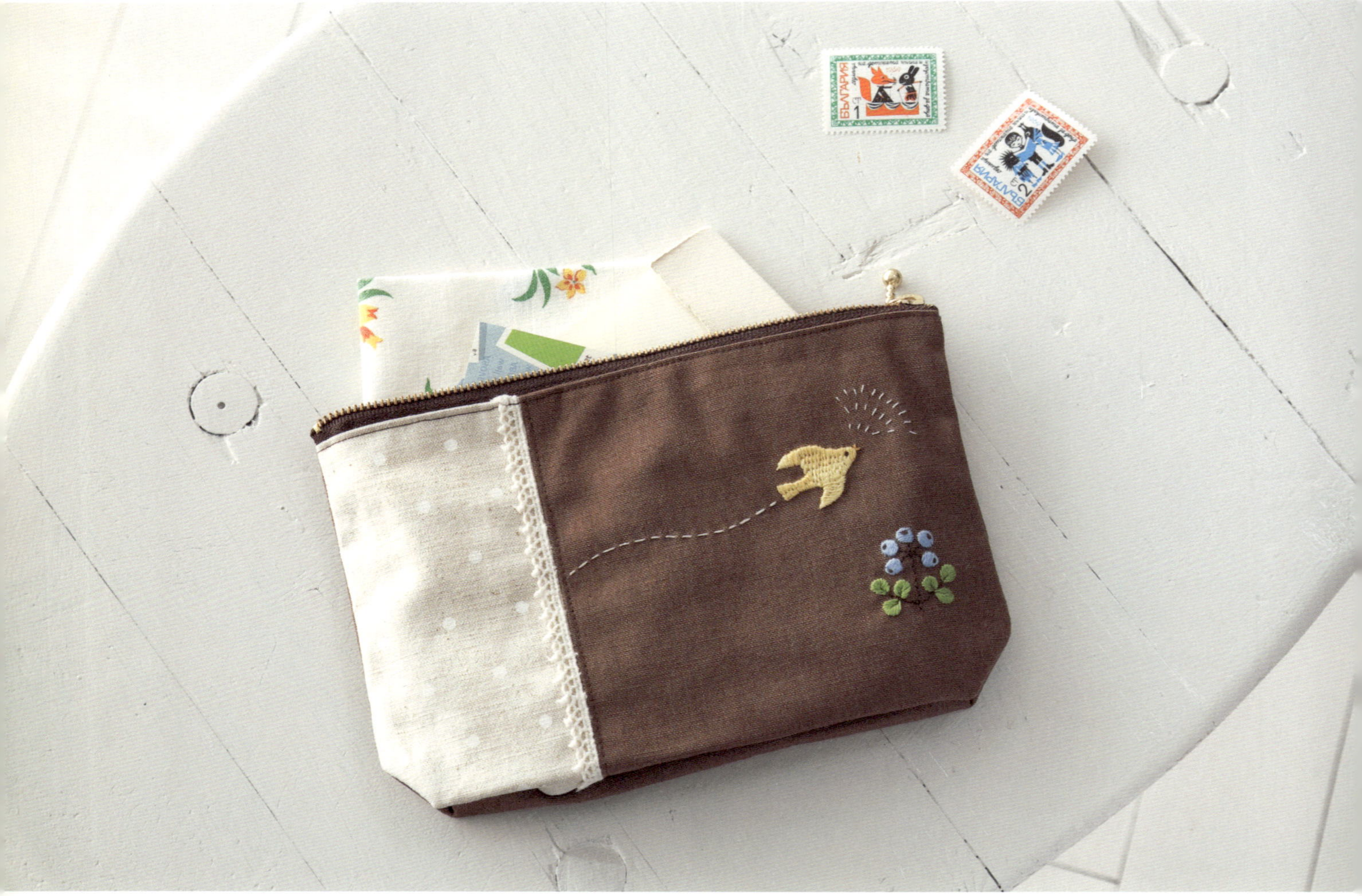

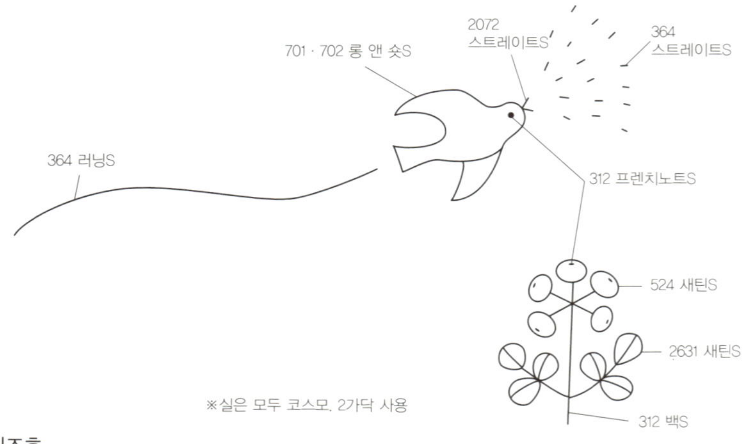

※실은 모두 코스모, 2가닥 사용

디자인 · 제작 / 시라이 미즈호

〈실제 치수 도안〉

[재료]

겉감A : 베이지색 도트 무늬 면 9×17cm
겉감B : 갈색 면 16×17cm
내장(C) : 노란색 도트 무늬 면 22×17cm 2장
안감(D) : 갈색 면 22×17cm
면 레이스 : 17cm
지퍼 : 20cm 1개

[완성 사이즈]

폭 21.5cm 높이 13cm 바닥 4cm

[만드는 법]

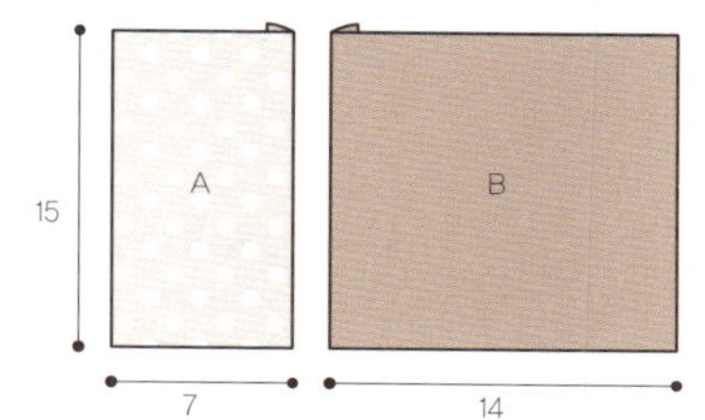

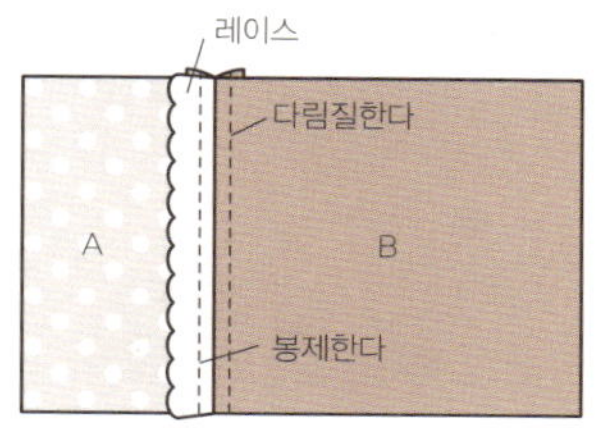

① 도안의 치수에 시접을 고려해서 재단하고,
A와 B를 봉제한다.

② A에 레이스를 달고, B를 재봉틀로
고정한다.

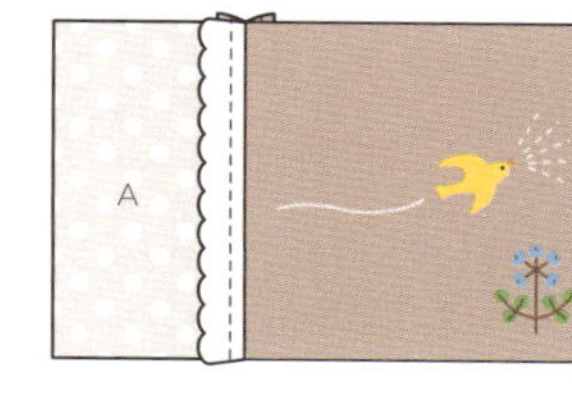

③ B에 수를 놓는다.…E

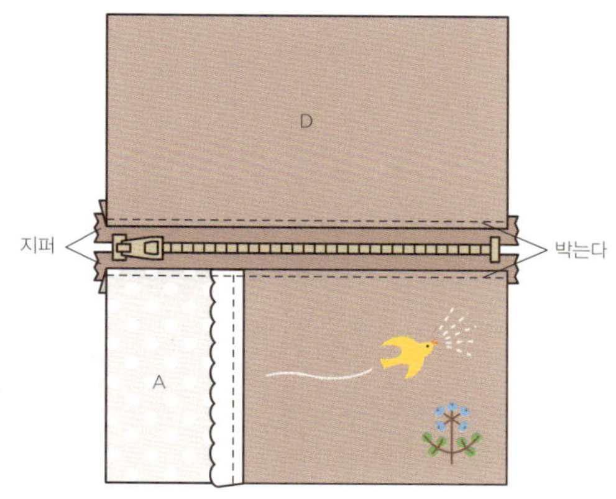

② D(안감)와 E를 겉끼리 맞대고 지퍼를
단다.…F

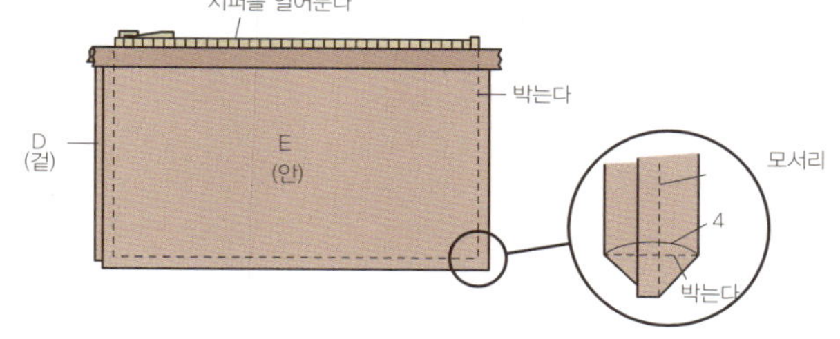

⑤ F를 접어 겉끼리 맞댄 다음, 모서리와 바닥을 박아서
밑바닥을 넓게 만든다.…G
C도 마찬가지로 겉끼리 맞대 밑바닥을 넓게 만든다.…H

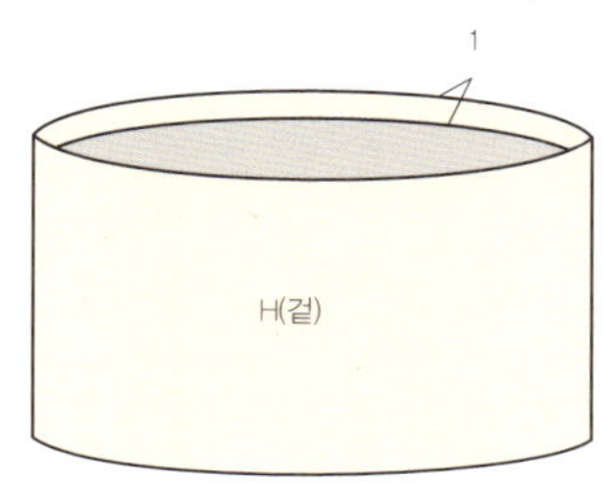

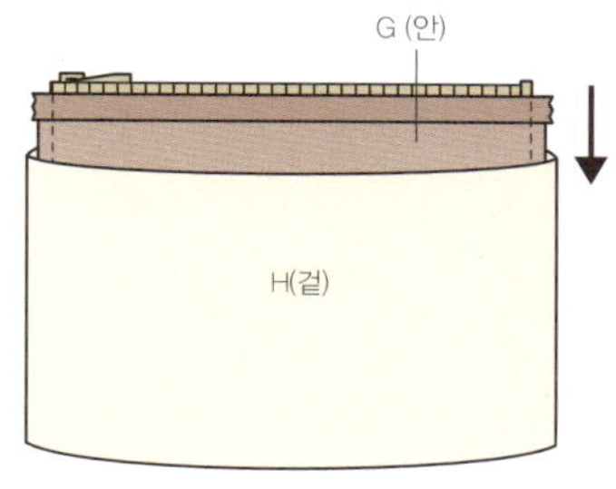

⑥ H와 G를 안끼리 맞댄다.

⑦ 입구를 공그르기해서 잇는다.
뒤집으면 완성.

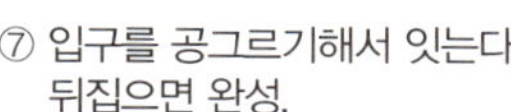

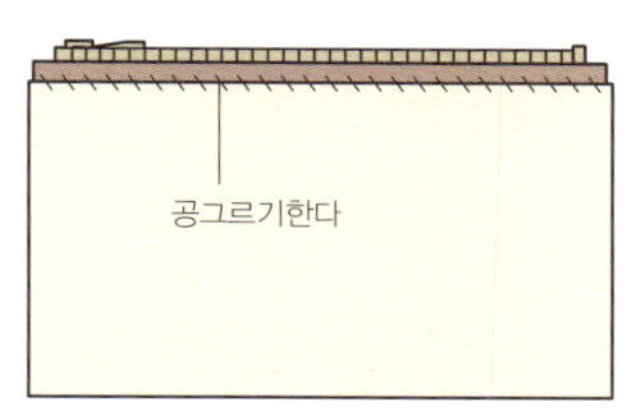

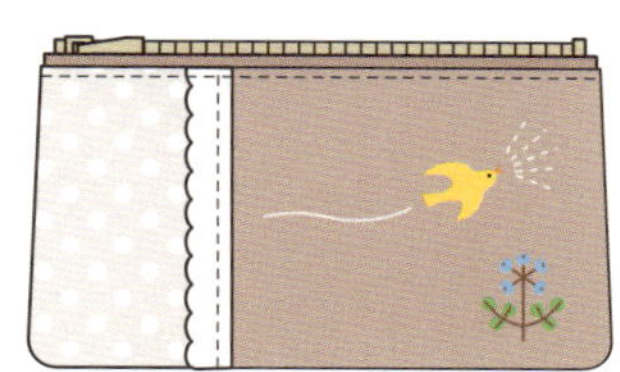

고양이가 장난치는
미니 백

고양이가 털실 뭉치를 잡으려고 폴짝 뛰고 있어요!
재미있는 자수가 놓인 가방을 들고 산책을 나가면
기분도 좋아질 거예요.

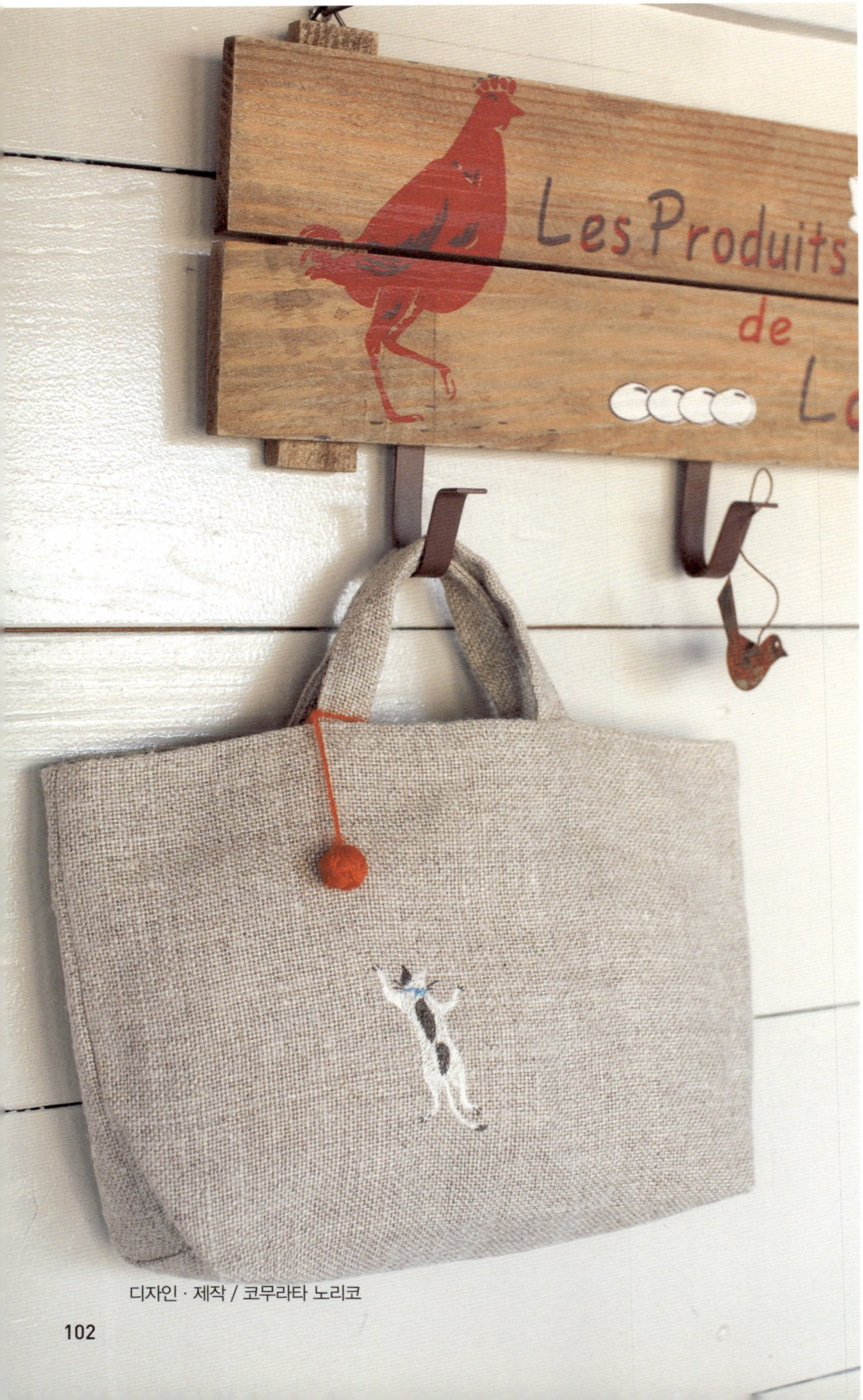

디자인 · 제작 / 코무라타 노리코

[재료]

겉감 : 마 32×38cm (손잡이 포함)
안감 : 스트라이프 면 38×27cm
접착심 : 32×38cm (손잡이 포함)
털실 : 극세사 2m

[완성 사이즈]

폭 25cm 높이 15cm 바닥 6cm

※실은 모두 DMC, 1가닥 사용

〈실제 치수 도안〉

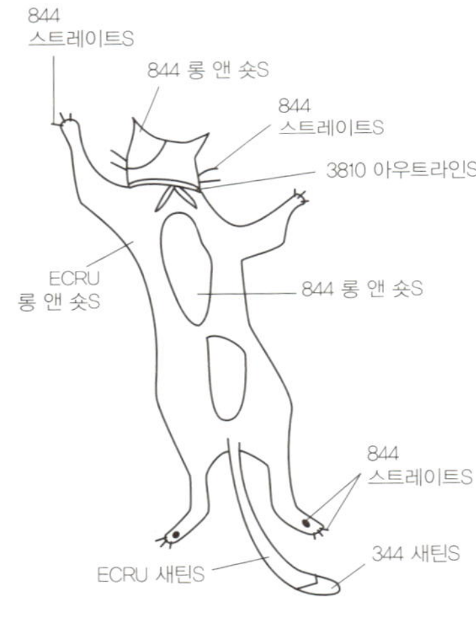

시접＝1cm / 단위＝cm

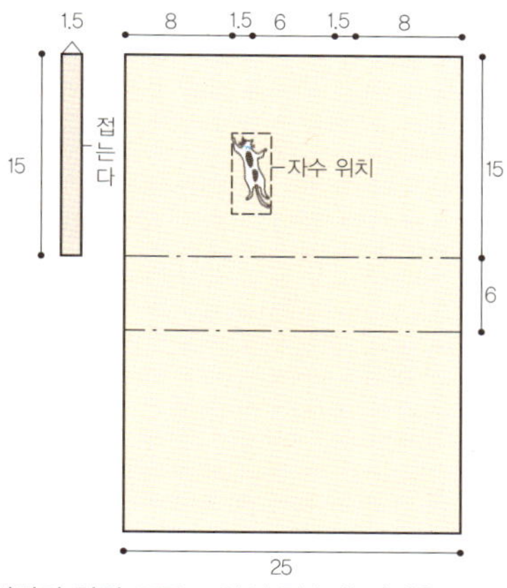

① 겉감과 안감 모두 도안의 치수에 시접을
   고려해서 재단하고, 겉감에 자수를 놓은 뒤,
   뒤쪽에 접착심을 다림질해 붙인다.

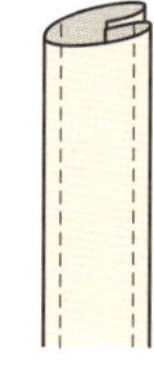

② 손잡이를 그림과 같이
   절반으로 접고 시접을 넣어
   박는다. 2개를 만든다.

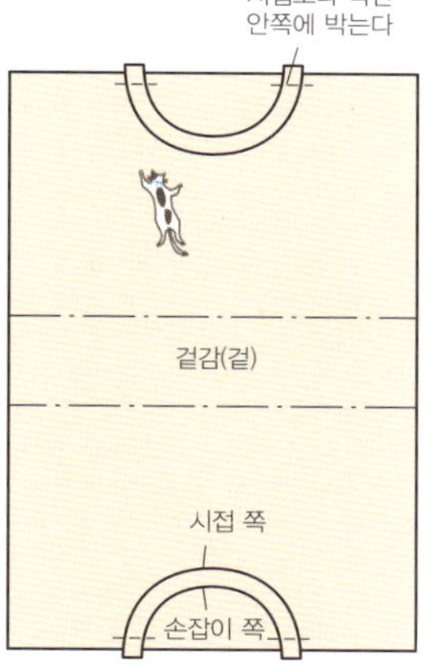

③ 겉감에 손잡이를 임시 고정한다.

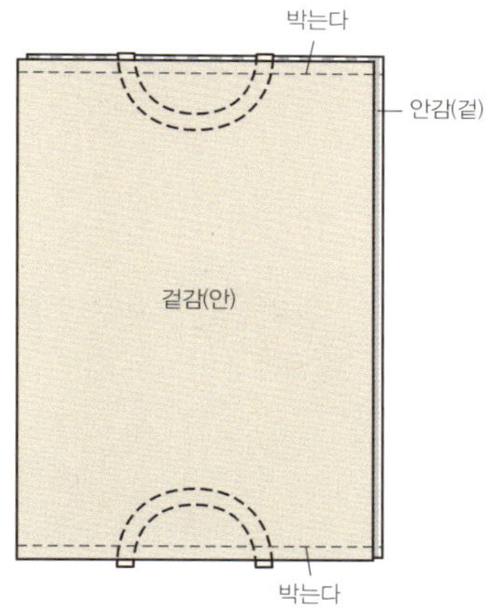

④ 겉감과 안감을 겉끼리 맞댄 후, 손잡이를
   끼워서 양 끝을 박는다.

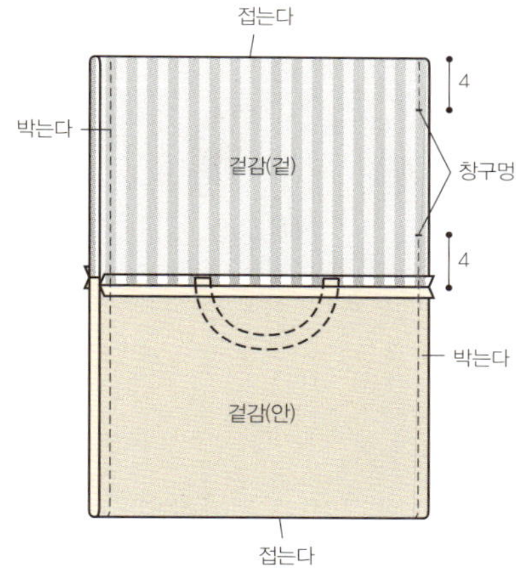

⑤ 그림처럼 입구가 겹치도록 천을
   접어서 창구멍을 남기고 양옆을
   박는다.

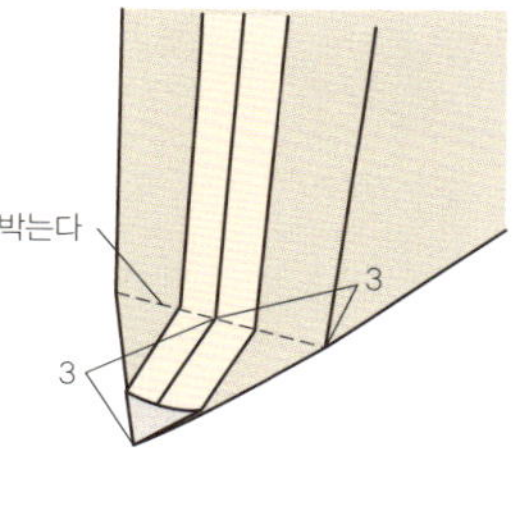

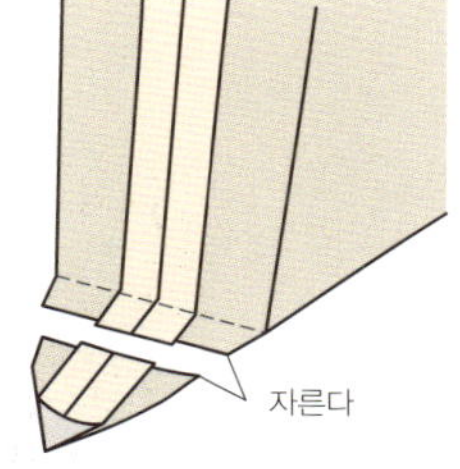

⑥ 겉감과 안감 모두 바닥을 만들고,
   불필요한 모서리는 자른다.

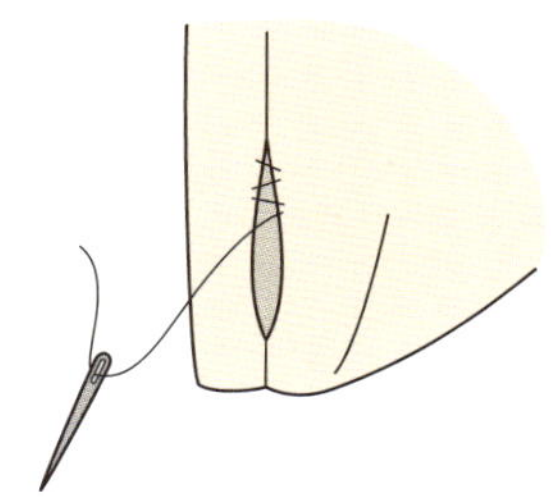

⑦ 겉으로 뒤집어서 창구멍을 막는다.

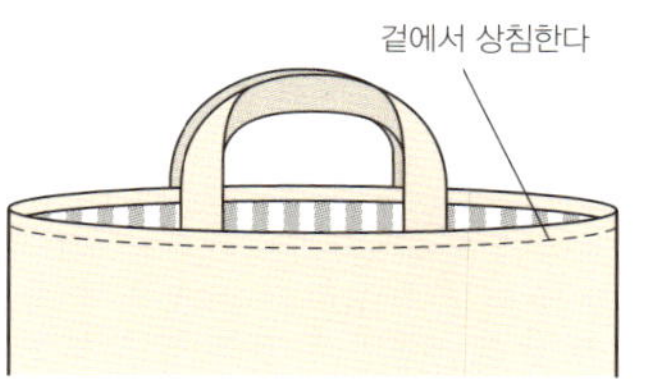

⑧ 안감을 겉감 안에 넣고 입구에
   상침을 한다.

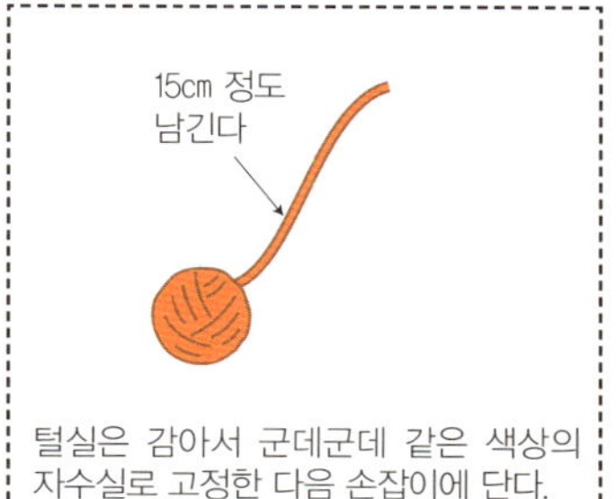

털실은 감아서 군데군데 같은 색상의
자수실로 고정한 다음 손잡이에 단다.

동화 나라

런천 매트와 코스터

브레멘 음악대를 표현했습니다.
아이와 함께 화기애애한 식탁 분위기를 만들 수 있겠지요?

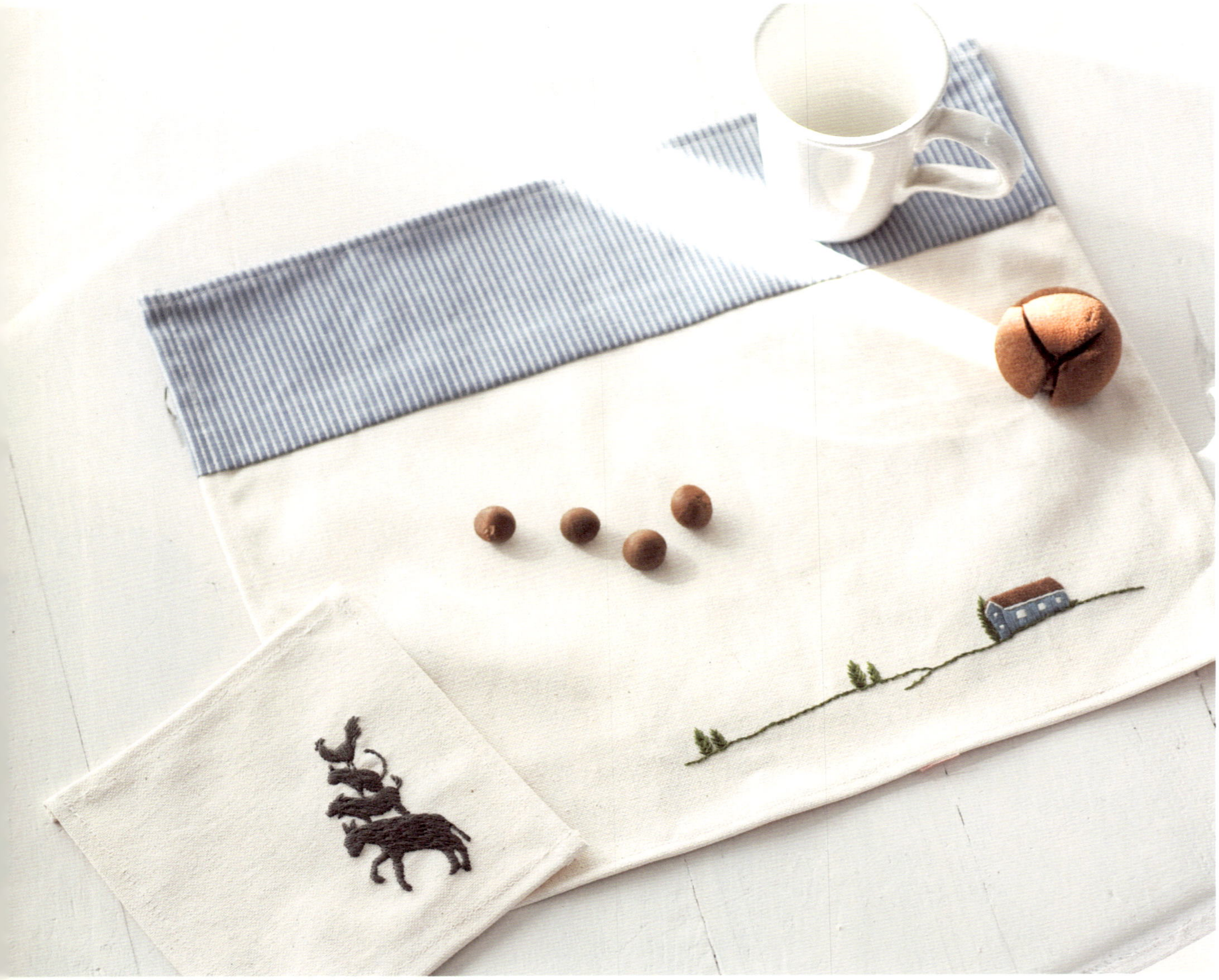

※실은 모두 코스모, 2가닥 사용

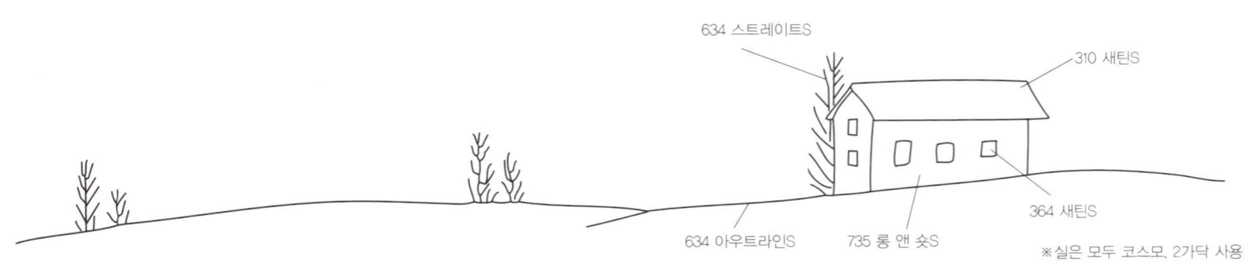

디자인 · 제작 / annas

〈실제 치수 도안〉

런천 매트

[재료]

겉감(천①) : 면 31.5×26.5cm
겉감(천②) : 푸른색 스트라이프 면 31.5×9cm

[완성 사이즈]

폭 29.5cm 높이 24.5cm

[만드는 법]

시접＝1cm / 단위＝cm

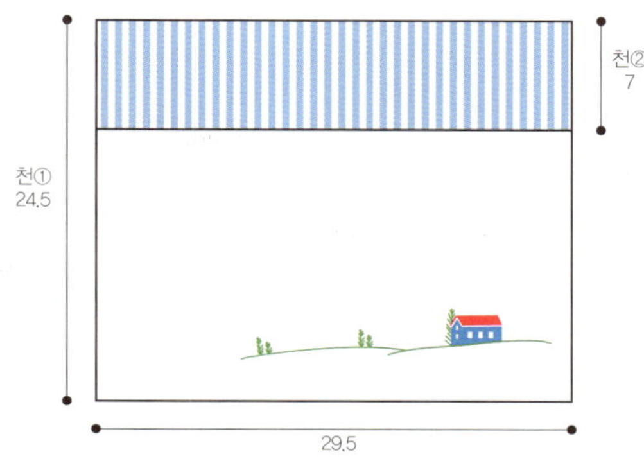

① 그림의 치수에 시접을 더해서 재단한다. 천①의 겉에
   자수를 놓는다.

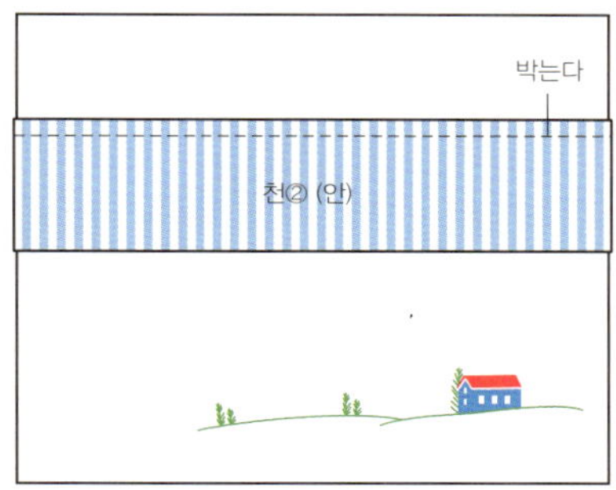

② 천②를 그림처럼 천①과 겉끼리 맞대고 박는다.

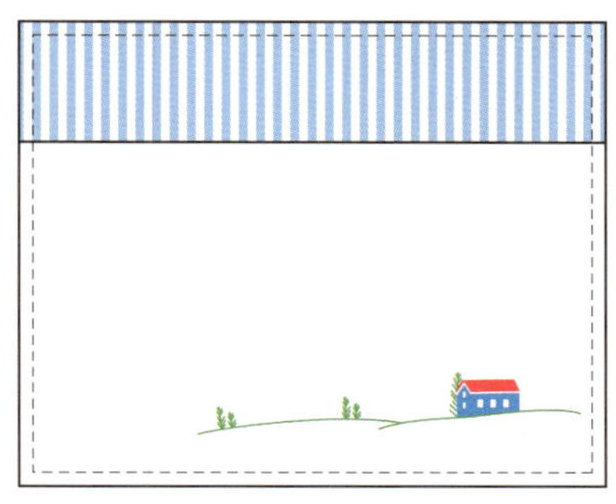

③ 천②를 겉으로 뒤집어서 가장자리를 2번 접어 박는다.

코스터

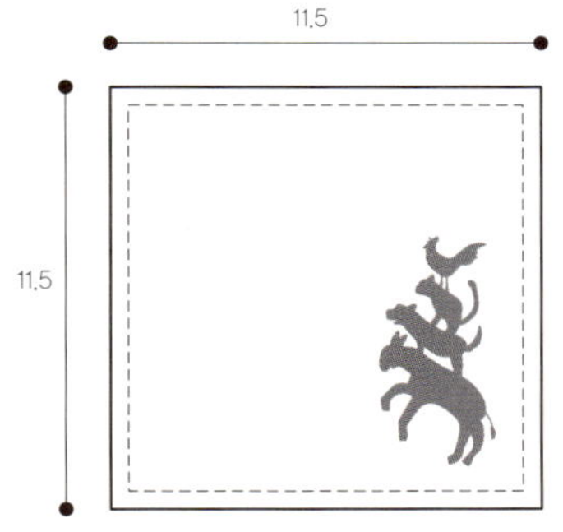

[재료]

천 : 면 13.5×13.5cm

[완성 사이즈]

폭 11.5cm 높이 11.5cm

[만드는 법]

① 그림의 치수에 시접을 고려해서 재단하고
   겉에 자수를 놓는다.
② 가장자리를 두 번 접어서 박는다.

〈실제 치수 도안〉

외출용 가방

세 가지 스티치를 조합해서 가방에 컬러풀한 꽃을 수놓아
표현했습니다. 안감의 에스닉한 무늬와 자수가 전체적으로
통일감을 주어 세련된 분위기를 풍깁니다.

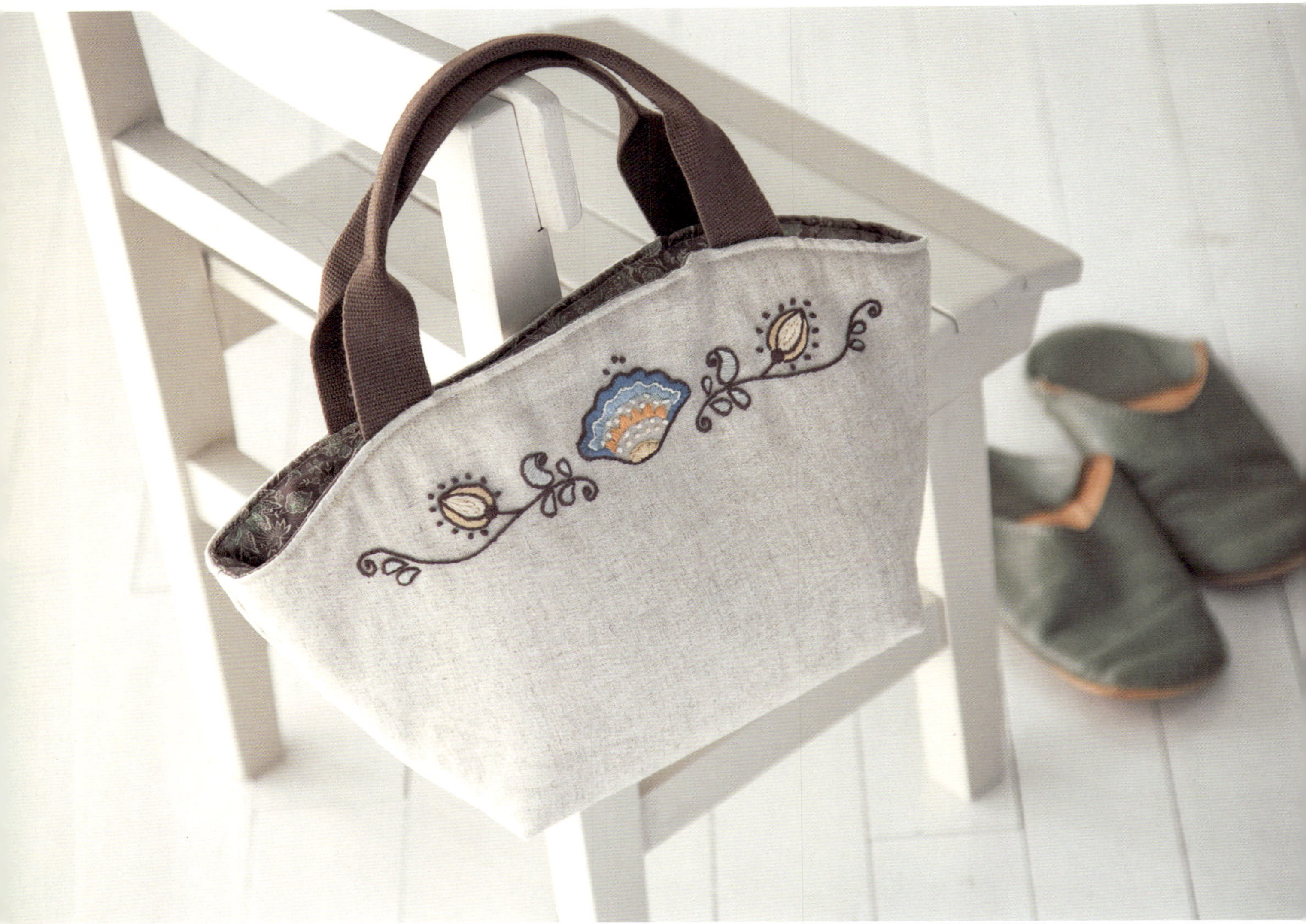

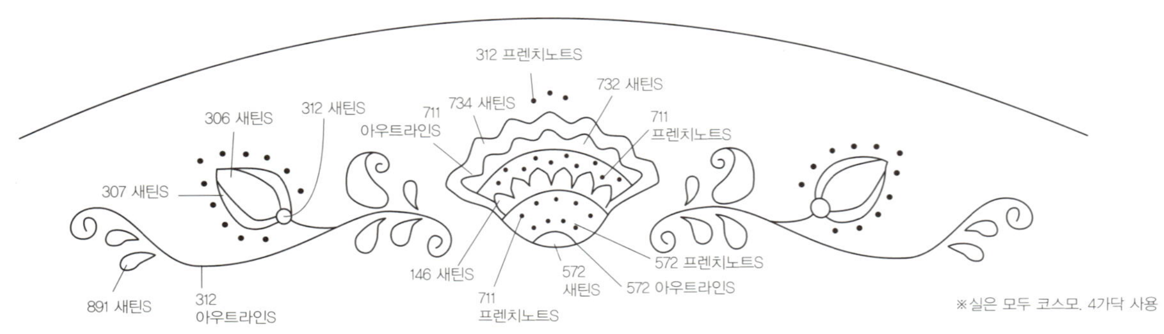

※실은 모두 코스모. 4가닥 사용

디자인·제작 / 타카다 토요카

〈200%로 확대해서 사용〉

[재료]
겉감 : 무지 리넨 39×50㎝
안감 : 에스닉 무늬 면 39×50㎝
손잡이용 : 폴리프로필렌 테이프 3cm(폭)×36cm 2개
퀼팅솜 : 39×50㎝

[완성 사이즈]
바닥의 가로 폭 27㎝ 높이 24㎝ 바닥의 안쪽 폭 7.5㎝

[만드는 법]

시접=0.7cm / 단위=cm

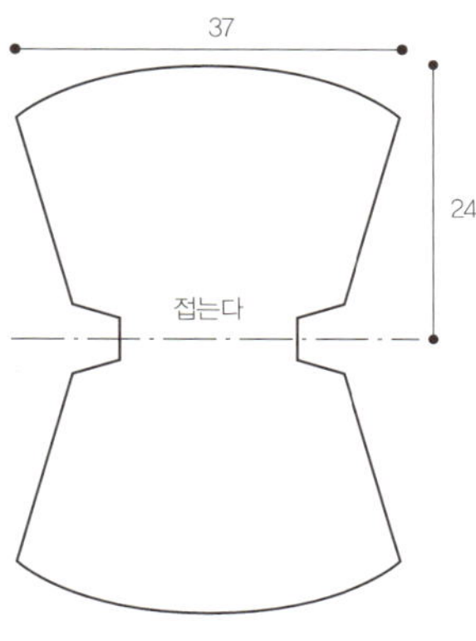

① 겉감과 안감 모두 그림의 치수에 시접을 고려해서 재단한다.
　겉감에 자수를 놓고 안쪽에 퀼팅솜을 다리미로 붙인다.

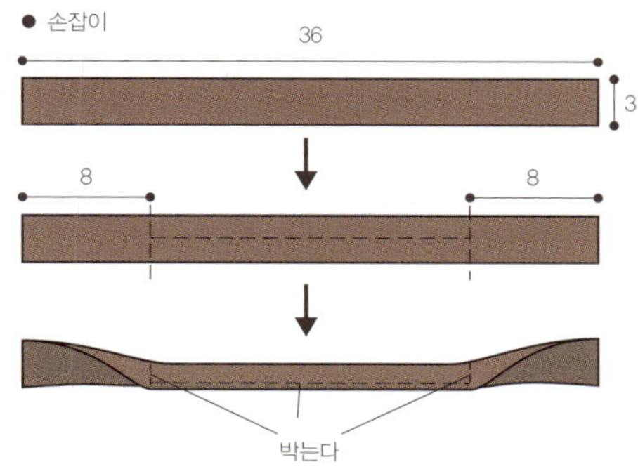

② 손잡이를 그림처럼 반으로 접고 양쪽을 8㎝ 남기고 박는다.

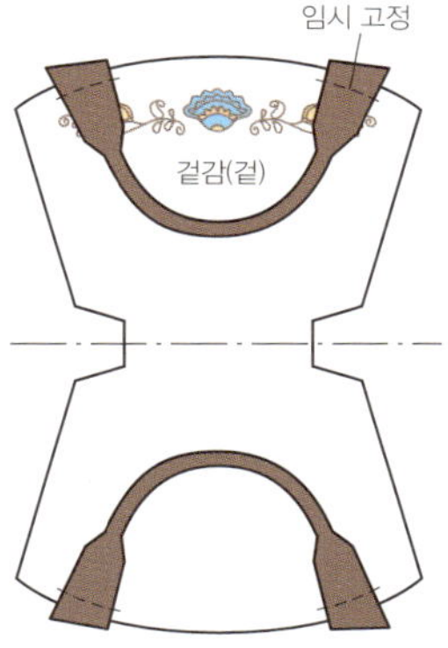

③ 겉감에 손잡이를 붙이는 위치에 손잡이를 임시 고정한다.

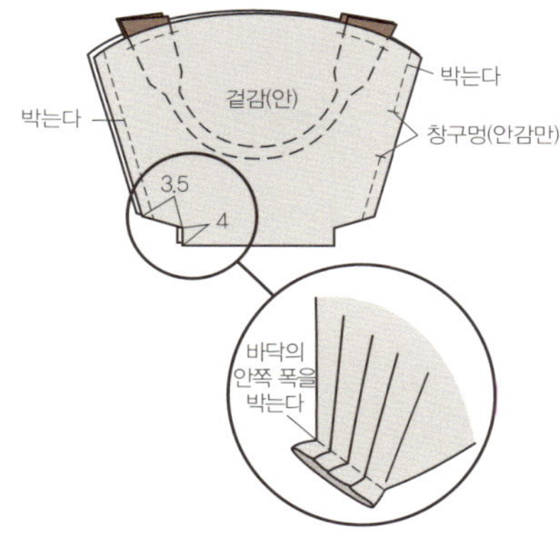

④ 겉감을 겉끼리 맞대어 접고 양쪽을 박는다(시접은 0.7㎝).
　바닥의 안쪽 폭을 박는다(안감도 마찬가지로 박는다).

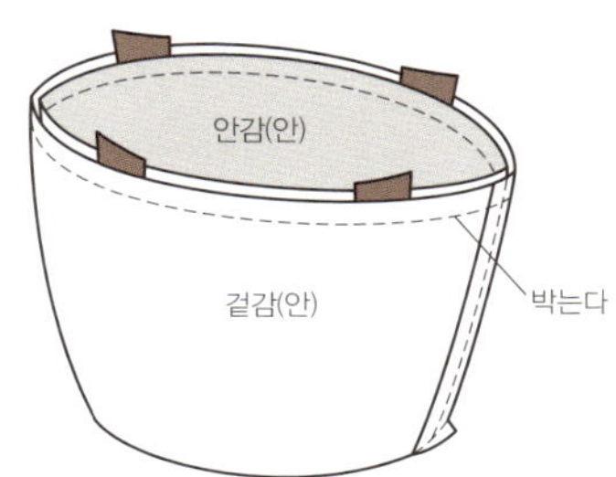

⑤ 겉감과 안감을 맞대고 입구 부분을 박은 다음
　창구멍으로 뒤집는다.

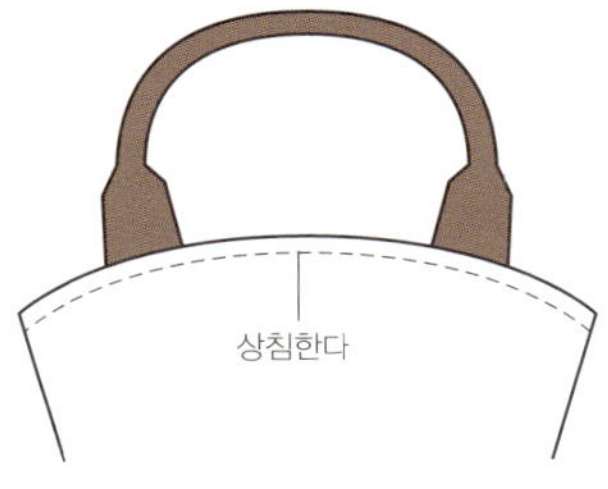

⑥ 창구멍을 막고 입구에 상침을 한다.

카페 에이프런

큰 주머니가 달려 있어서 실용적인 에이프런입니다.
허리끈에 작은 체리 모양 스티치가 포인트예요!

[재료]

마 110×70cm

[완성 사이즈]

가로 90cm 세로 30cm

[만드는 법]

① 에이프런 사이즈는 90×30cm, 주머니 사이즈는
   31×15cm이다. 각각 시접을 고려해 재단한다.

② 끈은 천 82×6cm 2장을 재단해 위아래를 1cm씩
   접고 다시 절반으로 접어서 박음질해 만들고
   한쪽에 자수를 놓는다.

③ 주머니는 입구가 될 부분에 시접을 넣어 박고,
   나머지 세 변은 두 번 접어서 다림질해 둔다.

④ 에이프런의 양 끝 부분과 끝단도 두 번 접어서
   박는다.

⑤ 에이프런의 중앙에 ③을 단다.

⑥ 허리 부분을 1cm 접고 다시 2cm 접어 끈 끼울
   구멍을 만든 뒤, ②에서 만들어둔 끈을 박아서
   고정한다. 끈이 달리는 부분은 되박음질한다.

⑦ 허리 부분을 박아서 완성한다.

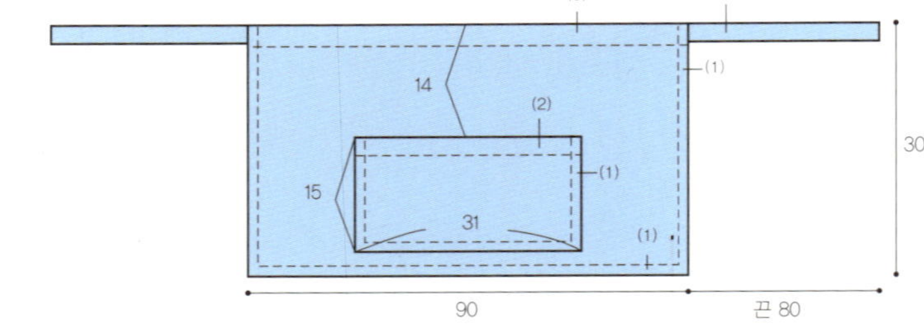

디자인 · 제작 / 와타나베 신

〈145%로 확대해서 사용〉

자수 도구 케이스

수틀과 바늘, 실, 미니 도안집까지 자수 용품을 정리해 놓는 자수 도구 케이스입니다. 멋진 샹들리에 자수를 놓아 유럽풍의 멋을 살렸습니다.

[완성 사이즈]
폭 38.5cm 세로 15cm

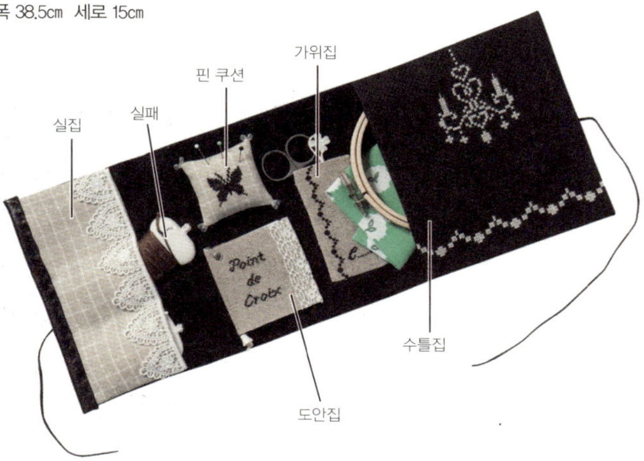

실집
실패
핀 쿠션
가위집
도안집
수틀집

[접었을 때 사이즈]
가로 13.5cm 세로 15cm

디자인·제작 / 이토 치아키

[재료]

겉감 : 크로스 스티치용 천 54×17cm

안감 : 펠트(워셔블용) 54×17cm

리넨 테이프(가위집용) : 4cm(폭)×18cm

리넨 테이프(도안집용) : 6cm(폭)×14cm

리넨(실집용) : 10×17cm

가죽 : 15×3cm

레이스(실집용) : 3cm(폭)×17cm

레이스(가위집용) : 4cm(폭)×10cm

레이스(도안집용) : 6cm(폭)×3cm 2장

두꺼운 도화지(실패용) : 6.5×4cm 4장

자투리 천 (실패용) : 7.5×5cm 4장 (핀 쿠션용) : 7×7cm 2장

눈물 모양 비즈(도안집용) : 2개 / (핀 쿠션용) : 8개

우드비즈(벨) : 1개

버튼(입구용) : 2개

버튼(가위집용) : 1개

가죽 끈(또는 리본) : 25cm 2개

끈(가위집용) : 6cm 1개

끈(도안집용) : 적당량

퀼트심(실패용) : 6.5×4cm 4장

[만드는 법]

① 겉감과 안감 모두 그림의 치수에 시접을 고려해서 재단하고, 겉감에 자수를 놓는다.

② 겉감 위아래의 시접을 안쪽으로 접고 안감용 펠트를 올려서 그림처럼 박는다.

③ 수틀집 부분을 접고 위아래를 박는다. 실집 부분 리넨의 위아래를 펠트와 겉감 사이에 접어 넣는다(리넨의 오른쪽 가장자리에 레이스를 박아둔다).

④ 각 부분을 만들고 펠트를 붙인다.

⑤ 남겨둔 펠트 부분의 위아래를 겉감에 박고, 실집의 리넨 가장자리를 가죽으로 끼워서 박는다.

⑥ 버튼과 가죽 끈을 단다.

시접=지정 외 1cm / 단위=cm

① 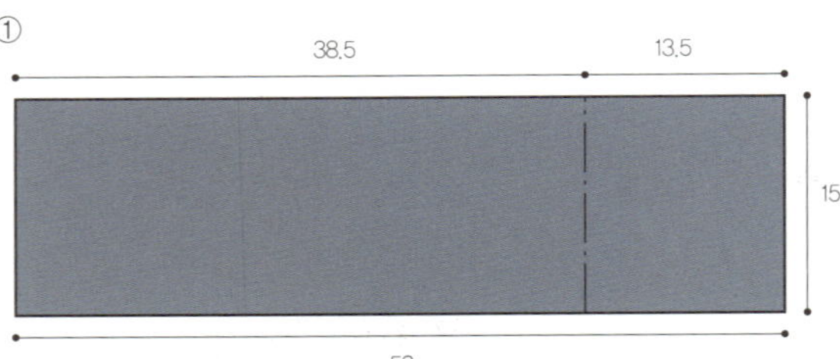

② 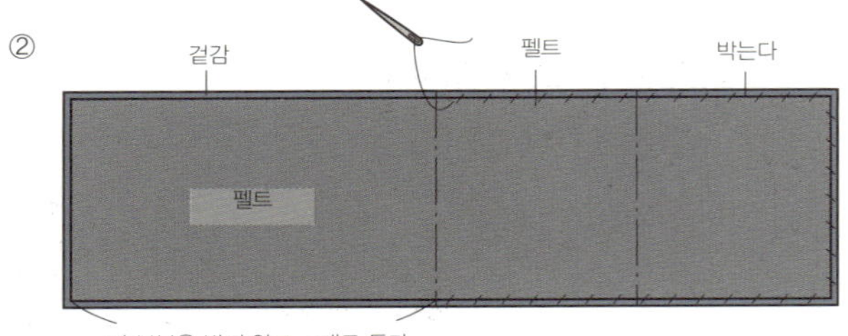

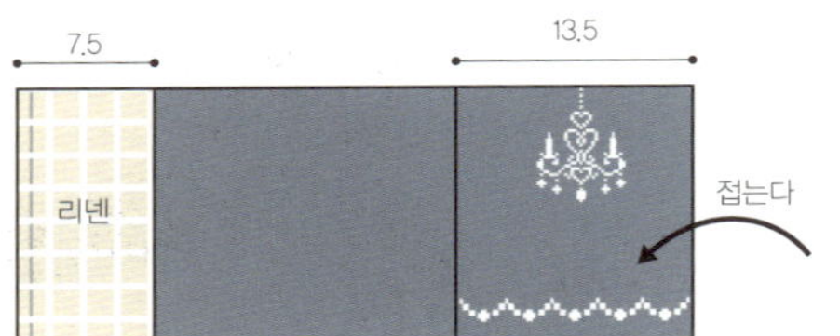

③ 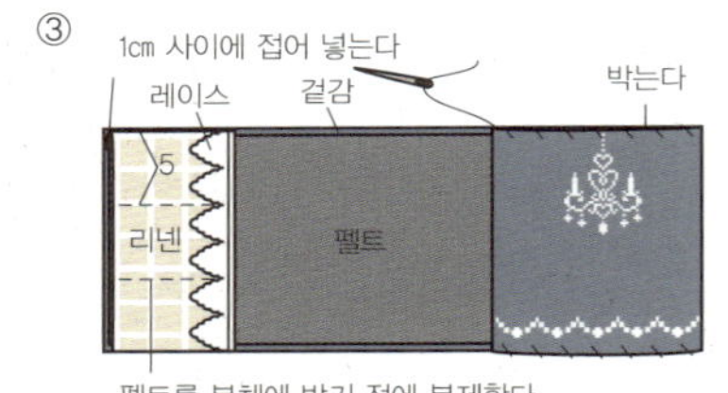

④⑤ 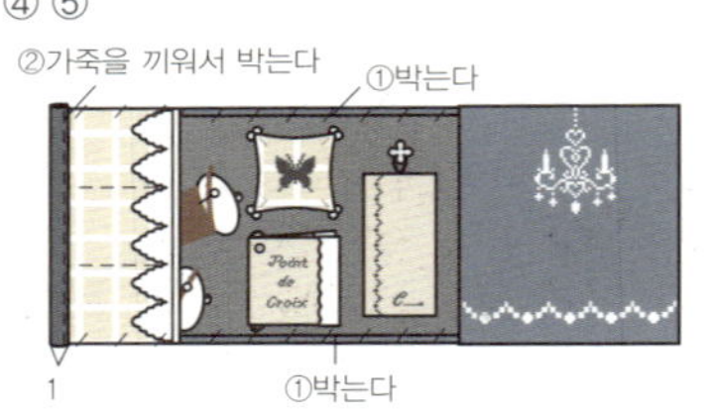

⑥ 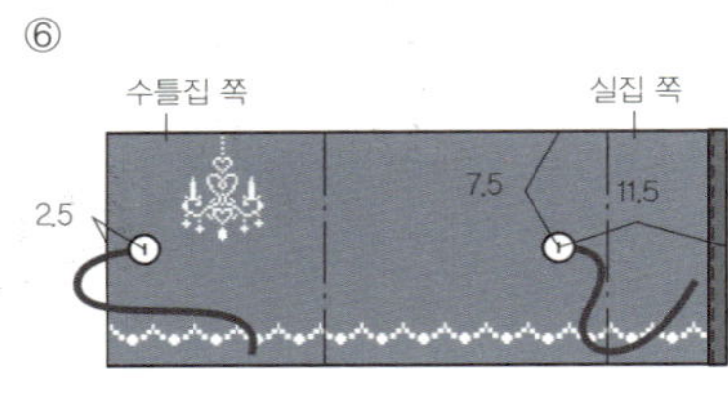

<h2>각 부분 만들기</h2>

핀 쿠션

[만드는 법]

ⓐ 그림의 치수에 1cm 시접을 고려해서 천 2장을 재단하고 p.87의 도안을 참고해 수를 놓는다.

ⓑ 2장을 겉끼리 맞댄 뒤, 창구멍만 남기고 가장자리를 박는다.

ⓒ 모서리를 자른 다음 뒤집고 안에 솜을 채운 뒤, 창구멍을 막는다. 모서리에 비즈를 단다.

ⓐ 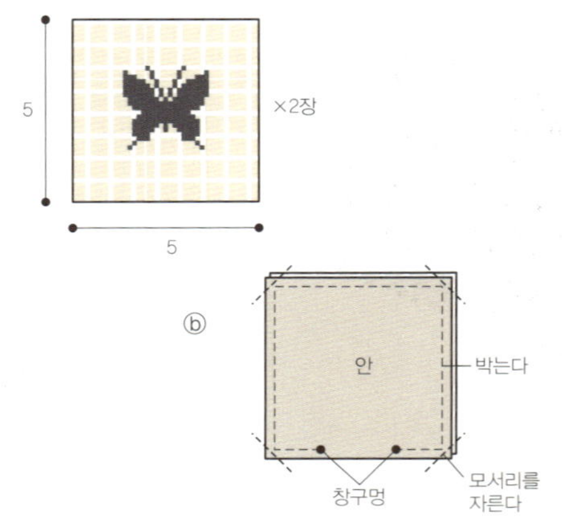

ⓒ 

가위집

[만드는 법]
ⓐ p.112의 도안대로 리넨 테이프에 자수를 놓고 시접을 접어둔다.
ⓑ 시접을 본드로 붙이고 끈을 박은 다음 위에 레이스를 붙인다.
ⓒ 한 번 접어서 밑에서 5.5㎝까지의 양옆을 홀치고, 뒤집은 다음 버튼을 본체에 박아 고정한다.

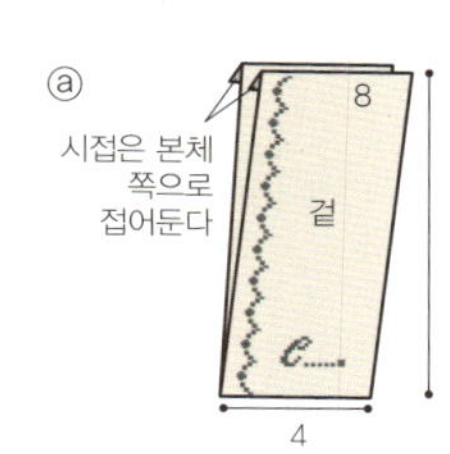

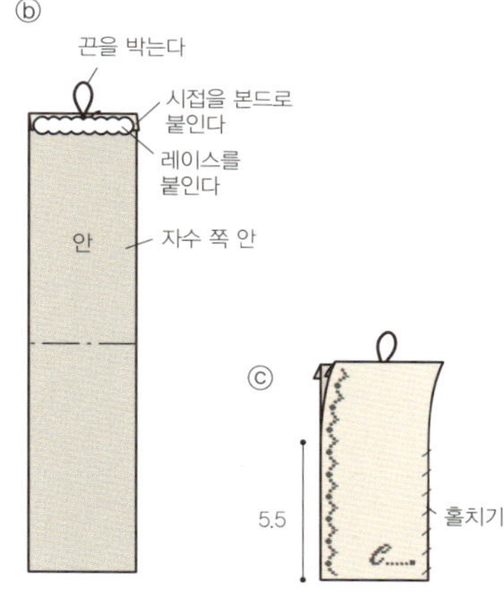

도안집

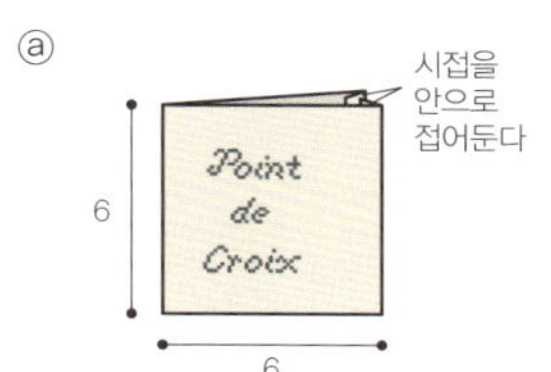

[만드는 법]
ⓐ p.112의 도안대로 리넨 테이프에 자수를 놓고 반으로 접은 다음 시접을 접어둔다.
ⓑ 양 끝의 안과 겉에 레이스를 붙인다. 도안을 몇 장 겹쳐서 사이에 끼우고 왼쪽 위에 구멍을 내서 금구(카시메)를 끼운다.

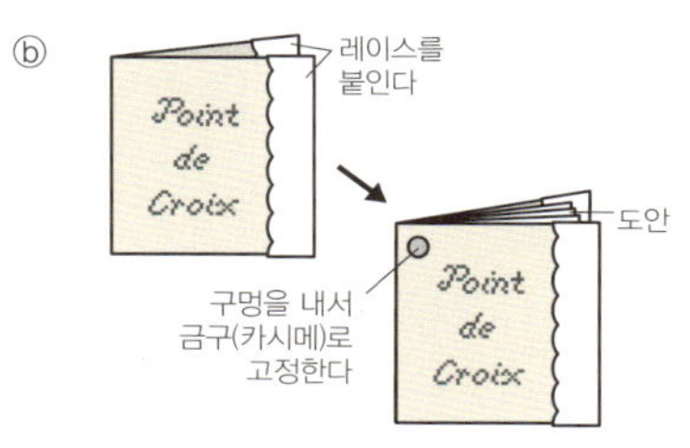

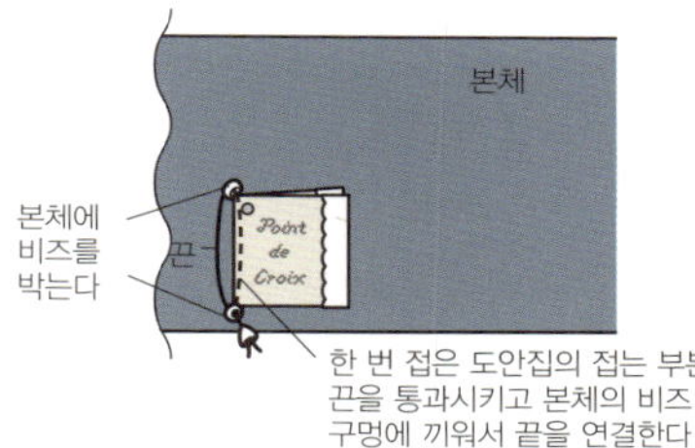

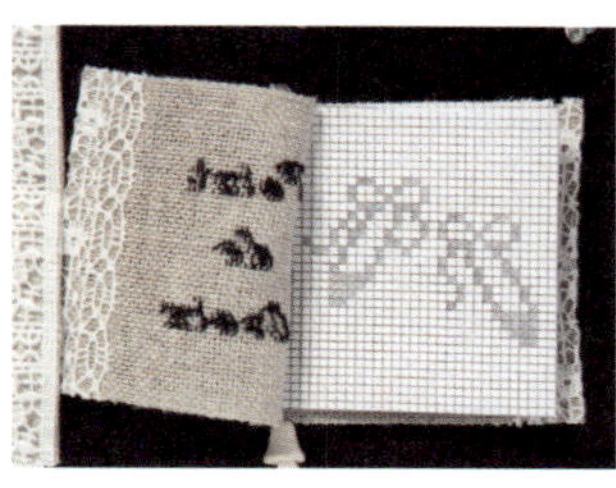

실패

[만드는 법]
ⓐ p.112의 본대로 두꺼운 도화지 4장을 잘라서 각각 퀼트심을 양면테이프로 붙인다.
ⓑ 천을 두꺼운 도화지보다 0.5㎝ 크게 2장을 재단한다. 두꺼운 도화지의 퀼트심을 붙인 쪽과 겹쳐서 그림처럼 칼집을 내고 곡선 부분을 홈질해서 조인다.
ⓒ 시접을 두꺼운 도화지 쪽으로 넘긴다. 2장의 두꺼운 도화지 쪽을 안으로 맞춰서 테이프를 끼우고, 가장자리를 홀친다. 자수실을 감아서 시침바늘로 고정한다.

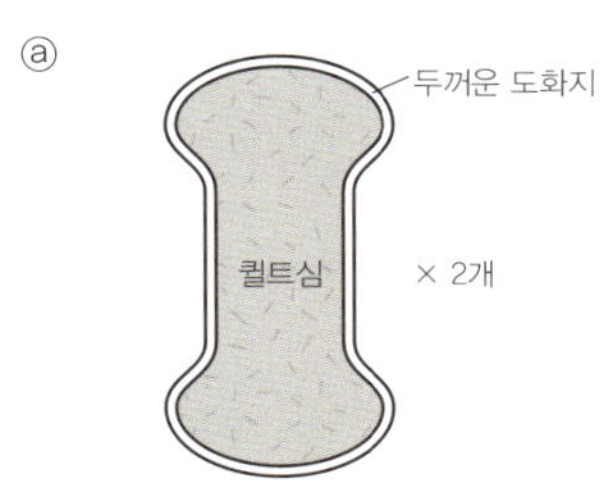

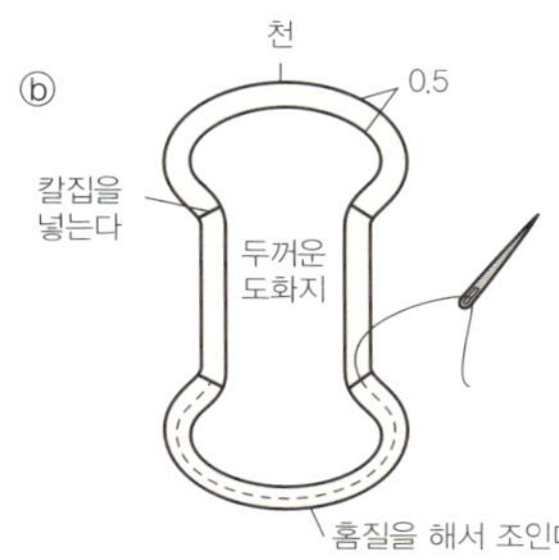

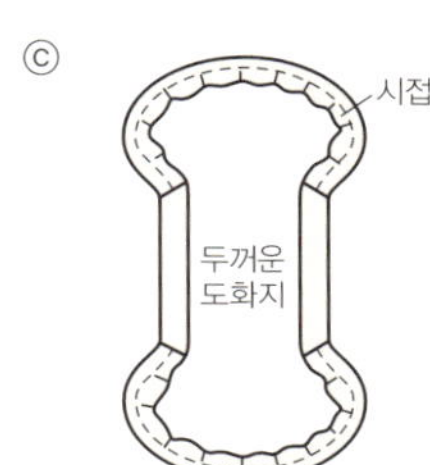

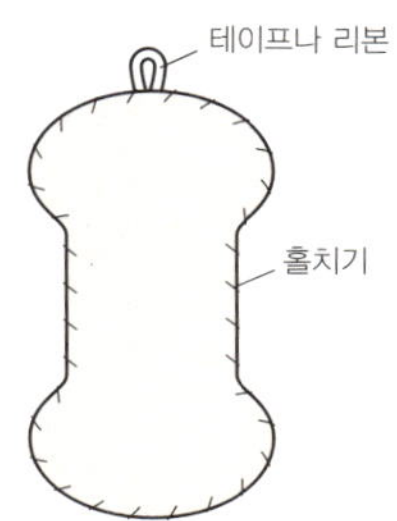

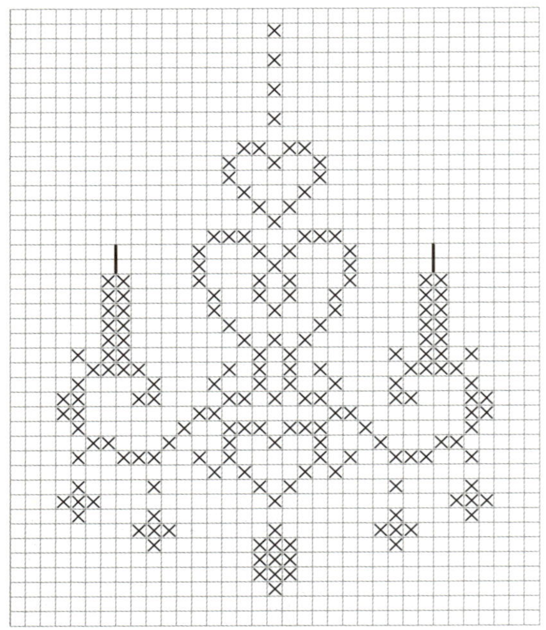

실은 DMC ECRU, 2가닥 사용
촛불의 불은 백S

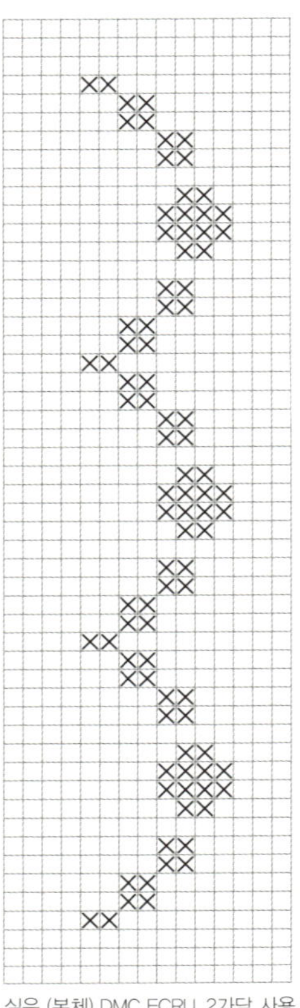

실은 (본체) DMC ECRU, 2가닥 사용
(가위집) DMC 310, 1가닥 사용

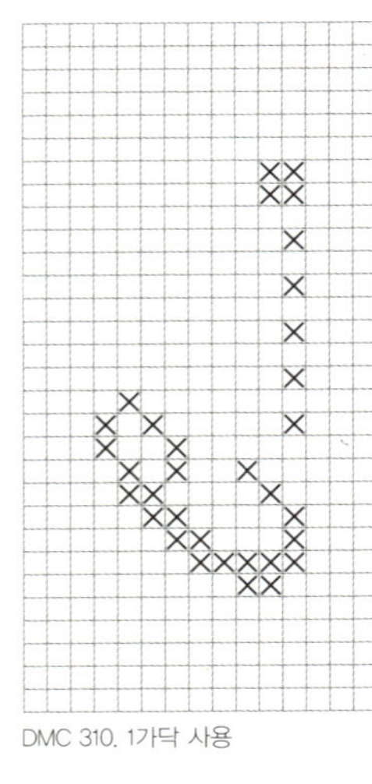

DMC 310, 1가닥 사용

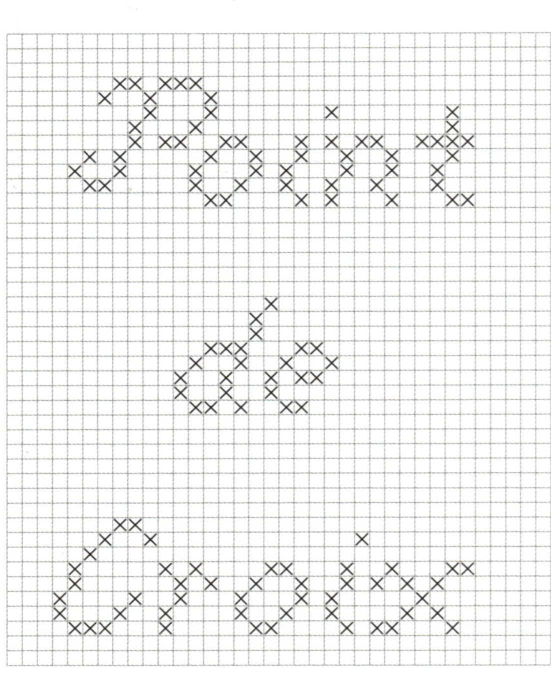

실은 DMC 30, 1가닥 사용

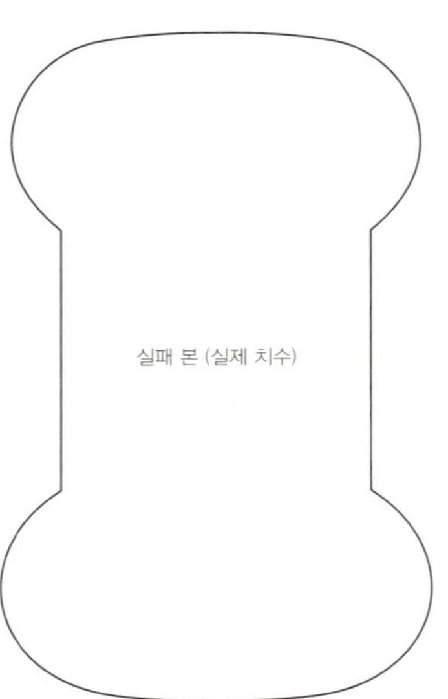

실패 본 (실제 치수)

깔끔한 꽃무늬

냄비받침

꽃무늬 냄비받침은 주방의 분위기까지 밝게 만들어요.
매일 사용하는 물건이니, 퀼트심을 넣어서 튼튼하게 만들어보세요.

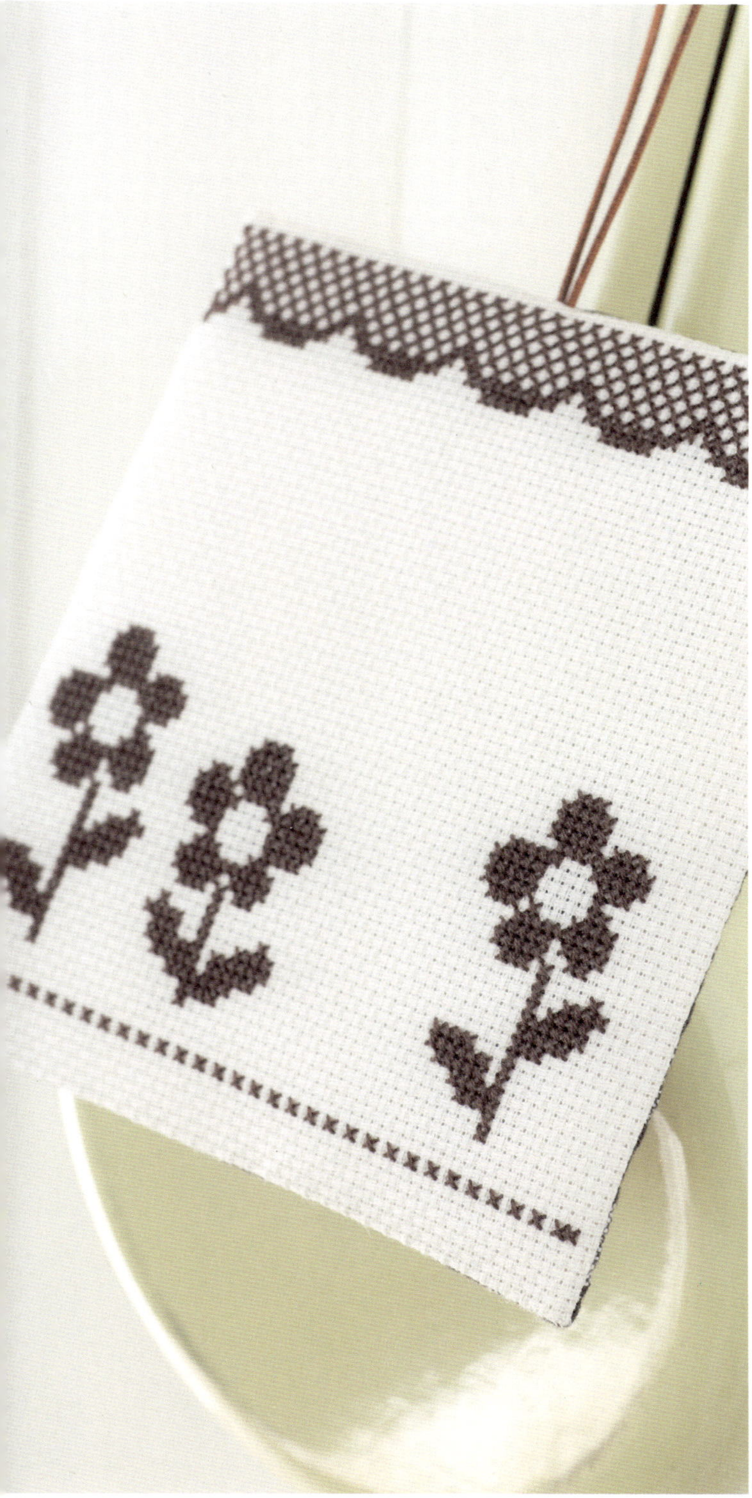

[재료]

겉감 : 크로스 스티치용 천 15×16㎝
안감 : 리넨 15×16㎝
퀼트심 : 15×16㎝
가죽 끈 : 20㎝

[완성 사이즈]

가로 13㎝ 세로14㎝

[만드는 법]

① 겉감과 안감 모두 그림의 치수에 시접을 고려해서 재단하고, 겉감에 자수를 놓는다.

② 겉감과 안감에 퀼트심을 붙이고 시접을 접는다.

③ 겉감과 안감의 퀼트심 쪽을 맞춰서 가죽 끈을 끼우고 가장자리를 박는다.

①

②

(겉감, 안감 모두)

③

시접＝지정 외 1㎝ / 단위＝㎝

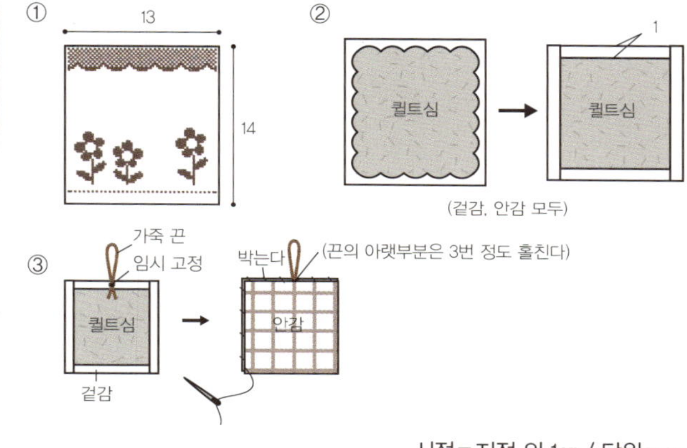

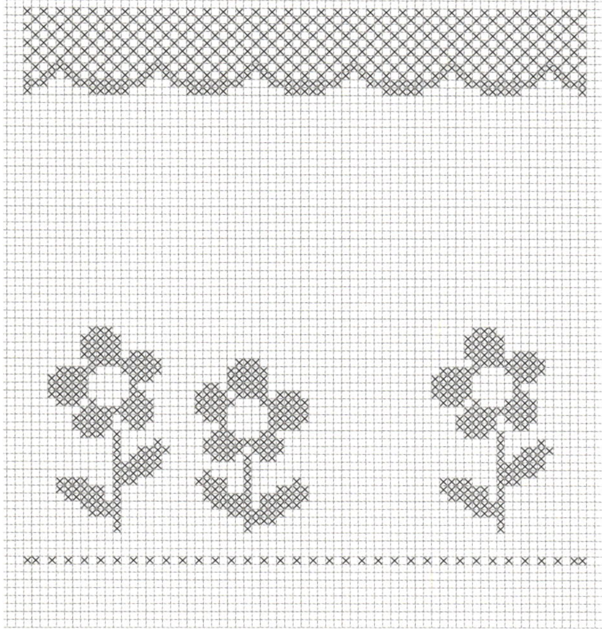

※실은 DMC 839, 2가닥 사용

〈200%로 확대해서 사용〉

도시락 주머니와 컵 주머니

3mm 폭의 체크무늬 눈에 맞춰 자수를 놓기 때문에
초보자도 쉽게 할 수 있어요. 무지 천에 체크무늬 천을
덧댄 귀여운 디자인의 주머니랍니다.

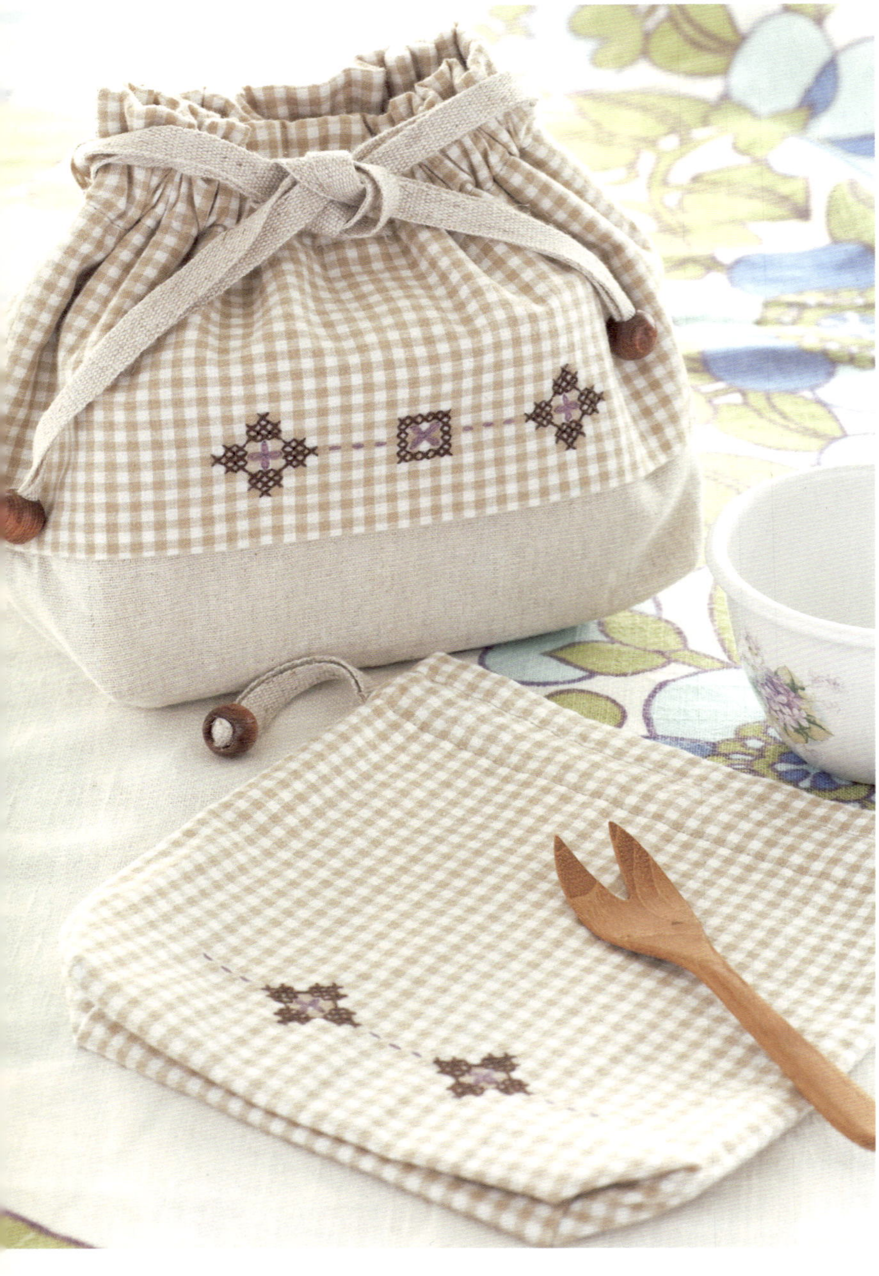

[재료]
겉감 : 체크무늬 면 75×112cm
　　　무지(면마) 75×112cm
나무 볼 : 4개
마 끈 : 0.9cm(폭)×250cm

[완성 사이즈]
도시락 주머니 : 폭 27cm　높이 17cm　바닥 폭 10cm
컵 주머니 : 폭 18cm　높이 18cm　바닥 폭 5cm

컵 주머니

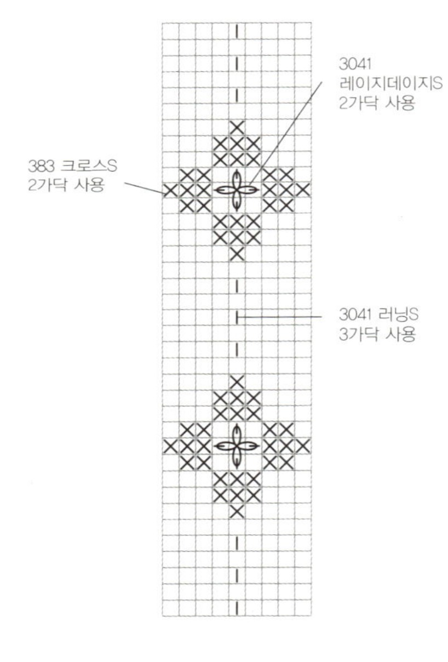

도시락 주머니

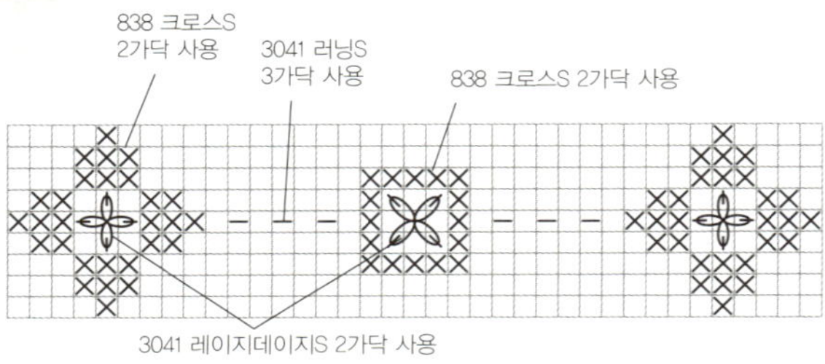

디자인 · 제작 / 후쿠치 시노부

※실은 모두 DMC　〈실제 치수 도안〉

[컵 주머니 만드는 법]

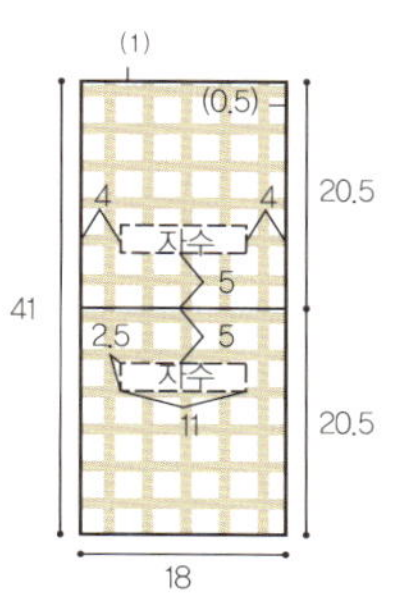

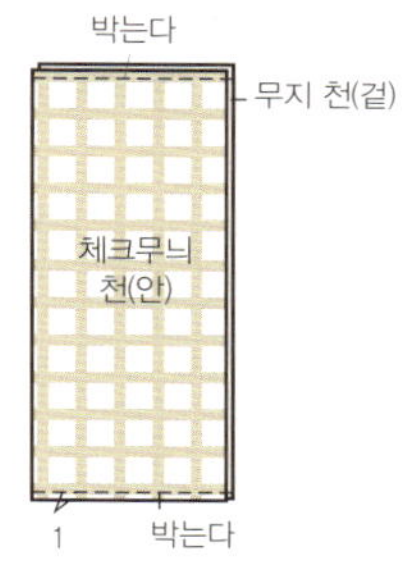

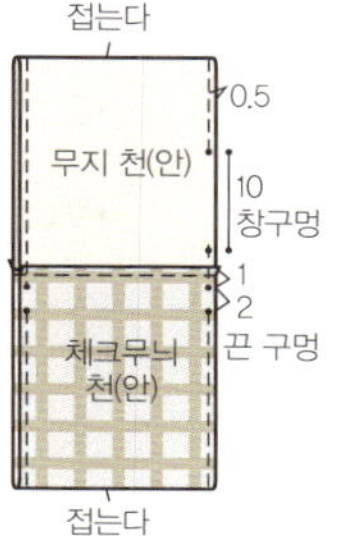

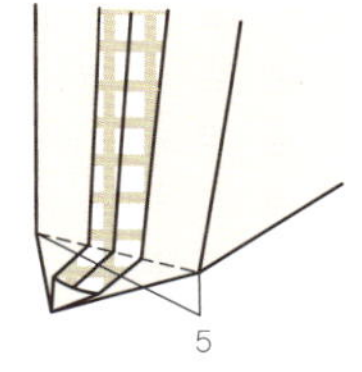

① 체크무늬 천과 무지 천을 같이 그림의 치수에 시접을 고려해서 재단한다. 체크무늬 천에 자수를 놓는다.

② 체크무늬 천과 무지 천을 겉끼리 맞대고 위아래를 박는다.

③ 그림처럼 천을 접고 양옆을 맞춰서 박는다. 무지 천은 창구멍 10㎝, 체크무늬 천은 끈 구멍 2㎝를 남기고 박는다.

④ 체크무늬 천, 무지 천 모두 바닥 폭을 만든다.

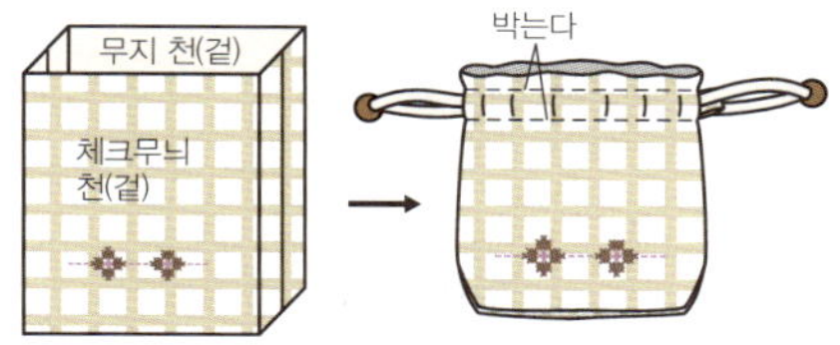

⑥ 무지 천을 체크무늬 천 주머니 속에 넣고 끈 구멍 부분을 박는다. 끈을 끼우고 끝에 나무 볼을 달아 완성한다.

⑤ 겉으로 뒤집고 창구멍을 막는다.

[도시락 주머니 만드는 법]

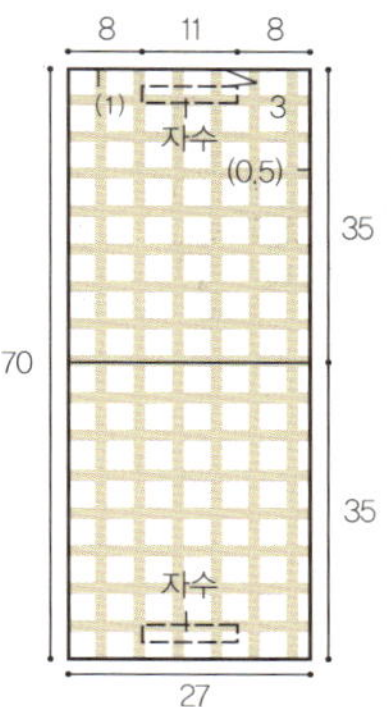

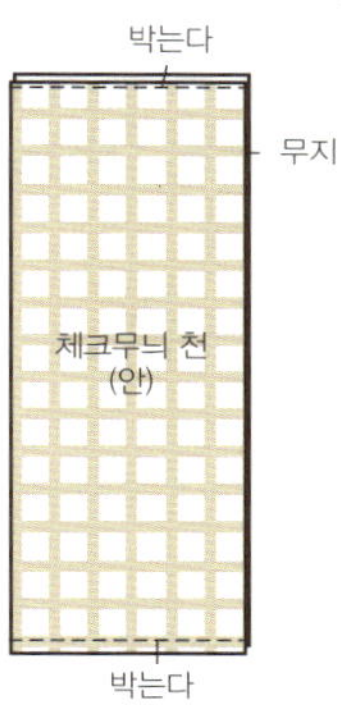

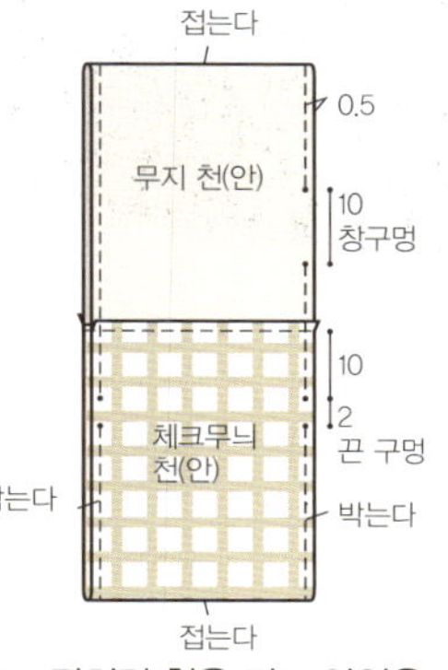

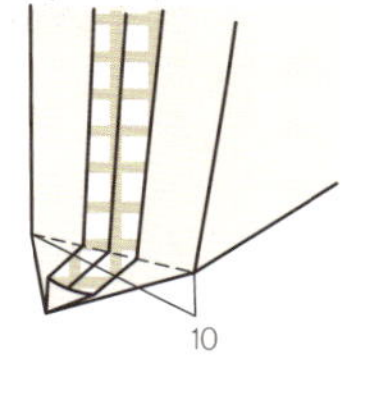

① 체크무늬 천, 무지 천을 그림의 치수에 시접을 고려해서 재단하고, 체크무늬 천의 눈에 맞춰 수를 놓는다.

② 체크무늬 천과 무지 천을 겉끼리 맞대고 위아래의 가장자리를 박는다.

③ 그림처럼 천을 접고 양옆을 맞춰서 박는다. 무지 천은 창구멍을 10㎝, 체크무늬 천은 끈 구멍을 2㎝ 남기고 박는다.

④ 체크무늬 천과 무지 천 함께 바닥의 폭을 만든다.

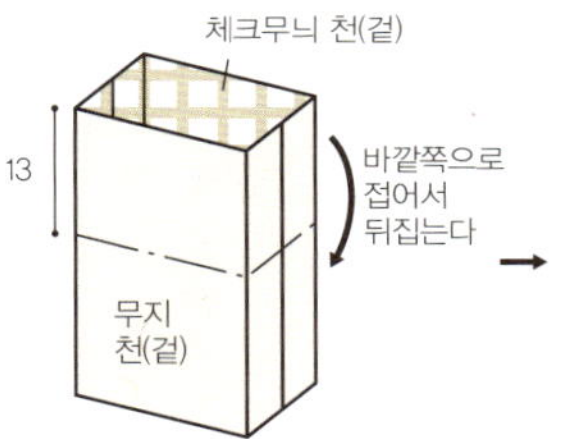

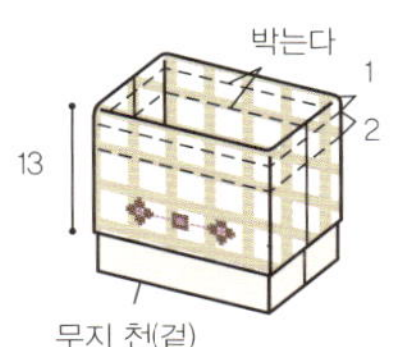

⑤ 겉으로 뒤집고 창구멍을 막는다.

⑥ 체크무늬 천 주머니를 무지 천 주머니 속에 넣고 13㎝ 바깥쪽으로 접는다. 끈 구멍 부분을 박는다.

⑦ 끈 구멍에 끈을 끼우고 끝에 나무 볼을 달아 완성한다.

파우치와 카드지갑

주머니 모양의 파우치는 귀여우면서도 열기도 쉬워 실용적인
아이템입니다. 가방 안 잡동사니를 정리해 쏙 넣어두면 편하지요.
하얀 토끼 모양의 자수가 포인트예요.

[재료]

[파우치]
겉감 : 리넨 18×19cm 2장
안감 : 스트라이프 면 18×19cm 2장
입구 쪽 겉감 : 꽃무늬 면 8×19cm 2장
입구 쪽 안감 : 스트라이프 면 8×19cm 2장
마 끈 : 1m
레이스 : 적당량

[완성 사이즈]
파우치 : 폭 17.6cm 높이 16.6cm
카드지갑 : 가로 8.3cm 세로 11.2cm (접었을 때)

[카드지갑]
겉감 : 리넨 9×18cm
겉감 : 꽃무늬 면 5×18cm
안감 : 스트라이프 면 13×18cm
주머니 천 : 스트라이프 면 13×14cm 2장
접착심 : 14×18cm
능직 테이프 : 13cm
스냅단추 : 1쌍

※실은 모두 DMC 흰색(BC5200), 노랑(444), 오렌지(721), 2가닥 사용

디자인 · 제작 / 히라이즈미 치에

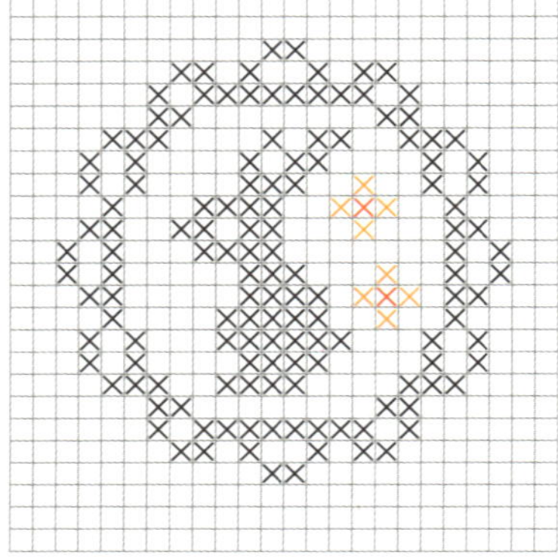

〈82%로 축소해서 사용〉

[파우치 만드는 법]

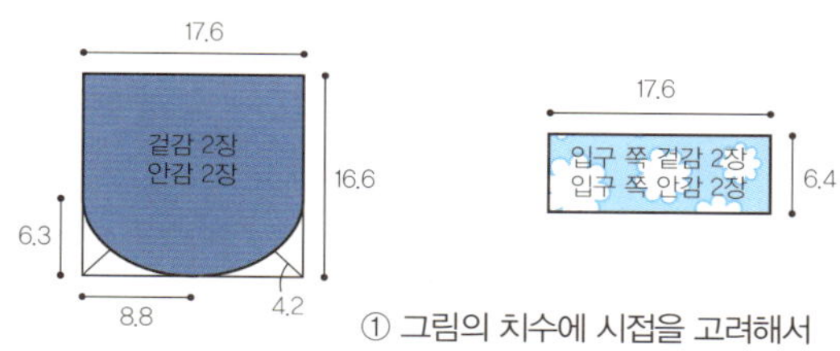

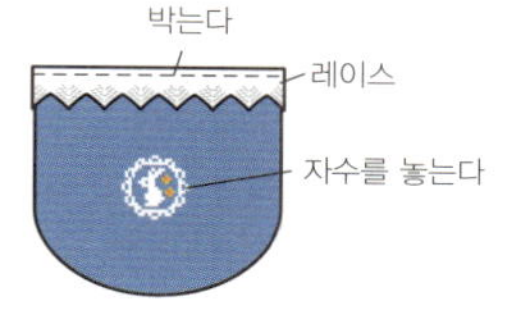

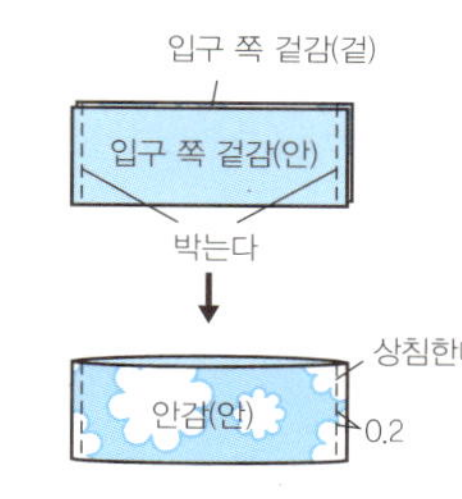

① 그림의 치수에 시접을 고려해서 재단한다.

② 겉감에 자수를 놓고 위쪽에 레이스를 박아 단다.

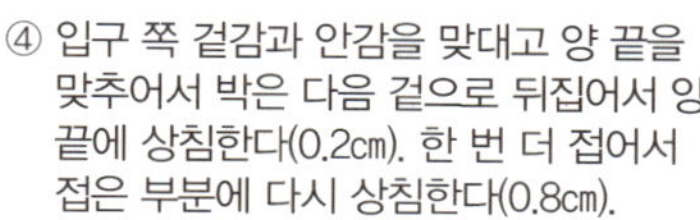

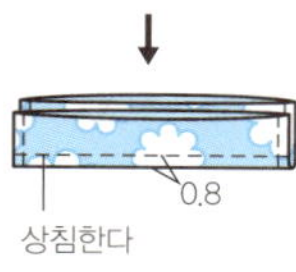

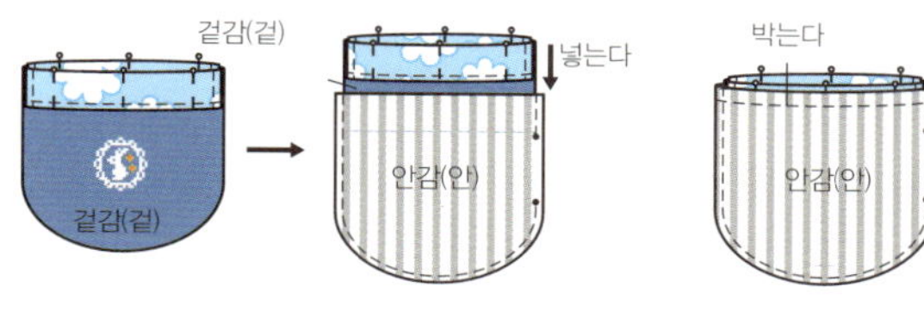

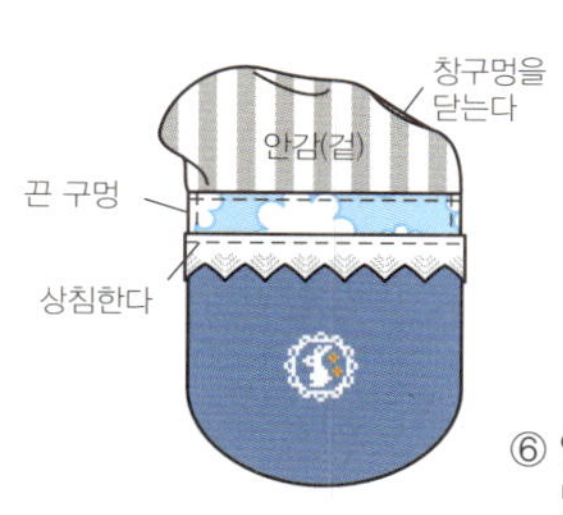

③ 겉감과 안감을 겉끼리 맞대고 가장자리를 박아서 겉으로 뒤집는다. 안감도 창구멍을 남기고 겉감과 마찬가지로 박는다.

④ 입구 쪽 겉감과 안감을 맞대고 양 끝을 맞추어서 박은 다음 겉으로 뒤집어서 양 끝에 상침한다(0.2cm). 한 번 더 접어서 접은 부분에 다시 상침한다(0.8cm).

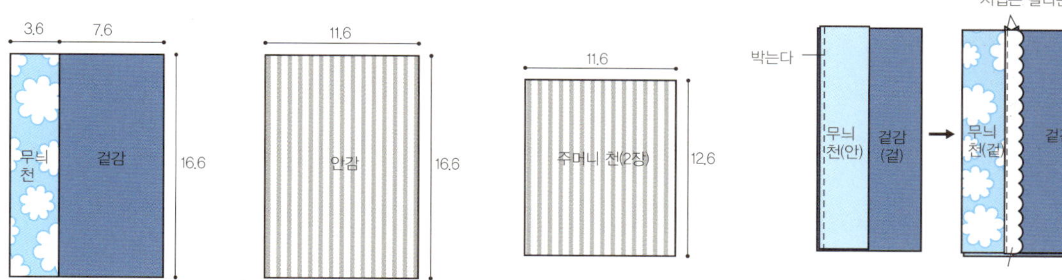

⑤ 겉감의 위쪽에 한 번 접은 입구쪽 천을 끼워서 시침핀으로 고정한다(반대쪽도 똑같이 작업한다). 안감과 맞대어서 입구 부분을 맞춰 박은 뒤, 안감의 창구멍으로 뒤집는다.

⑥ 안감의 창구멍을 닫고 겉감 주머니 속으로 넣어서 형태를 정리한다. 윗부분을 상침한다. 끈을 통과시킨다.

[카드지갑 만드는 법]

① 그림의 치수에 시접을 고려해서 재단한다.

② 무늬 천과 겉감을 겉끼리 맞대고 박은 뒤 펼쳐서, 그림처럼 중간을 박는다. 겉감에 자수를 놓고 레이스를 박은 뒤, 같은 크기로 자른 접착심을 다리미로 붙인다.

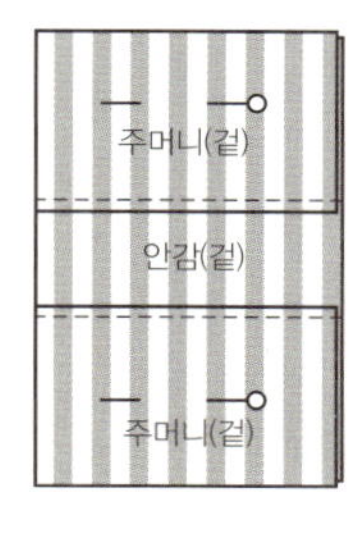

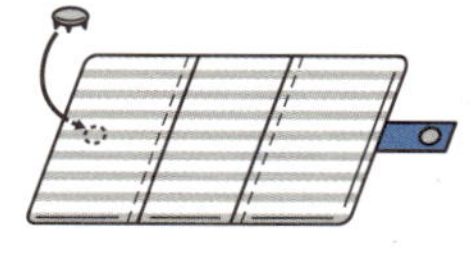

③ 주머니 천을 한 번 접어서 위쪽 부분에 상침을 하고 그림처럼 안감에 주머니를 배치해서 시침핀으로 고정한다. 능직 테이프로 만든 잠금 끈을 끼운다.

④ ②와 ③을 서로 맞대고 창구멍만 남기고 가장자리를 박는다.

⑤ 겉으로 뒤집어서 창구멍을 막는다. 잠금 끈과 본체에 스냅 버튼을 달면 완성된다.

수국 스케치로 도안을 만들자

일상의 풍경을 스케치해서 자수로 표현하면 어떨
까요? 나만의 독특한 작품을 만들 수 있어요.

수국을 스케치합니다.

스케치를 도안으로
옮깁니다(p.11).

수국 북 커버

블루 스트라이프 천에 맞춰
파란색 자수실을 사용했습니다.
아우트라인 스티치로 윤곽만
표현한 작품으로 부드러운 질감의
더블거즈에 파란색 수국이 시원한
분위기를 풍깁니다.

수국 북 커버 만드는 법

[재료]

겉감 : 더블거즈 38×18.5㎝
안감 : 흰색 면 38×18.5㎝
　　　　스트라이프 면 9.5×18.5㎝
평직 테이프 : 1.7㎝(폭)×18.5㎝ 2개
스탬프를 찍은 천 : 1장

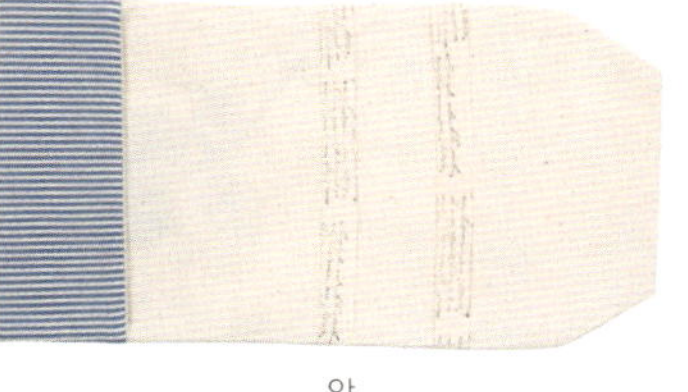

시접＝1㎝ / 단위＝㎝

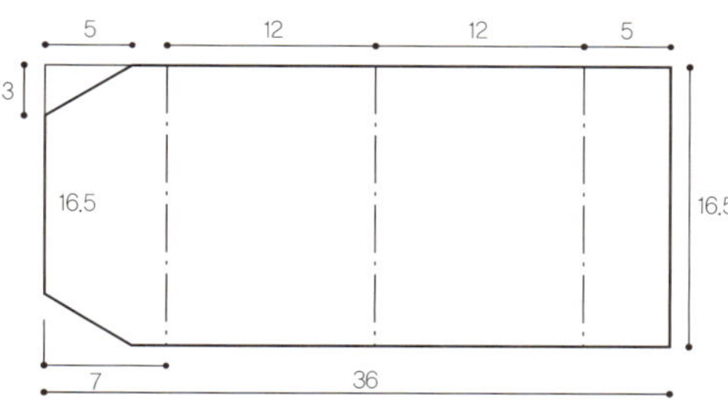

① 겉감과 안감을 그림의 치수에 시접을 고려해서 재단한다.

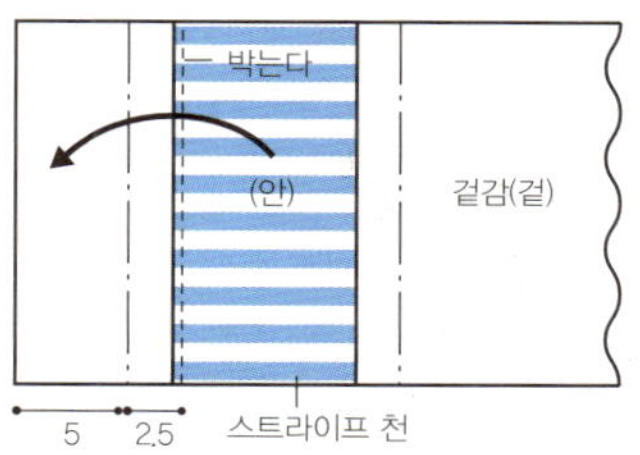

② 스트라이프 천과 겉감을 겉끼리 맞대고 박는다.

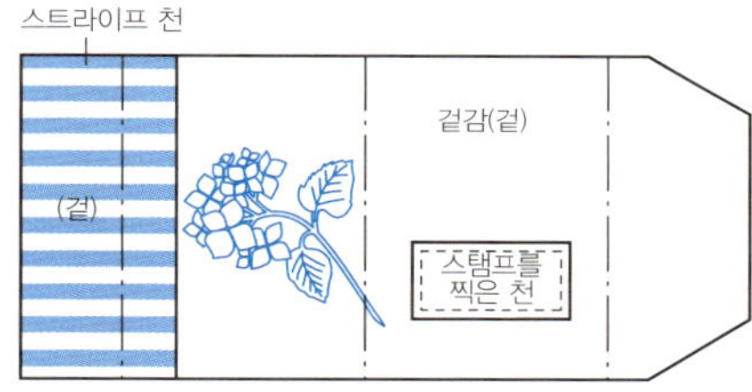

③ 스트라이프 천을 겉으로 뒤집고 겉감에 자수를 놓은
　다음 장식용 스탬프를 찍은 천을 박는다.

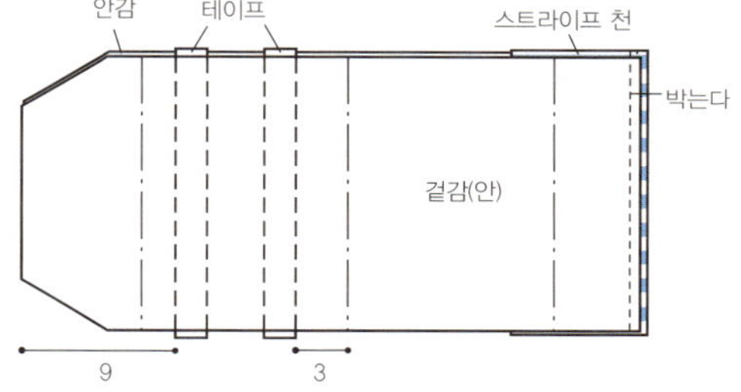

④ 겉감과 안감(흰색 면)을 겉끼리 맞대고
　테이프를 끼운 다음 한쪽을 박는다.

⑤ 포켓을 안으로 접어
　넣고 창구멍을 남긴
　다음 가장자리를
　박는다. 천을 겉으로
　뒤집은 다음 창구멍을
　막는다.

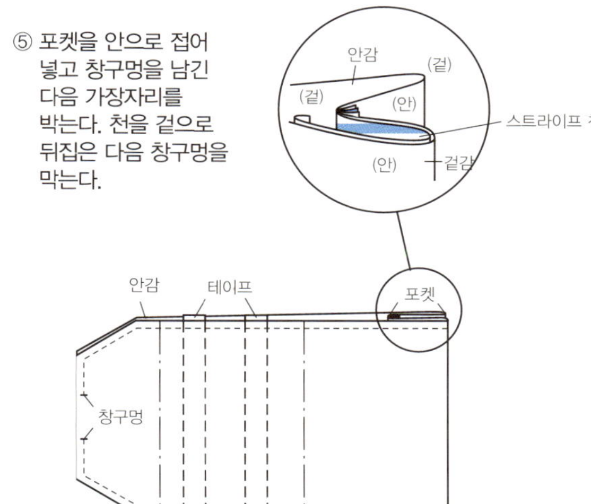

도안을 응용했어요!

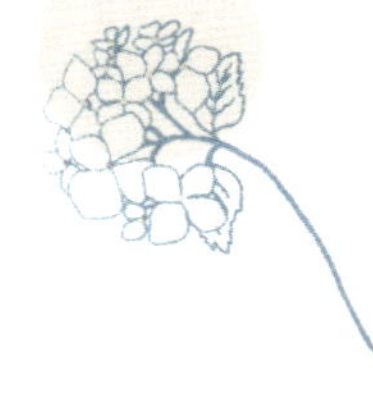

잎을 좀 더 꽃봉오리에 가깝게 붙이고 줄기를
새틴 스티치로 바꾸면 여유로운 느낌을
줍니다. 스티치 기법을 다양하게 사용해보세요.

장미 스케치로 도안을 만들자

지퍼가 2개 달린 장미 파우치

자수는 스케치를 그대로 자수로 살리고 싶은
예쁜 장미꽃입니다. 수납공간이 둘로 나뉘어
있어서 평소에는 물론이고 여행할 때도 아주
실용적인 파우치를 만들었습니다.

장미 파우치 만드는 법

겉

안

[재료]

겉감 : 더블거즈 18×30cm
안감 : 파란색 면 18×30cm
속지 : 흰색 면(대) 18×32cm
　　　 스트라이프 천(소) 18×28cm
지퍼 : 16cm 2개
스냅버튼 : 1쌍

시접＝1cm / 단위＝cm

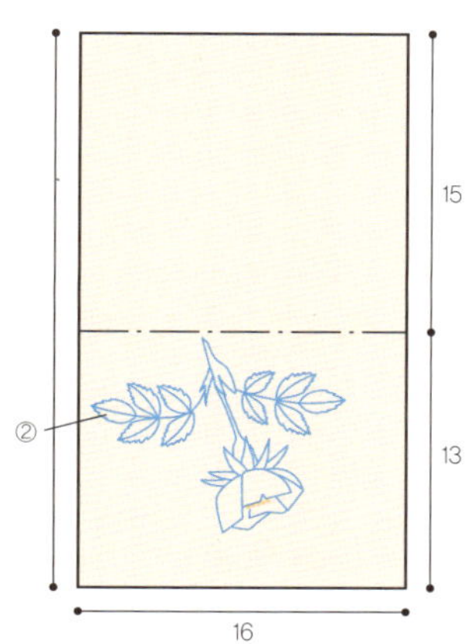

① 겉감과 안감 모두 그림의 치수에 시접을
　 고려해서 재단한다.
② 겉감에 자수를 놓는다.

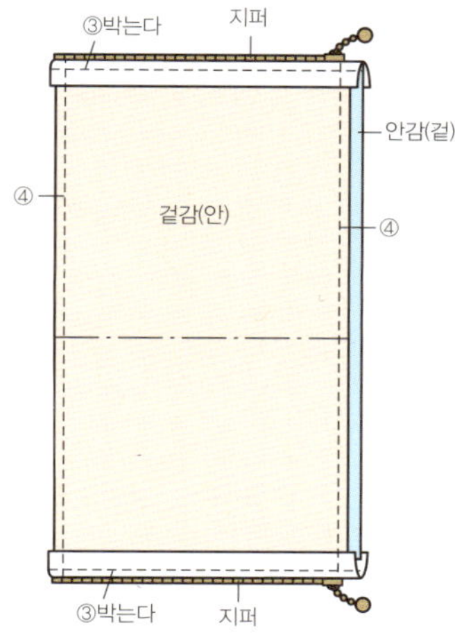

③ 겉감과 안감을 겉끼리 맞대고
　 그림처럼 양 끝에 지퍼를 단다.
④ 양옆을 맞춰서 박는다.

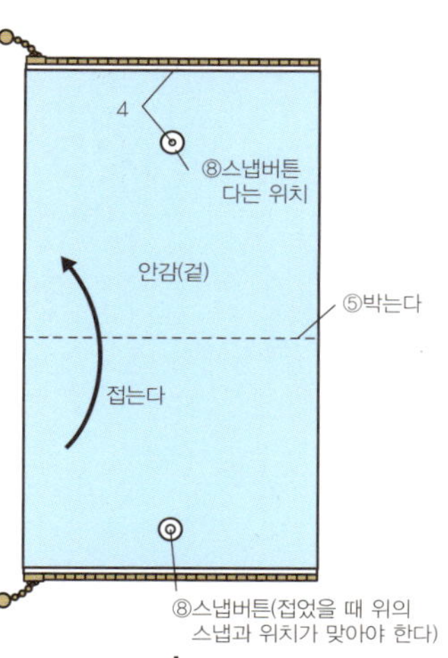

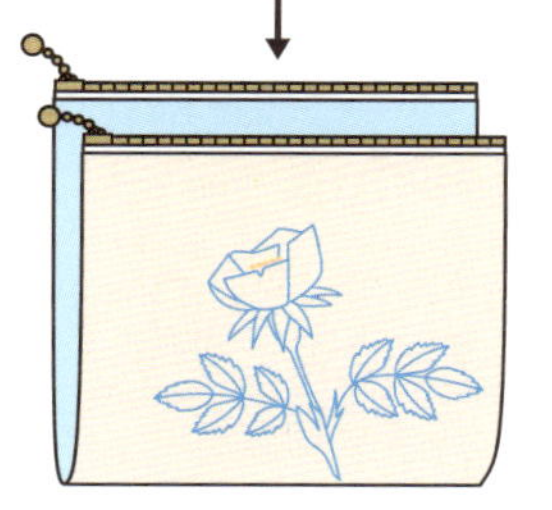

⑤ 겉으로 뒤집어서 그림의 위치에
　 상침을 한다. 자수가 겉으로
　 오도록 접는다.

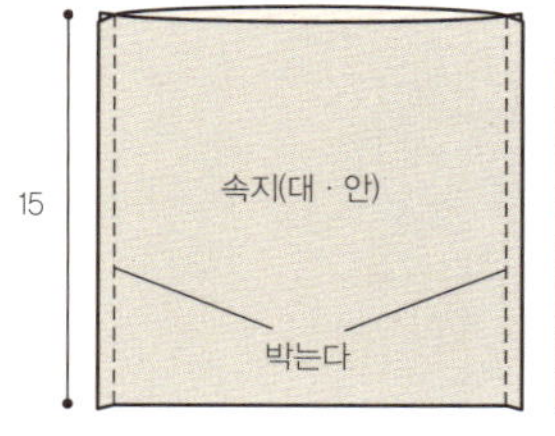

⑥ 속지를 만든다(대 · 소 모두).

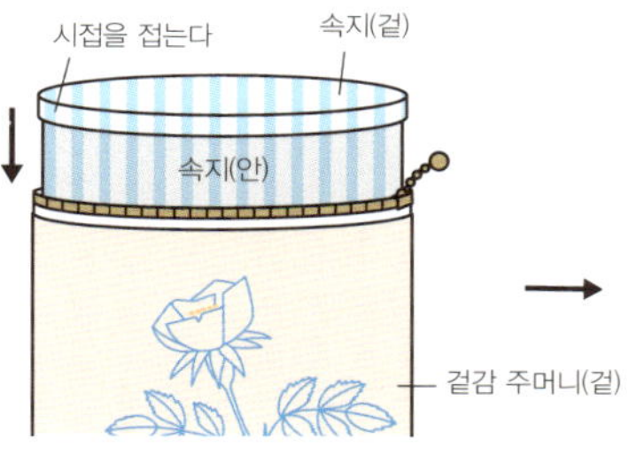

⑦ 속지를 그림처럼
　 겉으로 해서 겉감의
　 주머니에 넣고 입구를
　 감침질한다(대 · 소 모두).

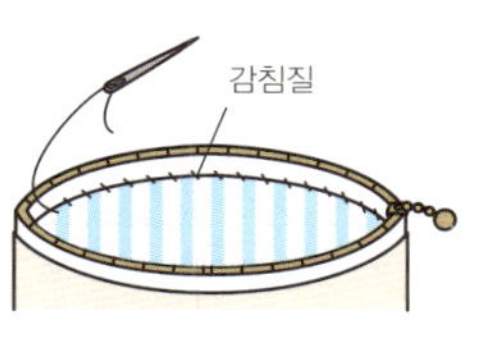

⑧ 스냅버튼을 단다.

아이비 스케치로
도안을 만들자

아이비 자수 가방

부드러운 천에 친근한 아이비를 넣어봤어요. 가벼워서 들기도 편하답니다. 가까운 베이커리에 갈 때 들고 가면 어떨까요?

아이비를 스케치합니다.

스케치를 도안으로 옮깁니다(p.11).

아이비 자수 가방 만드는 법

[재료]

겉감 : 마 32×78cm 레이스 : 30cm 가죽 손잡이 : 1쌍

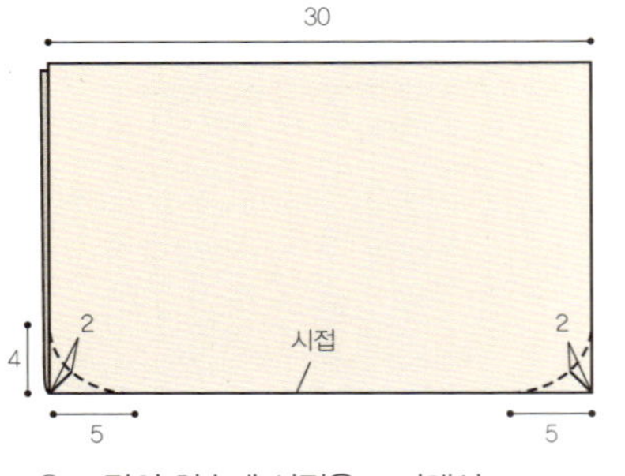

① 그림의 치수에 시접을 고려해서 재단하고 반으로 접어 안끼리 맞댄다.

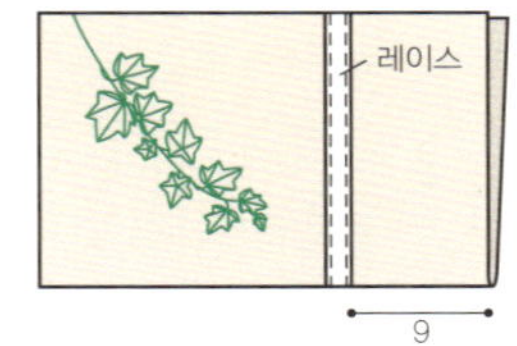

② 겉감에 자수를 놓고 레이스를 단다.

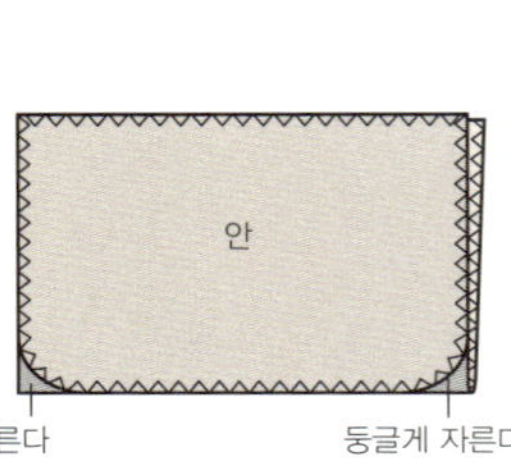

③ 겉끼리 맞대고 바닥의 모서리를 둥글게 자른 다음 가장자리를 지그재그로 박기 또는 오버록을 한다.

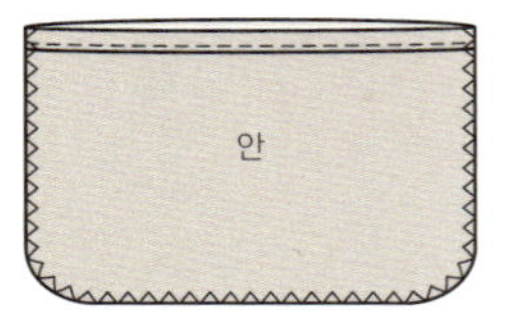

④ 입구를 두 번 접어서 박는다.

⑤ 겉으로 뒤집어서 손잡이를 단다.

〈122%로 확대해서 사용〉

엽서 보관함 (만드는 법 p.124)

자수의 본고장 파리에서 온 자수를 소개합니다.
멋스럽고 우아한 것이 특징이지요. 자수의 기법을
응용해 천의 무늬와 레이스. 테이프의 분위기를
살리는 노하우를 알려드립니다.

디자인 · 제작 / Etsuko

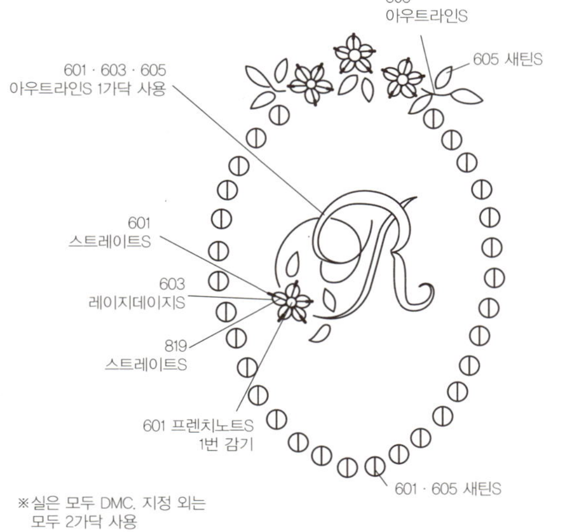

〈142%로 확대해서 사용〉

까또나주 활용하기

까또나주(Cartonnage)는 두꺼운 종이에 천을 입혀서 만드는 프랑스 전통 공예품입니다. 자수를 곁들이면 우아한 인테리어 소품이 되지요. 선물로도 좋아요.

엽서 보관함

[재료]

외지 · 내지 : 핑크색 면 50×60㎝
겉감 · 안감(포켓용) : 핑크색 면 30×30㎝
경첩용 천 : 핑크색 면 1.5×17.5㎝ 2장
두꺼운 종이 : 2mm(두께) 30×50㎝
켄트지 : 50×50㎝
물결 모양 테이프 : 5mm(폭)×100㎝
포켓 입구의 장식 테이프 : 25㎝
리본 : 5mm(폭)×15㎝
단추 : 1개

① p.128의 본을 참고해 두꺼운 종이와 켄트지를 자른다. 외지 안에 간격을 1㎝ 주고 두꺼운 종이(A, B, C)를 나열해 본드로 붙인다.

② 내지 안에 켄트지(A', B', C')를 본드로 붙인다.

③ 양쪽 모두 접기 분 1.5㎝를 주고 모서리는 0.3㎝를 남기고 자른다. 단, B'는 윗부분만 접기 분을 준다.

④ ①과 ②의 접기 분에 본드를 발라서 접어서 붙인다. 곡선 부분은 칼집을 넣어서 붙이고, 홈은 주걱을 사용해서 조심스럽게 붙여 넣는다.

⑤ ①의 홈 부분에 경첩용 천을 붙인다.

⑥ 포켓의 겉감의 겉에 자수를 놓고 안에 켄트지를 붙인 다음 접기 분 1.5㎝를 주고 모서리는 0.5㎝ 남기고 자른다(D). 포켓 천의 내지 안에 켄트지를 붙이고 윗부분만 접기 분 1.5㎝를 주고 자른다(E).

⑦ 각각 접기 분을 접어서 붙이고 D와 E를 외지 겉에 맞춘 다음 사이에 물결 모양 테이프를 끼워서 붙인다.

⑧ ⑦을 B'에 붙이고, 묶은 리본과 버튼은 B'의 위에 붙인다.

⑨ A, C의 위와 옆, B의 윗부분에 물결 모양 테이프를 끼우고 A와 A', B와 B', C와 C'의 순서로 붙인다.

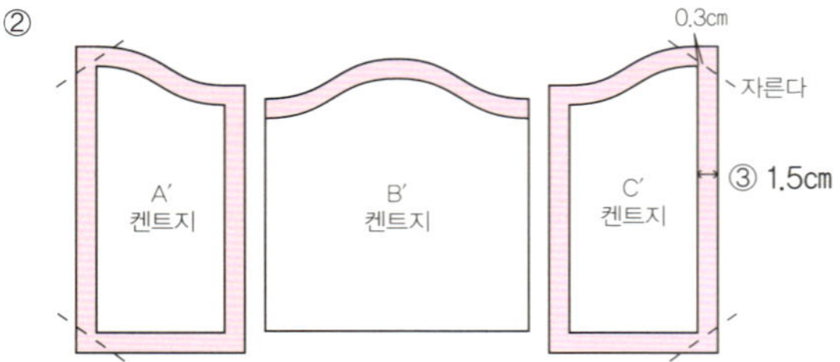

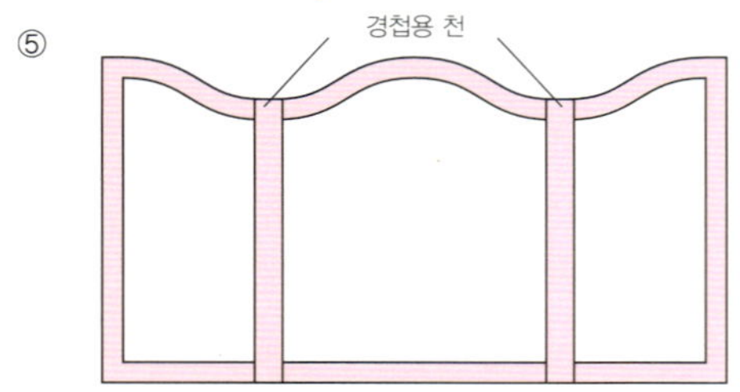

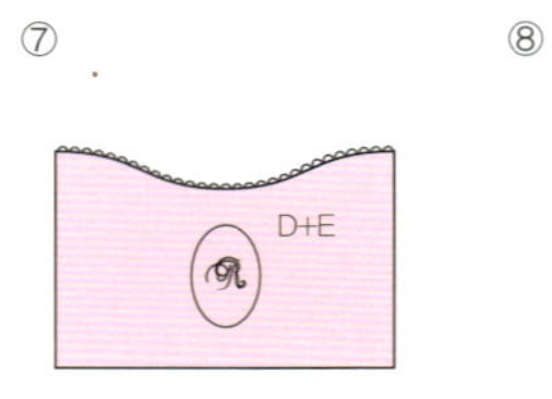

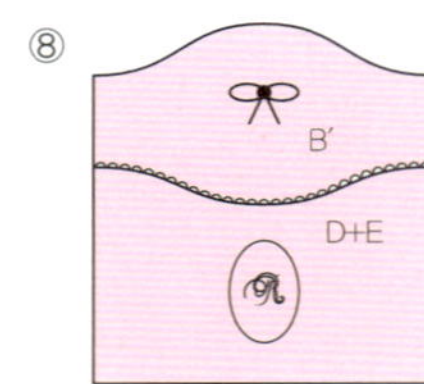

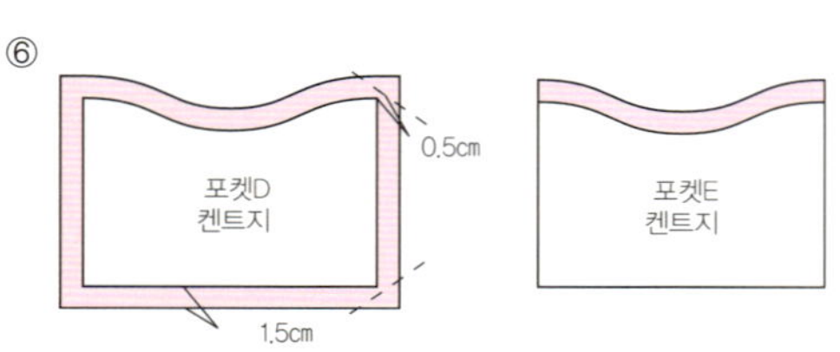

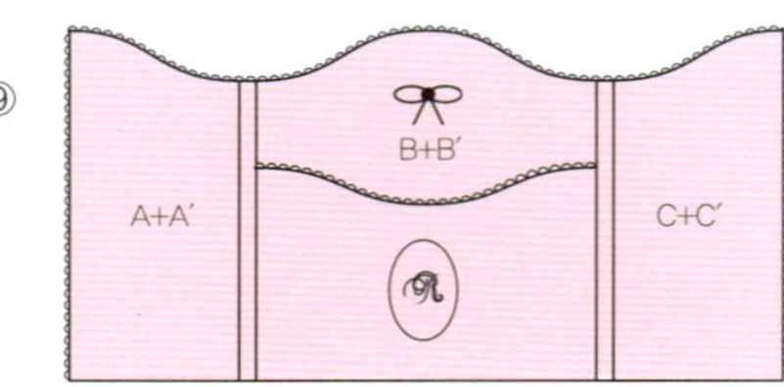

테트라 키홀더 (p.127)

천과 테이프, 레이스의 분위기를 살린
멋스러운 자수

펜슬 케이스 (만드는 법 p.126)

스탬프 케이스 (만드는 법 p.126)

PART03 자수와 핸드메이드 소품 만들기

천이 바뀌는 부분에 심플한 자수를 놓아보세요. 천과 자수의
조화가 의외로 독특하고 예쁘답니다.

스탬프 케이스

여행갈 때 편지지 세트와 스탬프를 넣어 보관하는 '스탬프 케이스'입니다.
레이지데이지 스티치로 작고 심플한 꽃무늬를 놓았습니다.

[재료]
겉감A : 장미 무늬 면 15×25cm
겉감B : 작은 꽃무늬 면 10×25cm
겉감C : 장미 무늬 마 10×25cm
안감 : 장미 무늬 면 20×30cm
속지 : 장미 무늬 면 30×40cm
접착심 : 30×40cm
물결 모양 테이프 : 8mm(폭)×25cm
핀 : 1개
곰 모양 와펜 : 1개

① p.128의 본을 참고해 재단한 뒤, 겉감A과 겉감B를
맞춘다(시접은 1cm).
② 천이 바뀌는 부분의 겉감A에 러닝 스티치를, 겉감B에
물결 모양 테이프를 지그재그로 고정한다.
③ ②의 하단에 겉감C를 맞춘다.
④ 겉감C와 이어지는 부분에 레이지데이지 스티치로
꽃을 수놓고 프렌치노트 스티치를 한다.
⑤ 겉감과 안감에 접착심을 붙인다.
⑥ 겉감과 안감을 겉끼리 맞대고 바닥과 양옆을
박는다(속지도 마찬가지). 겉주머니 속에
안주머니(겉이 밖으로 오도록)를 넣는다. 입구를 각각
1cm 안쪽으로 접어 넣고 박는다.
⑦ 입구에 1cm 간격의 버튼홀 스티치로 가장자리를 조개
모양으로 처리한다(p.158).

※실은 모두 2가닥 사용

펜슬 케이스

빨간색 천이 돋보이는 펜슬 케이스입니다. 버튼홀
스티치와 프렌치노트 스티치를 놓아 디자인에 재미를
주었습니다.

[재료]
겉감 : 체크무늬 면 15×30cm
      빨간색 마 10×25cm
속지 : 도트 무늬 면 25×30cm
지퍼 : 18cm 1개
접착심 : 30×25cm
딸기 장식 : 1개

① p.128의 본을 참고해 재단한 뒤, 겉감에 맞춰서 안에 접착심을 붙인다.
② 천이 바뀌는 부분에 버튼홀 스티치를 놓는다.
③ 겉을 맞대어 양옆을 박는다. 속지도 마찬가지로 박는다(시접은 1cm).
④ 겉감과 속지 밑에 각각 3cm의 바닥을 만든다.
⑤ 겉감의 창구멍에 백 스티치로 지퍼를 단다.
⑥ 속지에 지퍼가 달린 겉주머니(겉이 밖으로 오도록)를 넣고 지퍼의
안쪽을 감친다. 겉으로 뒤집으면 완성.

※실은 DMC 3033, 2가닥 사용

실을 더해서 자수 놓기

러닝 스티치로 선을 수놓고 물결 모양 테이프에 맞춰 물결무늬 수를 놓아보세요. 섬세하고 센스 있는 디자인입니다.

테트라 키홀더

데굴데굴 구르는 재미가 있는 키홀더예요.
작품 안에 포푸리를 넣으면 향기도 즐길 수 있답니다.

① 겉감의 안에 접착심을 붙인다.

② 왼쪽 그림의 위치에 물결 모양 테이프를 스트레이트 스티치로 박는다.

③ 천이 바뀌는 부분에 러닝 스티치 배리에이션1과 ②를 놓는다.

④ ③을 겉끼리 맞댄 다음 반으로 접어서 주머니가 되도록 양쪽을 박는다(시접은 0.5cm 정도).

⑤ 안감도 마찬가지로 박고 겉으로 뒤집은 다음 포푸리를 넣는다. 주머니 입구의 시접 분을 안쪽으로 접고 양쪽의 박음선을 중간으로 맞추듯이 잡은 다음 입구 부분을 세로로 닫는다.

⑥ ④를 겉으로 뒤집어서 ⑤를 안에 넣은 다음 ⑤에서 주머니 입구를 닫은 것과 같은 방법으로 박아서 삼각형으로 정리한다. 주머니 입구를 닫을 때, 모서리 부분에 링을 통과시킨 리본을 두 번 접어 끼워 넣고 같이 박는다.

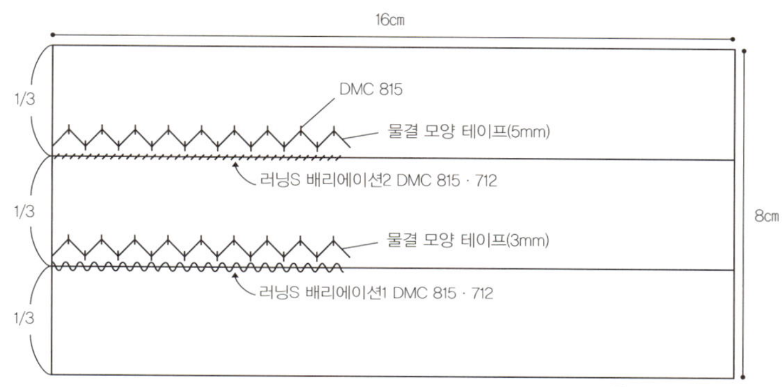

how to stitch

러닝 스티치 배리에이션 1

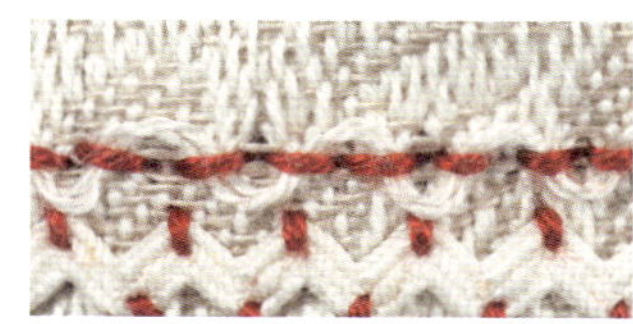

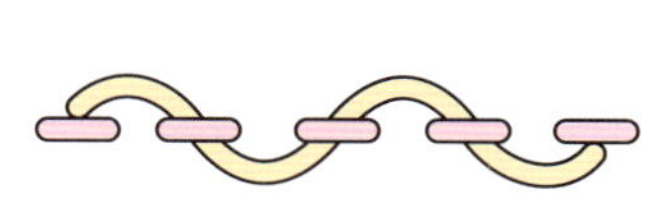

러닝 스티치를 한 후에 그림의 순서대로 바늘을 넣어서 실을 통과시킨다.

how to stitch

러닝 스티치 배리에이션 2

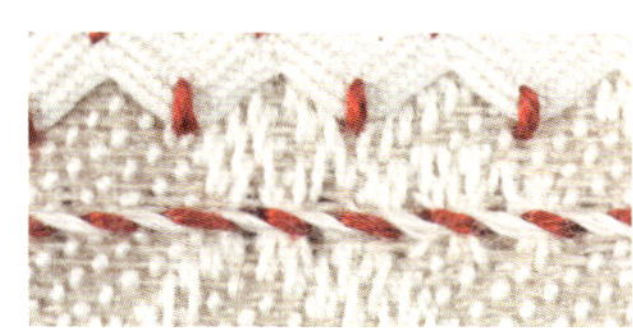

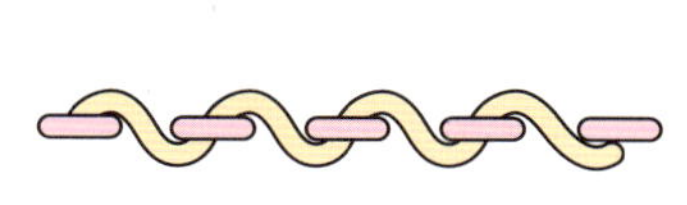

러닝 스티치를 한 후에 그림의 순서대로 바늘을 넣어서 실을 통과시킨다.

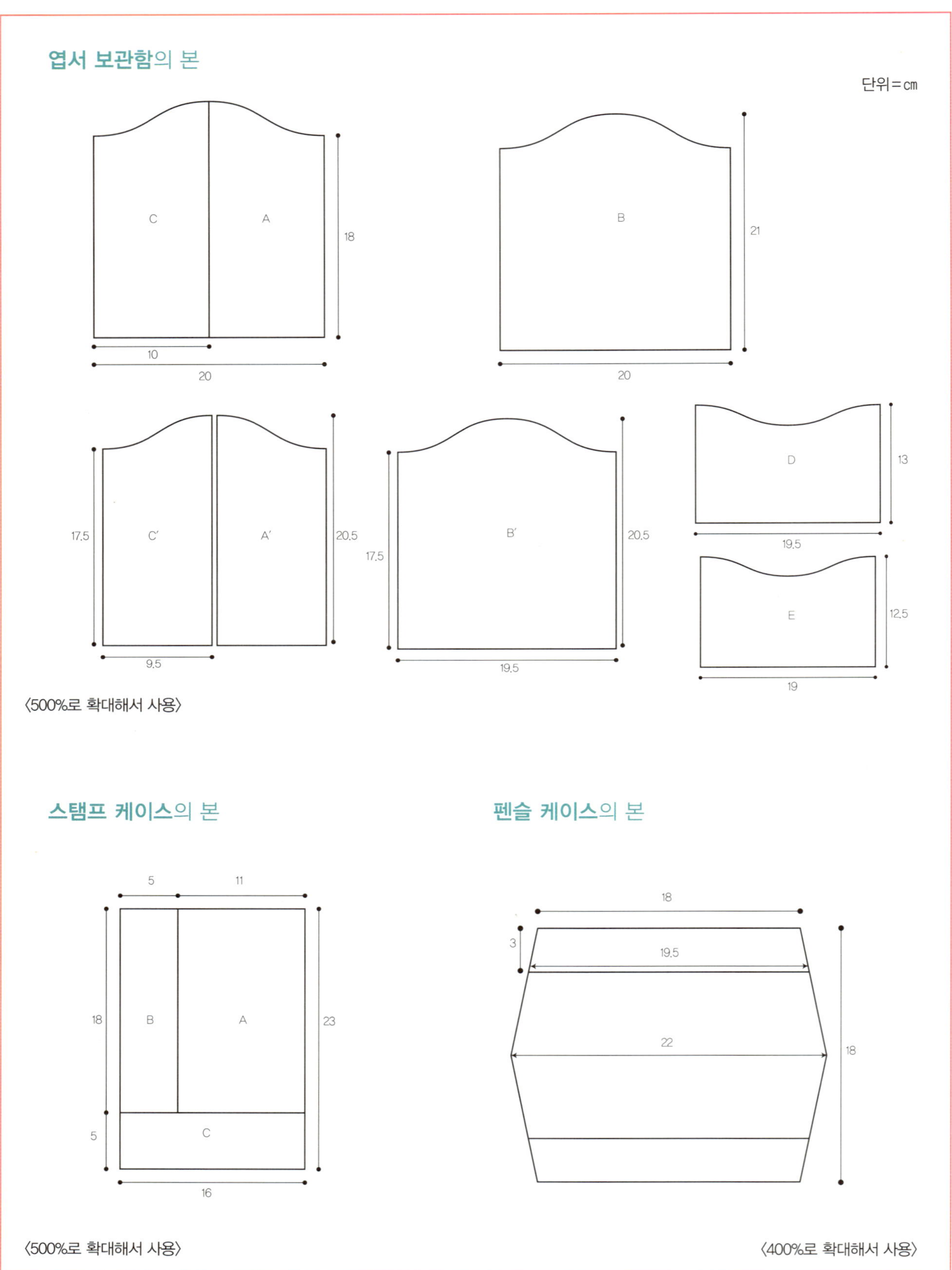

엽서 보관함의 본
단위＝㎝
C
A
18
10
20
B
21
20
C′
A′
17.5
20.5
9.5
B′
17.5
20.5
19.5
D
13
19.5
E
12.5
19
〈500%로 확대해서 사용〉
스탬프 케이스의 본
5
11
18
B
A
23
5
C
16
〈500%로 확대해서 사용〉
펜슬 케이스의 본
18
3
19.5
22
18
〈400%로 확대해서 사용〉

멋진 유럽 자수에 도전하기

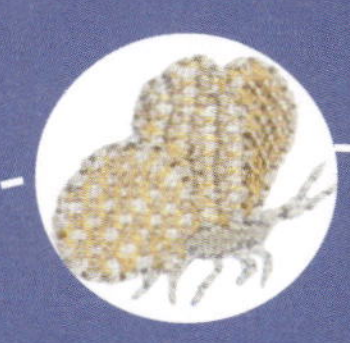

자수에는 다양한 기법이 있습니다. 앤티크 도안 자수,

입체적인 효과를 낼 수 있는 스탬프워크, 올을 빼서 홀치는

드론워크 등 이름만 들어서는 왠지 어려울 것 같지요.

하지만 따라해 보면 의외로 간단하답니다.

자, 멋진 작품을 한번 만들어볼까요?

고풍스러운 디자인의 앤티크 자수

소박하지만 싫증이 나지 않는 앤티크 도안은 고전미를 느끼게 해 주어요. 자수에 익숙해졌다면
앤티크 도안에 좋아하는 색으로 수를 놓아보세요.

디자인 · 제작 / 타카하시 아키

쿠션

눈 위에서 썰매를 타는 아이를 빨간색
아우트라인 스티치로 심플하게
표현했습니다. 눈은 털실로 폭신한
느낌을 주면 좋겠지요.

(도안 p.132 만드는 법 p.134)

런천 매트 & 주방장갑

수탉 3마리가 볏을 뽐내고 있어요. 이러한 개성적인 디자인은 앤티크 도안에서만 맛볼 수 있는 특별함입니다.
주방장갑에도 달걀을 수놓아 주방의 개성을 살릴 멋진 인테리어 소품을 만들어보세요.

(도안 p.133 만드는 법 p.134~135)

스티치 샘플러

샘플러는 스티치를 기억하기 위한 견본입니다.
다양한 기법을 사용으로 자수를 놓고,
액자 등 다양한 소품도 만들어보세요.

(만드는 법 p.136~137)

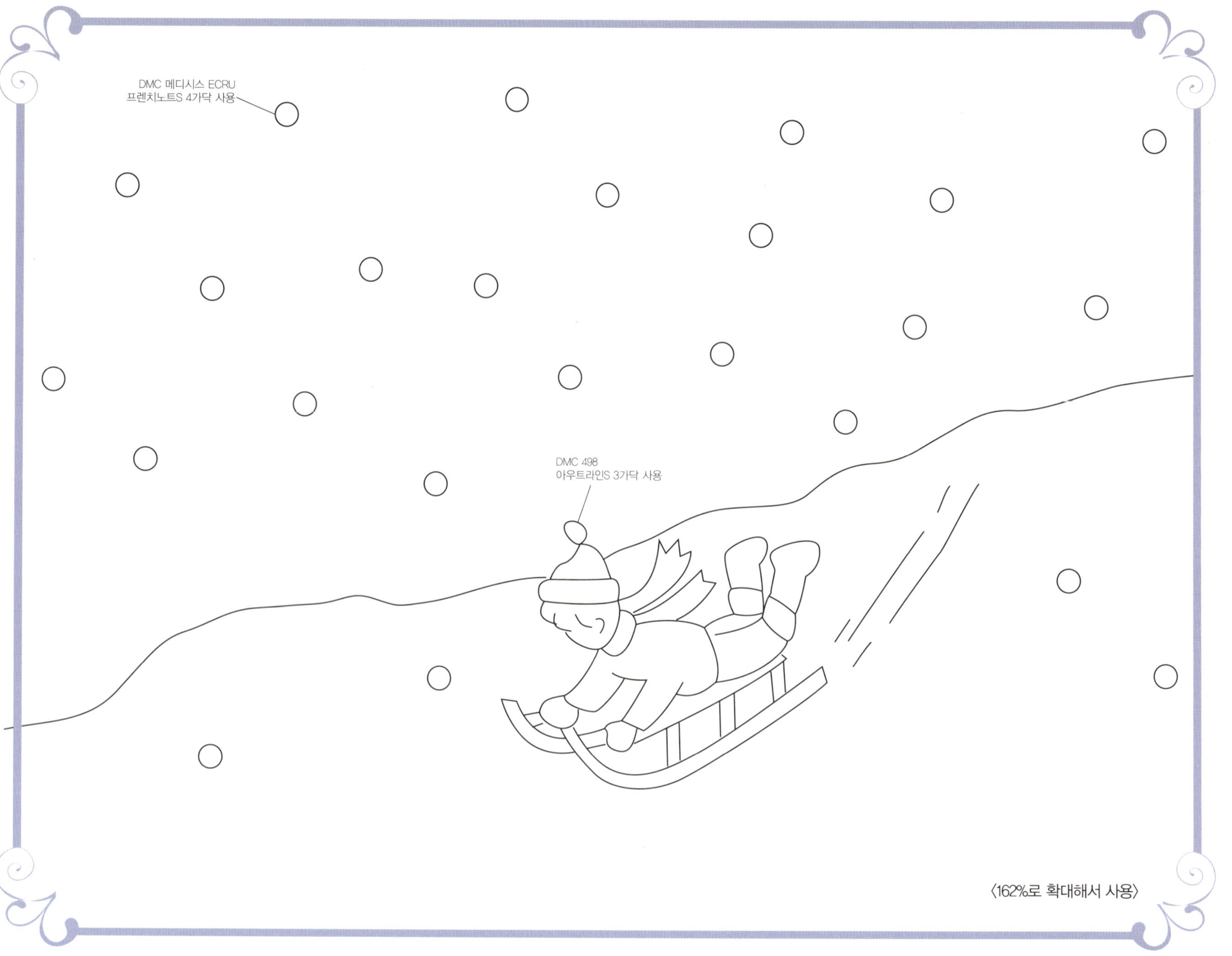

DMC 메디시스 ECRU
프렌치노트S 4가닥 사용
DMC 498
아우트라인S 3가닥 사용
〈162%로 확대해서 사용〉

아우트라인S 2가닥 사용
새틴S 2가닥 사용
새틴S 2가닥 사용
아우트라인S 2가닥 사용
새틴S 2가닥 사용
※실은 모두 DMC. 지정 외는 아우트라인S
〈실제 치수 도안〉

 쿠션 만드는 법

[재료]

겉감 : 마 43×29cm
안감 : 마 43×29cm
솜 : 적당량

[만드는 법]

① 겉감과 안감 모두 시접을 고려해서 재단하고 겉감에 수를 놓는다.

② 겉감과 안감을 겉끼리 맞대고 창구멍을 남긴 뒤 가장자리를 박는다.

③ 겉으로 뒤집어서 안에 솜을 채우고 창구멍을 막는다.

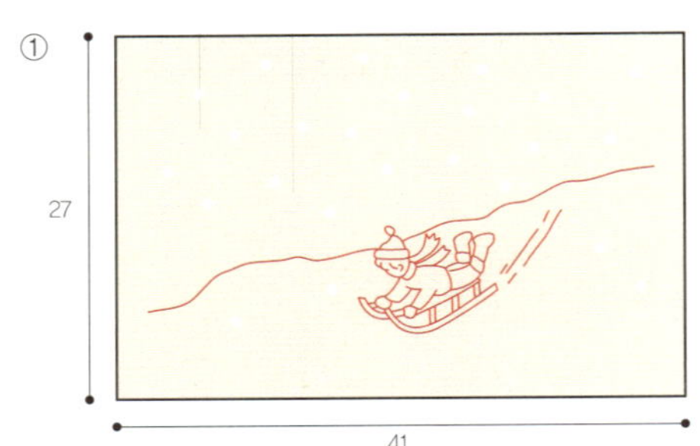

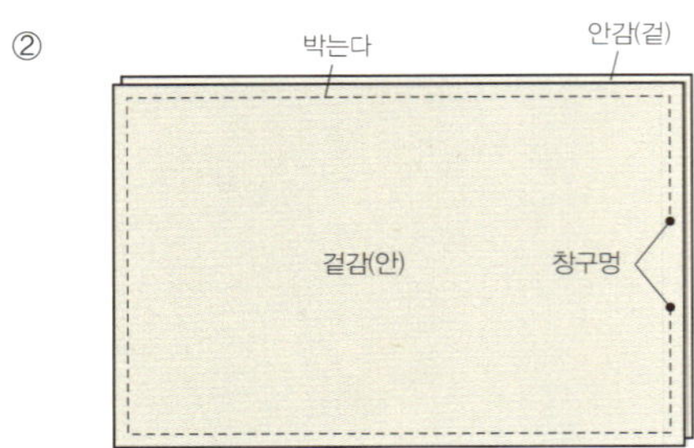

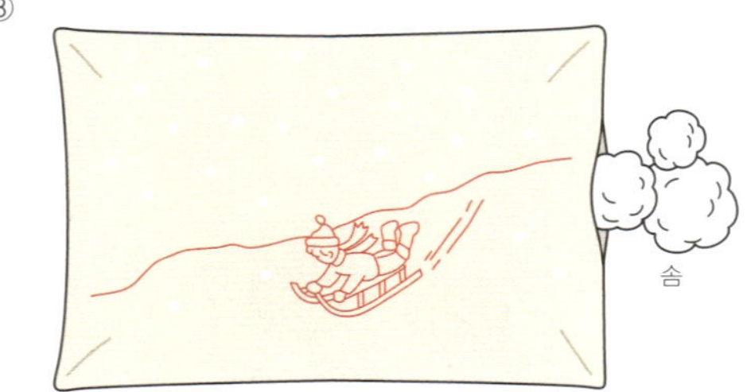

 런천 매트 만드는 법

[재료]

천A : 무염 리넨 42×28cm
천B : 스트라이프 리넨 54×42cm
접착심 : 43×31cm

[만드는 법]

① 천A와 천B 모두 시접을 고려해서 재단하고, 천A에 자수를 놓는다.

② 그림처럼 겹쳐서 천B에 접착심을 붙이고, 액자처럼 둘레를 접어서
   박는다.

③ 주위를 박는다.

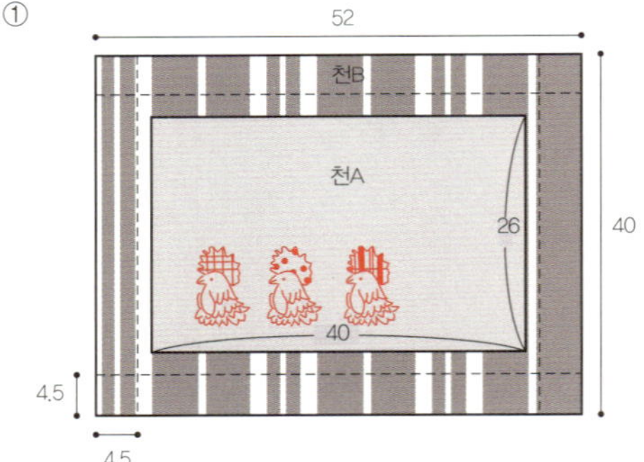

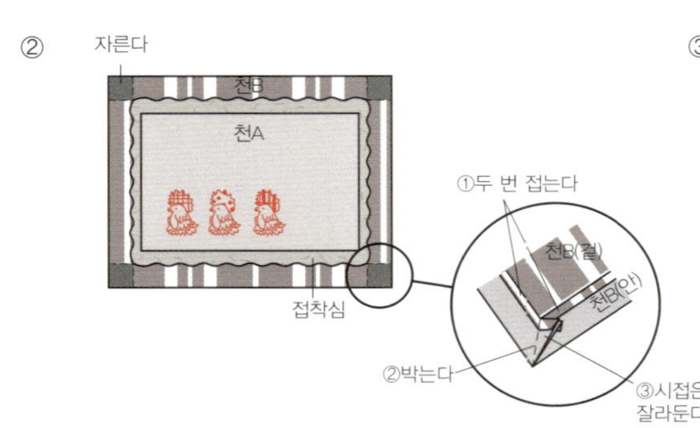

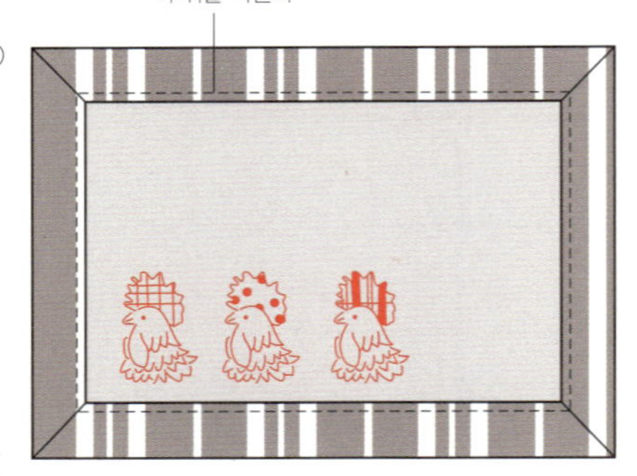

시접＝1 ㎝ / 단위＝㎝

[재료]

본체 : 스트라이프 리넨 21×15㎝ 2장
포켓 천 : 무염색 리넨 15×15㎝
포켓용 안감 : 도트 무늬 면 15×15㎝
퀼트심 : 19×13㎝
테이프 : 1㎝(폭)×10㎝

[만드는 법]

① 본체와 포켓 천 모두 시접을 고려해 재단하고, 포켓 천에
자수를 놓는다.

② 포켓 천과 포켓용 안감을 겉끼리 맞대고 위를 박은 다음
겉으로 뒤집는다. 안감을 약간 내서 상침을 한다.

③ 본체 1장에 접착 퀼트심을 붙이고 그림처럼 포켓을 끼운다.
본체의 나머지 1장과 겉을 맞댄 다음 위를 남기고 둘레를
박는다.

④ 겉으로 뒤집어서 윗부분의 시접을 안쪽으로 접은 다음
그림처럼 테이프를 끼워 박는다.

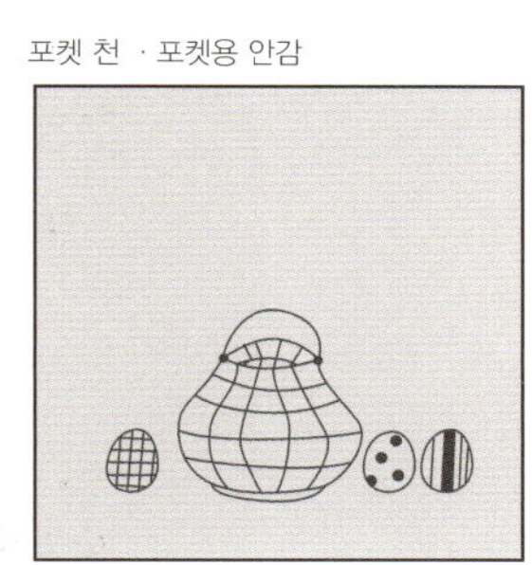

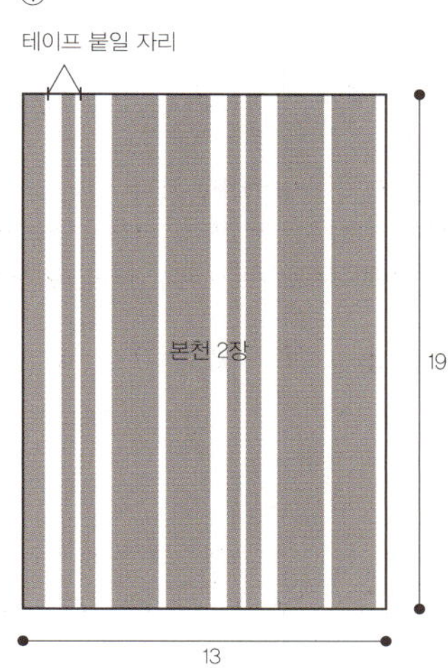

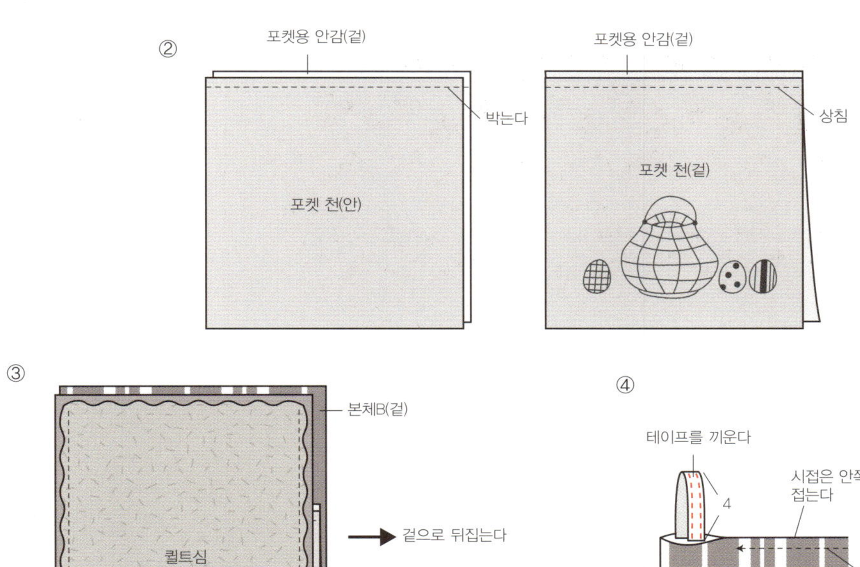

스티치 샘플러 만드는 법

[재료]
천 : 마 100%
실 : DMC 838(브라운) / DMC ECRU(화이트)

① 불리온 로즈S 2가닥 사용

② 크로스S 1가닥 사용

③ 아우트라인S 2가닥 사용

④ 버튼홀S 2가닥 사용

⑤ 러닝S 배리에이션2(p.127)
　　(화이트 2가닥으로 러닝S를 한 다음 브라운 2가닥으로 감친다)

⑥ 스타아일렛S 2가닥 사용

⑦ 스트레이트S(+로 놓는다) 2가닥 사용

⑧ 페더S 2가닥 사용

⑨ 휘감기 체인S 화이트+브라운 2가닥 사용

⑩ 헤링본S 배리에이션(브라운 2가닥으로 자수를 놓은 다음 화이트 2가닥으로 장식한다)

⑪ 위빙S 화이트 1가닥과 브라운 2가닥 사용

⑫ 버튼홀S 2가닥 사용과 스크랩 1가닥 사용

⑬ 크로스S 1가닥 사용

⑭ 페더S(각도를 바꿔서)와 프렌치노트S 2가닥 사용

⑮ 러닝S 2가닥 사용

⑯ 페더S 2가닥 사용

⑰ 체인S 배리에이션 2가닥 사용

⑱ 러닝S 배리에이션3 2가닥 사용

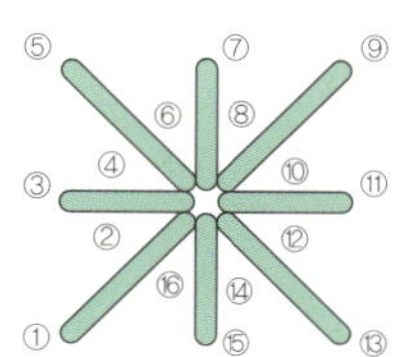

⑥ 스타아일렛S

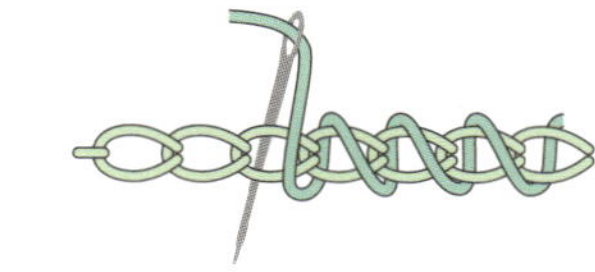

⑨ 휘감기 체인S

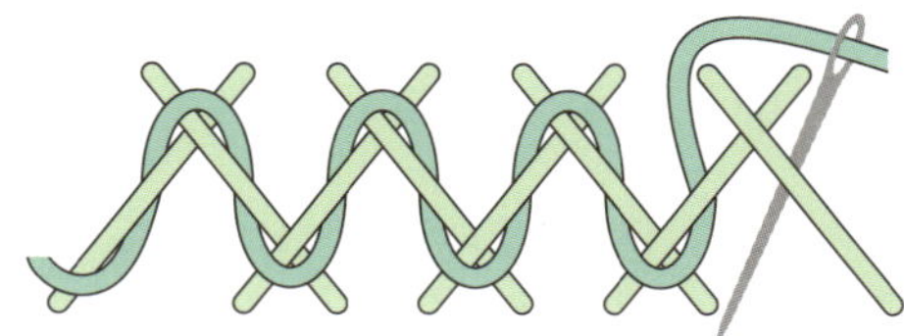

⑩ 헤링본S 배리에이션

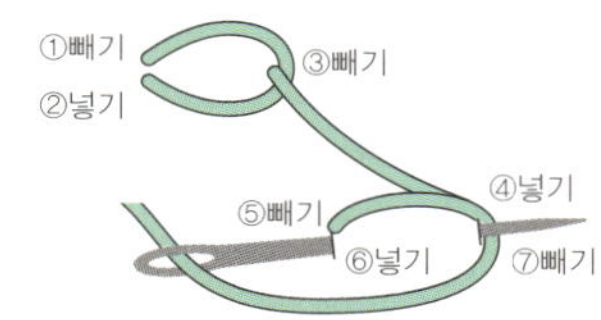

①빼기
②넣기
③빼기
④넣기
⑤빼기
⑥넣기
⑦빼기

⑰ 체인S 배리에이션

러닝 스티치를
2열로 놓는다

⑱ 러닝S 배리에이션3

같은 샘플러라도 천과 실의 색이나, 스티치 기법을
변형해 만들면 분위기가 달라져요. 여러분만의
샘플러를 만들어보세요.

[재료] 천은 마 100%, 실은 DMC 3768(블루) / DMC ECRU(화이트)

Column **핀턱에 새틴 스티치 놓기**

핀턱은 천을 핀처럼 가늘게 주름을 잡는 것을 말해요.
이 핀턱에 심플한 새틴 스티치를 놓으면 귀여운 분위
기가 난답니다. 여자아이의 원피스나 블라우스의 가
슴 부분을 장식해보세요. 사진은 베이비 슈즈에 핀턱
을 잡고 새틴 스티치로 물방울무늬를 놓은 것입니다.

디자인 · 제작 / 타카하시 아키

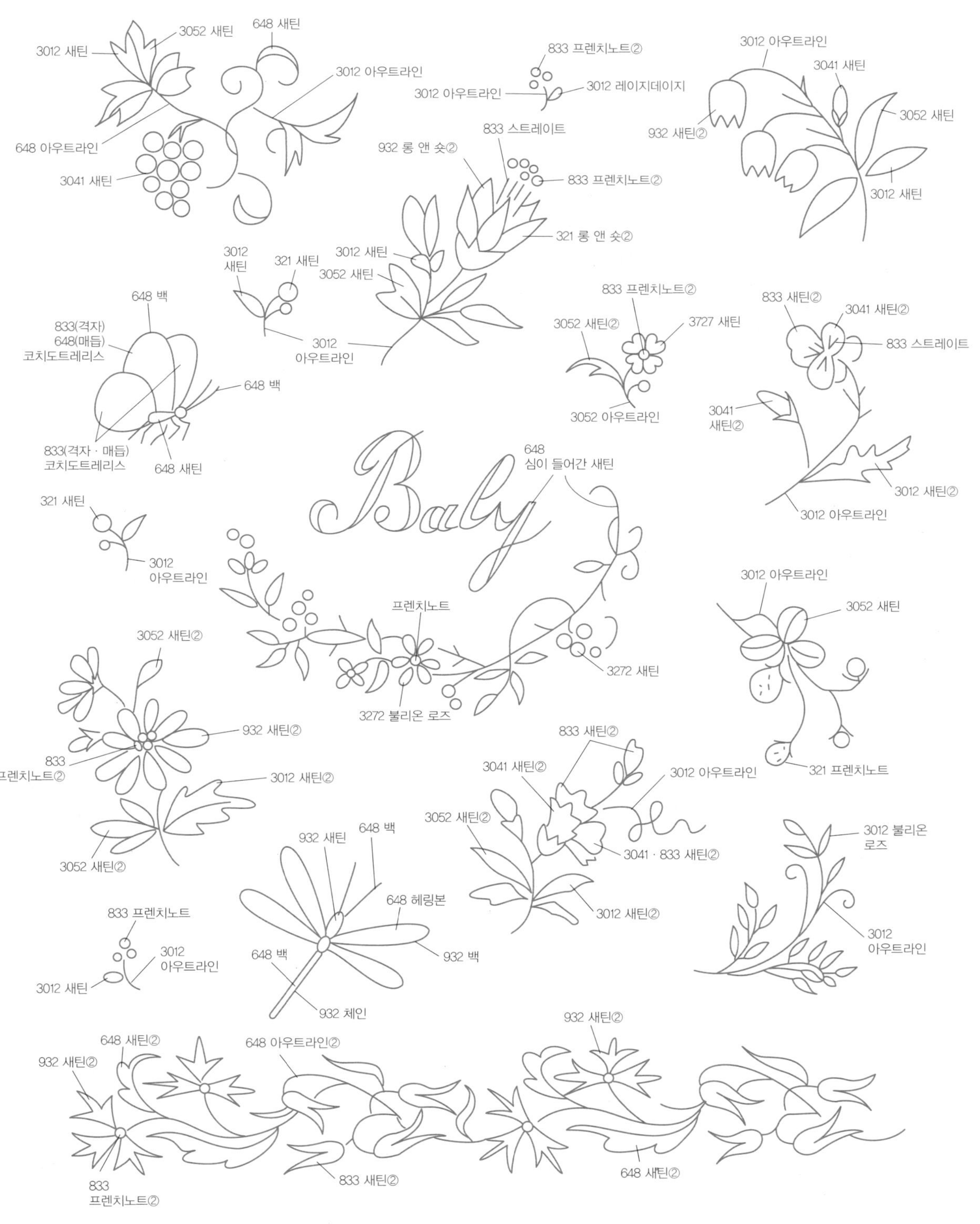

○ 안은 실의 가닥수. 지정 외는 1가닥. 프렌치노트는 1번 감기.
실은 모두 DMC. 코치도트레리스S와 헤링본S는 p.141 참고.

아우트라인 스티치 깔끔하게 놓기

p.132~133의 도안에는 아우트라인 스티치가 많이 사용되고 있습니다. 깔끔한 아우트라인 스티치를 놓는 요령을 배워봅시다.

POINT 01

정확하게 반 땀 돌아오기

아우트라인 스티치는 '한 땀 갔다 가 반 땀 돌아오기'를 반복합니다. 바늘 한 땀의 1/3 정도만 돌아오 면 전체적으로 지저분해 보이니, 정확하게 '반 땀 돌아오기'를 하 는 것이 중요합니다.

정확하게 반 땀 돌아온 바늘땀이 보기에 좋다.

POINT 02

아래로 당겨 마무리하기

스티치의 마지막 지점에서 실을 당기면 실에 힘이 들어가서 로프 처럼 라인이 확실하게 나타납니 다. 바늘땀이 튼튼하면 뒤쪽에서 봤을 때 재봉틀로 작업한 것처럼 깔끔합니다.

마지막에 실을 확실하게 당긴다.

POINT 03

아래방향의 커브 만들기

아우트라인 스티치는 왼쪽에서 오른쪽으로 놓는 것이 기본입니 다. 그래서 직선이나 아래로 놓는 커브는 깔끔하지만 위쪽으로 향 하는 커브는 자칫하면 바늘땀이 불규칙해질 수 있습니다. 해결책 으로는 첫째, 바늘땀을 작게 하거 나 둘째, 천의 방향을 바꿔서 아 래 방향으로 놓거나 셋째, 실을 바깥쪽으로 당기면 됩니다.

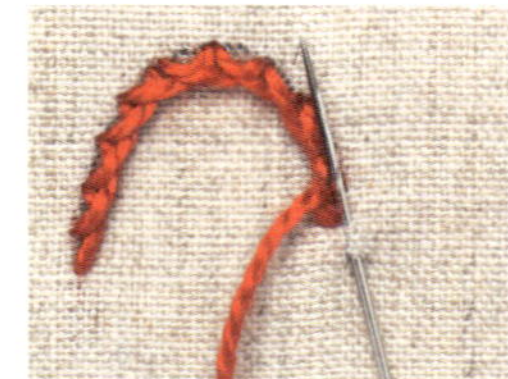

커브 방향을 위로 놓으면 바늘땀이 조잡하다.

패턴①

커브 방향을 아래로 놓으면 하면 깔끔하다.

패턴②

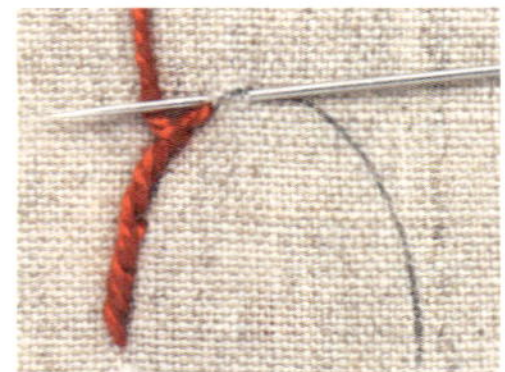

실을 바깥쪽으로 당겨도 좋은 방법이다.

POINT 04

모서리는 2번 놓기

완만한 모서리를 수놓을 땐, 오른 쪽 사진처럼 놓으면 깔끔하게 완 성됩니다.

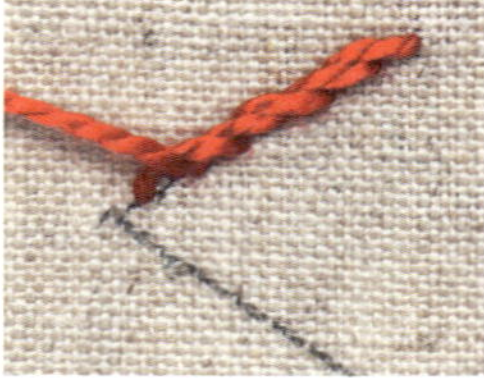

① 모서리 부근까지 바늘땀을 뜬다.

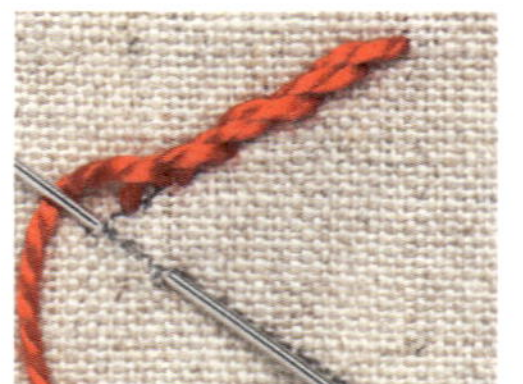

② 모서리가 아닌 꺾이는 변에 바늘땀을 뜨고 모서리로 뺀다.

③ 실을 당겼다가 다시 모서리와 거의 같은 위치에 바늘을 찌른다.

④ 반 땀 정도 위치에서 바늘 을 뺀다.

⑤ '한 땀 놓고 반 땀 돌아 오 기'를 반복한다.

⑥ 깔끔한 모서리가 완성.

잎 끝 부분과 같은 날카로운 모서리를 표현할 땐 아래 방향 커브를 놓아 자연스럽게 만든다.

① 잎 끝 부분의 바로 직전까지 놓은 다음 일단 바늘을 멈춘다.

② 잎 끝 부분에서 바늘을 뺀 다음 완만한 아래 방향 커브를 놓는다.

③ 잎 끝 부분이 이어진 것처럼 보인다.

스티치로 투명한 날개 표현하기

곤충의 날개를 새틴 스티치나 롱 앤 숏 스티치로 메우지 않고 선을 사용한 스티치로 메우면 투명한 느낌을 낼 수 있습니다.

how to stitch

코치드 트레리스 스티치
배리에이션

① 대각선으로 세로 라인을 놓는다.

② 교차해서 가로 라인을 놓는다.

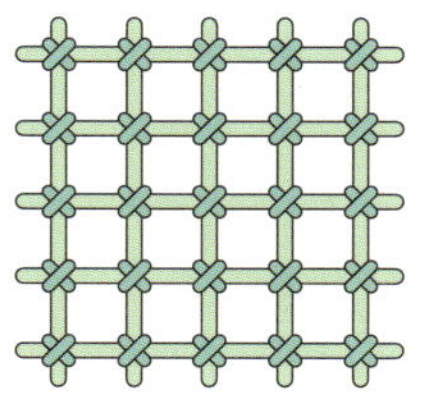

격자 모양으로 실을 놓고 교차하는 부분을 다른 실로 매듭을 지어 고정한다.

③ 실이 교차하는 부분을 +모양으로 고정한다.

④ 반복해 날개를 완성한다.

how to stitch

헤링본 스티치
(p.21)

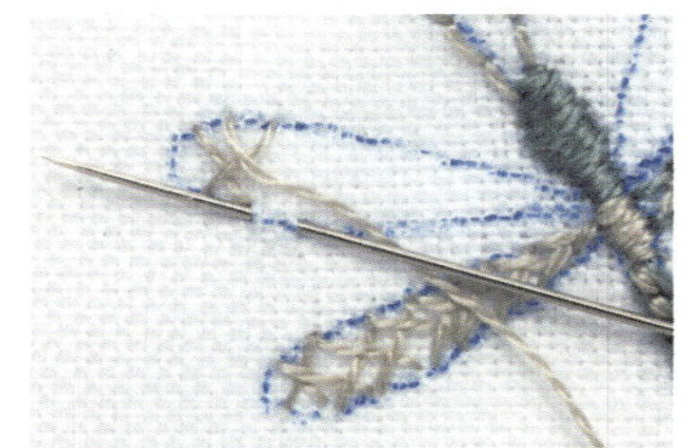

날개의 윤곽을 따라서 아래쪽과 위쪽을 같은 길이로 교대로 주우면서 놓는다.

다섯 종류 코스터

불리온 스티치는 어떻게 놓느냐에 따라 다양한 표현이 가능합니다. 커피콩, 도깨비부채, 튤립, 클로버, 하트를 놓는 방법을 알아두었다가 소품에 귀엽게 놓아보세요.

커피콩

DMC 브라운 833, 짙은 브라운 3371, 3가닥 사용, 11~13번 감기

도깨비부채

(파랑색) DMC 158, 2가닥 사용, 5~6번 감기
(빨강색) DMC 915, 1가닥 사용, 스트레이트S
(잎) DMC 93, 1가닥 사용, 스트레이트S

튤립

DMC 3350, 2가닥 사용, 10~12번 감기

클로버

(녹색) DMC 3347,
(노란색) DMC 3051,
모두 2가닥 사용,
5~7번 감기

하트

DMC 777, 3가닥 사용,
8~9번 감기

[재료] 시판 코스터

기본 불리온 스티치
(커피콩)

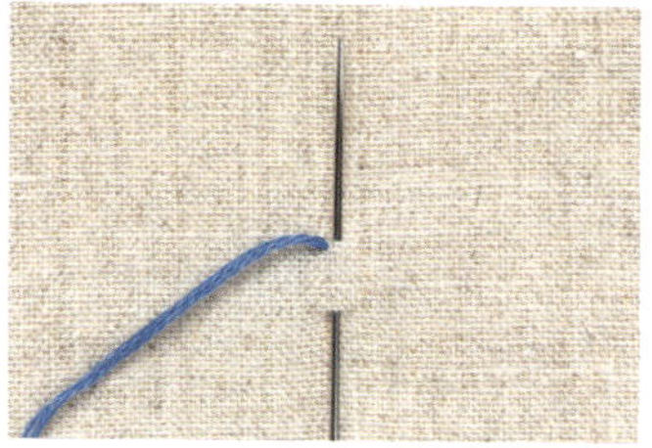

① 시작점에서 바늘을 빼서 끝점에 넣은 다음 시작점의 바로 옆으로 뺀다.

② 바늘에 실을 7번(커피콩의 경우는 11~13번) 감는다.

③ 바늘을 빼면 사진처럼 삼각형이 생긴다.

④ 손으로 실을 정리한 후 바닥에 삼각형을 떨어뜨린다.

⑤ 바늘을 뒤로 빼 원하는 자리에 뜨면 도톰한 불리온 스티치 완성.

불리온 스티치 배리에이션
실을 감는 횟수와 실을 당기는 방법을 바꿔 다양하게 표현하자.

위를 통통하게 만들기	가늘고 길게 만들기	끝 부분 오픈하기
(하트, 클로버)	**(도깨비부채)**	**(튤립)**

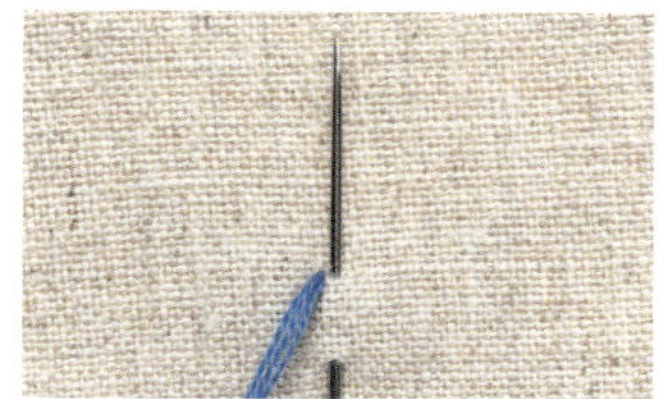

① 시작점에서 바늘을 빼서 끝점에 넣은 다음 시작점의 바로 옆으로 뺀다.

① 기본 길이보다 약간 길게 놓는다. 바늘은 시작점보다 약간 아래로 뺀다.

① 하트, 클로버와 같은 방법으로 모양을 만든 뒤, 바늘을 끝점보다 약간 뒤로 빼 고정한다.

② 하트는 8~9번, 클로버는 5~7번 실을 감고, 실을 강하게 당기면서 손으로 정리하며 밀어 올린다. 위가 통통한 모양이 되도록 모양을 잡고 바늘을 뒤로 빼 고정한다.

② 실을 5~6번 감은 뒤, 힘껏 잡아 당겨서 가늘게 모양을 정리한 다음 바늘을 뒤로 빼 고정한다.

② 튤립의 꽃잎이 벌어진 것 같은 모양이 된다.

사실적이고 예쁜 스탬프워크

스탬프워크는 17세기 영국에서 유행한 입체 자수입니다.
꽃잎과 나무열매 등을 사실적으로 표현할 수 있고,
평면적인 자수와 조합하면 색다른 분위기의 작품이 완성됩니다.

딸기 자수 바느질함 (만드는 법 p.145)

스탬프워크란?

스탬프워크는 볼륨감과 사실적인 분위기를
낼 수 있는 기법으로 도톰한 나무열매,
입체적인 꽃잎 등을 표현합니다. 펠트와 천
위에 그물모양 스티치만 반복하기 때문에
무척 쉽지요. 여기에서는 제일 일반적인
코디드 버튼홀 스티치를 소개합니다.
꽃잎과 나뭇잎은 조화용 와이어 등을
사용해서 독립된 부분을 만들어보세요.

비올라 핀 쿠션 (만드는 법 p.148)

디자인 · 제작 / 카마타 준코

딸기 자수 바느질함

딸기 안쪽에 펠트를 붙여 입체감을 주고, 코디드 버튼홀 스티치를
뜨개질하듯 놓으면 도톰한 딸기 모양이 완성됩니다.

[재료]

까또나주 상자(시판) : 가로 13×세로 17×높이 7.5㎝
천 : 무염색 리넨 90×50㎝
펠트 : 빨간색 1장
조화용 와이어 : 10㎝

※시판용 까또나주 키트

[만드는 법]

입체적인 딸기 만들기

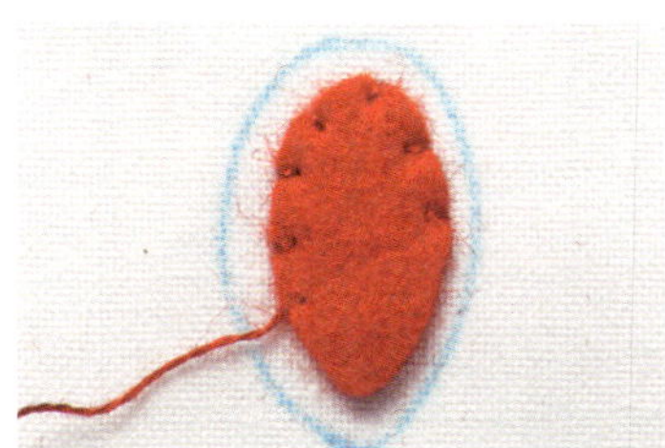

① 천에 도안을 옮긴다. 도안보다 약간
작게 자른 펠트를 놓고 가장자리를
짧은 스트레이트 스티치로 고정한다.

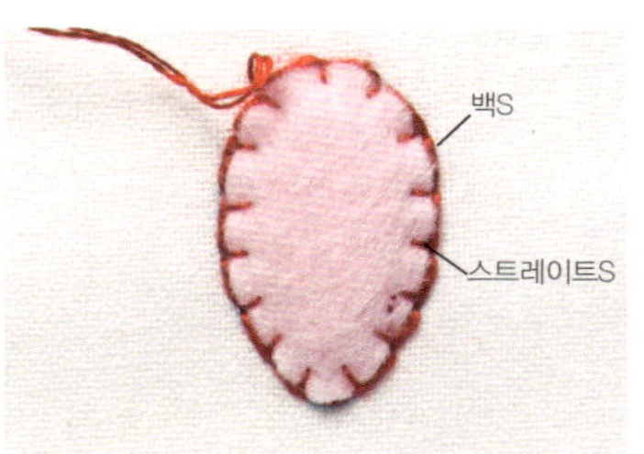

② 그 위에 도안 크기로 자른 펠트(알기
쉽도록 핑크색을 사용)를 놓고 같은
방법으로 가장자리를 짧은 스트레이
스티치로 고정한다. 도안의 윤곽을
따라서는 백 스티치를 놓는다.

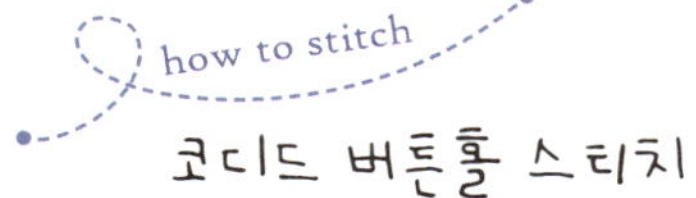

코디드 버튼홀 스티치

③ 실을 딸기 상단 왼쪽 끝에서 한 땀
떠 백 스티치(윤곽선)에 건 다음
바늘을 실 위로 빼기를 반복해
코디드 버튼홀 스티치를 한다.

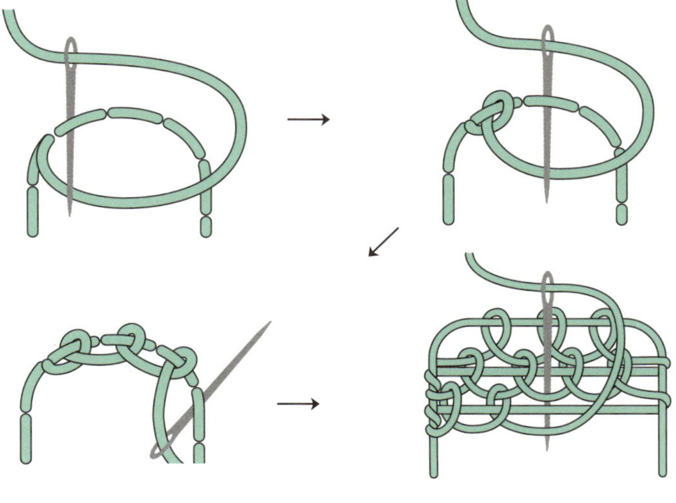

④ 3번 반복하고 1단을 완성한다.

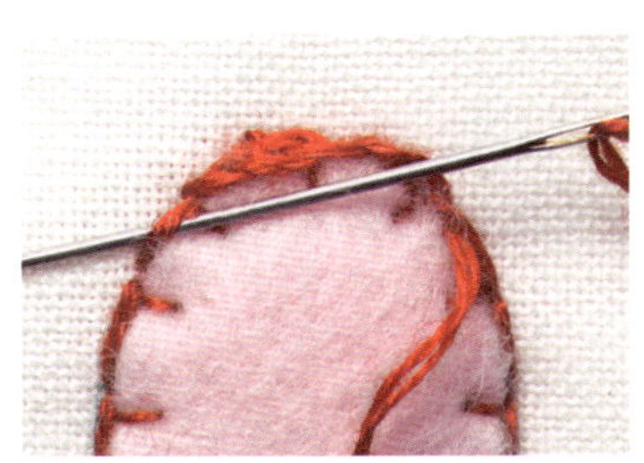

⑤ 2단을 뜬다. 오른쪽 윤곽선에 걸어서 바늘을 빼고 그대로 오른쪽 끝의 윤곽선에
걸어서 실을 걸친다. 걸친 실이 심지용 실이 된다.

"

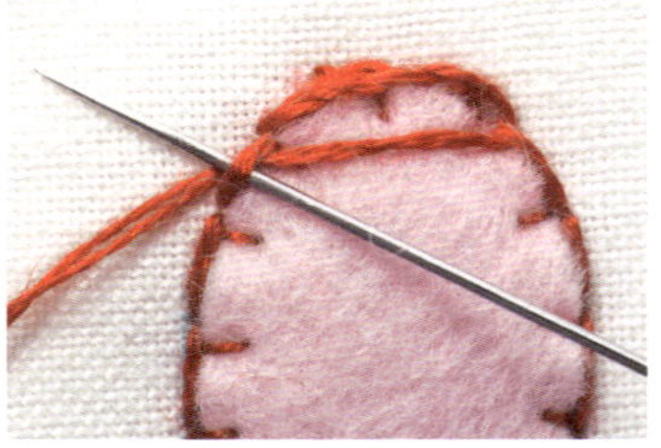

⑥ 다시 한 번 왼쪽 끝의 윤곽선에 걸어서
바늘을 뺀다.

⑦ 앞 단의 눈과 눈 사이부터 바늘을
넣어서 심지 실까지 주워서 바늘을
뺀다. 펠트는 줍지 않는다.

⑧ 같은 방법으로 오른쪽 끝까지 반복한다.

⑨ 오른쪽 끝까지 다 떴으면 아랫단의
윤곽선에 실을 걸어서 바늘을 빼고
⑤처럼 실을 걸친다.

⑩ 4단 째까지 다 뜬 상태. 심지 실을
걸치고 다음 단도 반복해 떠서 면을
모두 메워 완성한다.

평면 딸기 만들기

how to stitch

스플릿 스티치

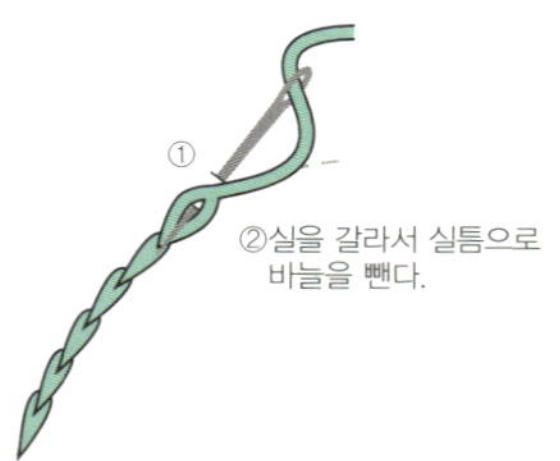

① 실을 가르면서 그림처럼 놓는다.

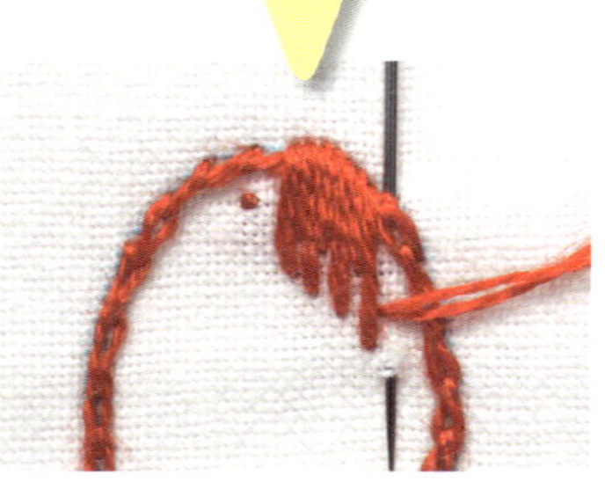

② 안쪽을 롱 앤 숏 스티치로 끝까지
메운다.

윤곽선 놓기

how to stitch

레이즈드 스템밴드 스티치

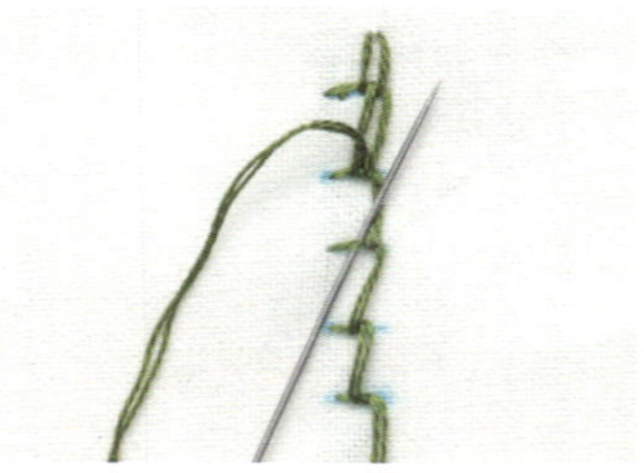

① 5mm 간격으로 3~4mm의 평행선을
놓는다. 실만 주우면서 그림처럼
스티치를 반복한다.

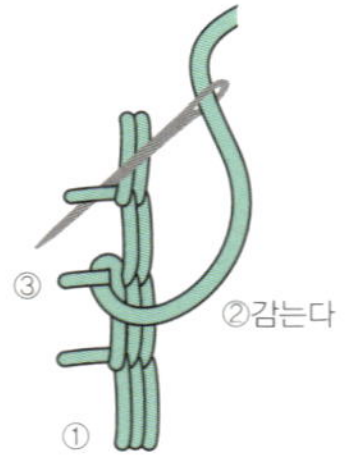

② 스티치를 놓을 때는 방향을 통일해야
깔끔하다(왼쪽 사진은 위에서 아래로,
일러스트는 아래에서 위로).

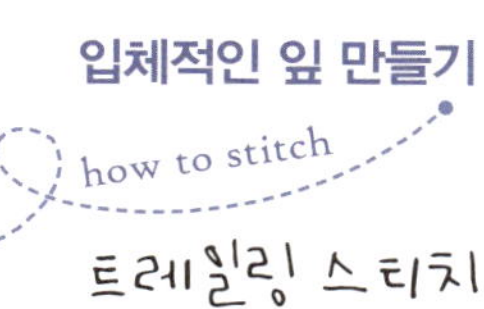

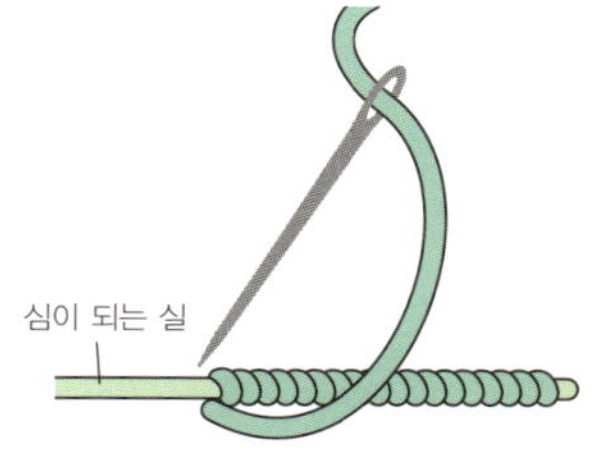

① 도안을 옮긴다. 심이 되는 실을 잎의 윤곽에 놓고 일러스트처럼 빈틈없이 감아 트레일링 스티치를 놓는다.

② 잎 중앙에 조화용 와이어를 놓고 ①과 같은 방법으로 트레일링 스티치로 고정한다.

③ 면은 윤곽 가까이부터 롱 앤 숏 스티치로 메우고 잎맥은 백 스티치로 놓는다. 수를 다 놓으면 실을 잘라내고, 심지 실은 3㎝를 남기고 자른다.

④ 와이어를 3㎝ 정도 남기고 잘라서 천에 손으로 구멍을 내서 통과시킨 다음 뒤에서 와이어를 고정시킨다. 뒤의 와이어가 길면 자른다. 윤곽의 심지 실도 천에 통과시켜서 뒤에서 매듭짓는다.

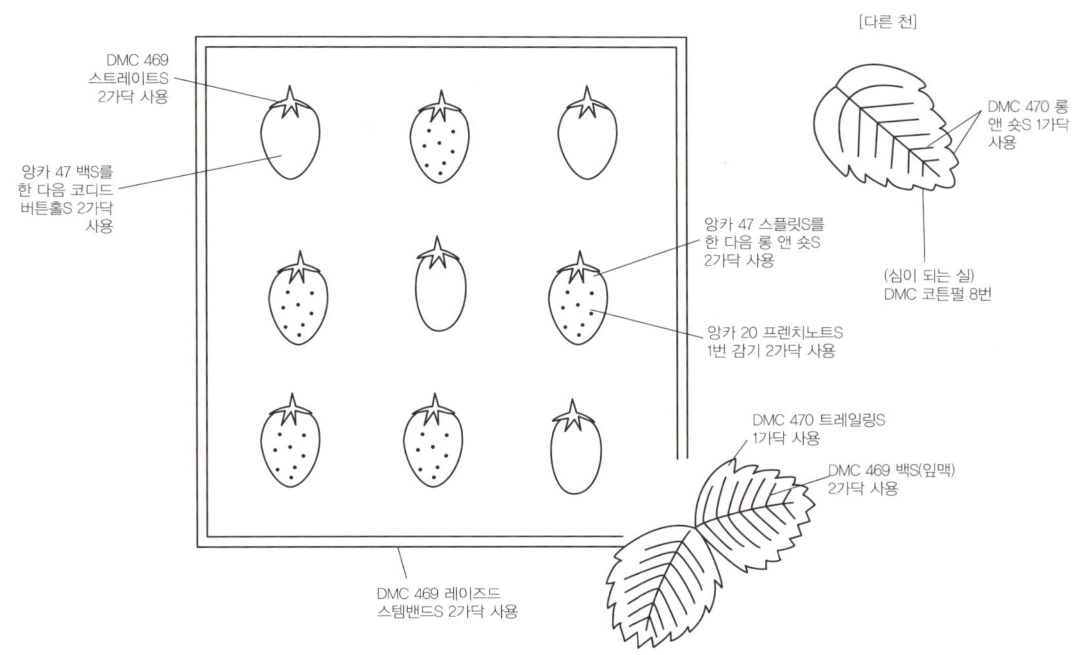

〈125%로 확대해서 사용〉

비올라 핑크 쿠션

바람에 흔들리는 비올라의 청초한 인상을 스탬프워크로 표현했습니다.
자수를 놓는 순간을 즐겨보세요.

[재료]

천 : 마 14×14cm 2장 / 얇은 흰색 천 적당량
비올라의 심지 실 : DMC 코튼 펄 8번 341 적당량
솜 혹은 양털 : 소량
오건디 리본 : 40~45cm
새틴 리본 : 적당량
코드 : 50cm

[비올라 만드는 법]

① 왼쪽 꽃잎 주위에 스플릿 스티치를 놓고 롱 앤 숏 스티치로
　 메운다(p.146).

② 오른쪽 꽃잎 주위에도 스플릿 스티치를 놓고 롱 앤 숏 스티치로
　 메운다(p.146).

③ 다른 천에 꽃잎 2장을 옮겨 그리고 윤곽에 심지 실을 놓은 다음
　 트레일링 스티치(p.147)로 고정하고, 롱 앤 숏 스티치(보라색과
　 노란색)로 메워간다. 심지 실은 2~3cm 남기고, 완성이 되면
　 실을 자르지 않고 가장자리를 잘라낸다.

③ 또 다른 천에 ④번 도안을 옮기고 ③과 같은 요령으로 자수를
　 놓고 잘라낸다.

⑤ 토대의 천에 ③을 붙인다. 남은 심지 실을 천에 통과시키고
　 뒤에서 매듭을 짓는다. 같은 요령으로 ④도 붙인다.

⑥ 검정색 실로 스트레이트 스티치를 하면서 토대의 천에
　 고정한다.

⑦ 꽃심을 프렌치노트 스티치로 놓는다.

[핑크 쿠션 만드는 법]

⑧ 오건디 리본을 바늘에 끼워서 나비 모양으로 묶는다.

⑨ 천을 겉끼리 맞대고 창구멍을 남긴 뒤 가장자리를
　 박는다(시접은 1cm). 창구멍으로 뒤집은 다음 솜을 넣는다.

⑩ 새틴 리본을 나비 모양으로 묶고 박아서 고정한다.

⑪ 마지막으로 코드를 한 바퀴 감치고 나서 코드의 양 끝을
　 집어넣고 창구멍을 막는다.

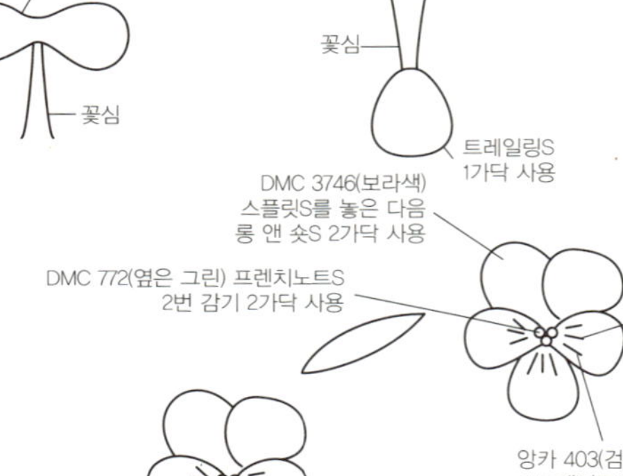

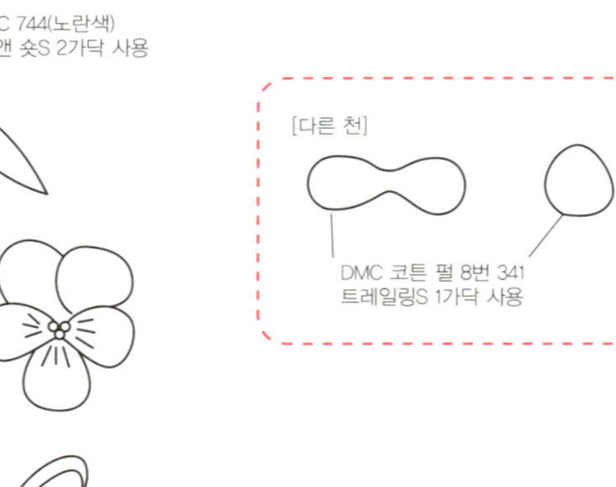

〈110%로 확대해서 사용〉

테디베어 베이비 프레임

출산 축하 선물로 테디베어를 수놓은 액자는 어떨까요?
"건강하게 예쁘게!"라는 소망을 담아서 전해보세요.

[재료]

천 : 마(프레임보다 약간 큰 정도)
펠트 : 베이지색 1장
리본 : 장식용 1개

[만드는 법]

① 도안을 옮기고 p.145의 딸기처럼 얼굴(귀 제외), 손, 몸체, 발바닥에
펠트를 붙인다. 윤곽에 백 스티치를 놓은 다음 코디드 버튼홀
스티치(p.145)를 놓는다. 이때 손은 스티치의 방향을 바꾼다.
② 메시지와 프렌치노트 스티치를 놓고 테디베어 목에 리본을 단다.

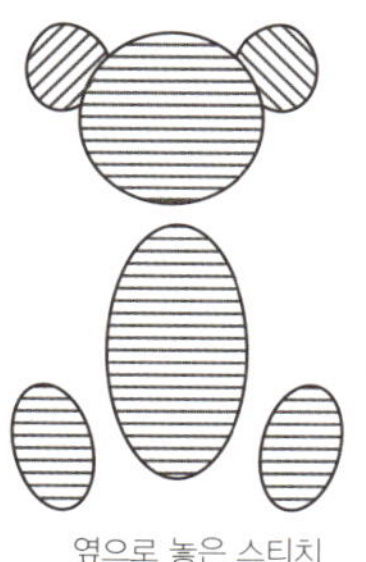

옆으로 놓은 스티치

세로로 놓은 스티치

Congratulations
On your new baby

DMC 3687 백S 2가닥 사용

〈135% 확대해서 사용〉

멋스러운 성김 무늬 자수

정성이 느껴지는 성김 무늬 자수. 올을 빼거나 가장자리를 홀쳐서
천에 작은 구멍을 내고, 수를 놓는 테크닉을 소개합니다.

세련되고 섬세한 분위기의
드론워크 머플러

심플한 옷차림에 화사한 머플러를
둘러보세요. 세련된 분위기를 연출할
수 있습니다. 천의 특징을 살려서 쉽게
만들 수 있는 성김 무늬 머플러를
소개합니다.

디자인 · 제작 / konomi

드론워크란?

드론워크는 천에서 올을 규칙적으로 빼고, 남은 올을 묶어 홀치면서 무늬를 만들어가는 기법입니다.
머플러 등 패션 아이템이나 테이블보 같은 인테리어 소품에 자주 이용됩니다.

[재료]

천 : 마 110×28cm
실 : 다루마실 30번(세사) 색은 11번
바늘 : 크로스 스티치용 바늘 혹은 퀼트
바늘(끝이 둥근 것)

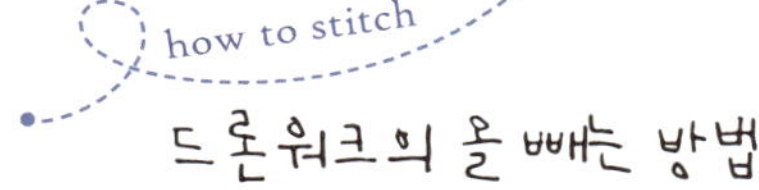

드론워크의 올 빼는 방법

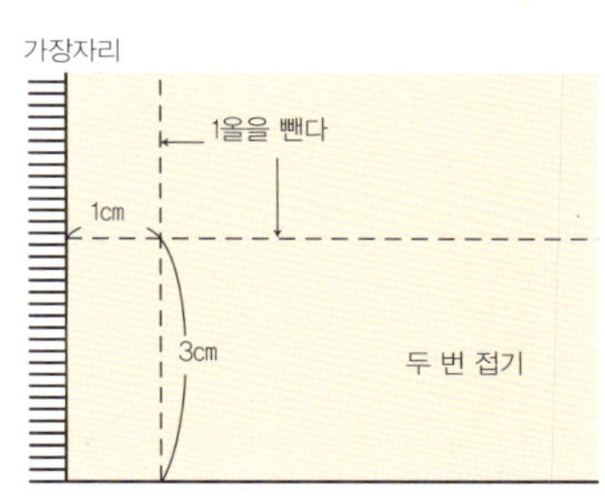

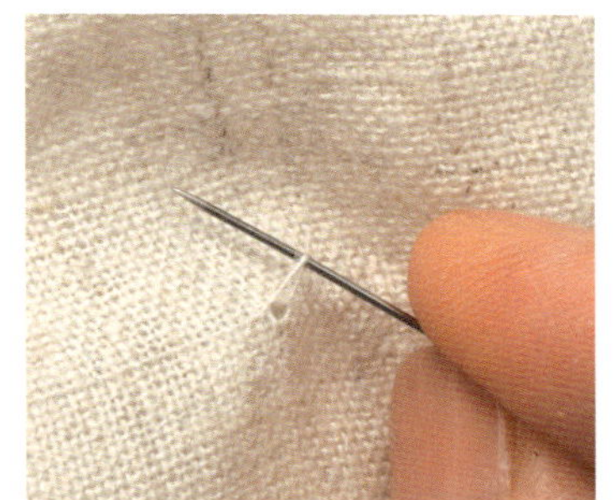

① 그림처럼 가장자리에서 1cm 떨어진 곳에서 가로 올을 빼고,
세로로 3cm 떨어진 곳에서 세로 올을 한 가닥씩 뽑는다. 올을
뽑을 때는 바늘 끝으로 뽑을 올을 떠서 가위로 자른다.

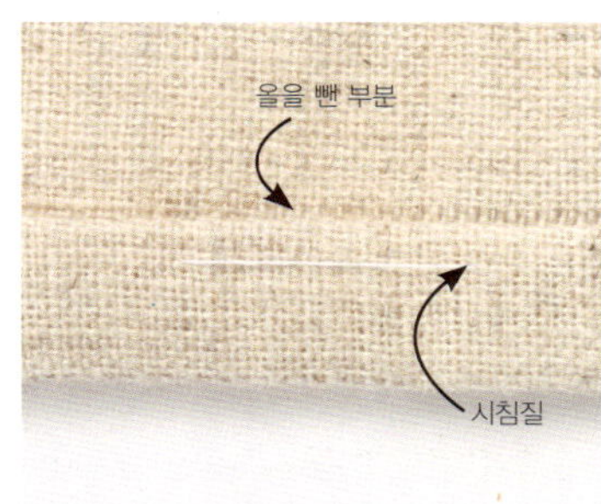

② 올을 뽑은 부분의 하단을 두 번 접어
시침질해 둔다.

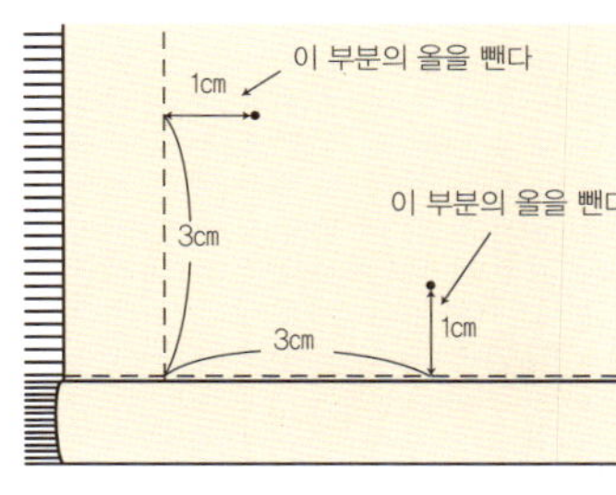

③ 모서리에 무늬를 만들기 위해서
그림의 표시 위치에서 올을 1가닥씩
뺀다.

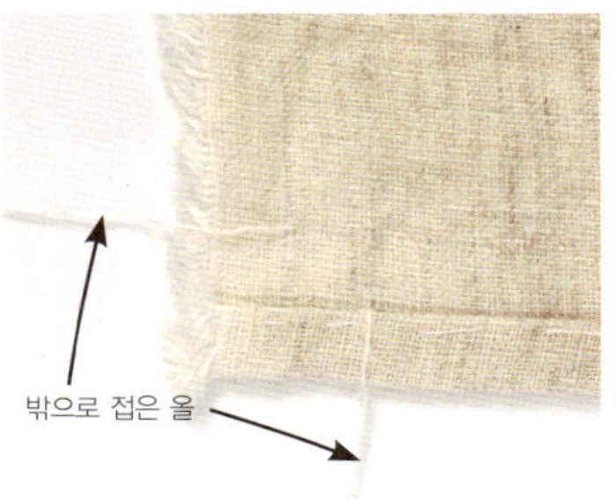

④ 수염처럼 빠져 나온 올 2가닥을
바깥쪽으로 접는다.

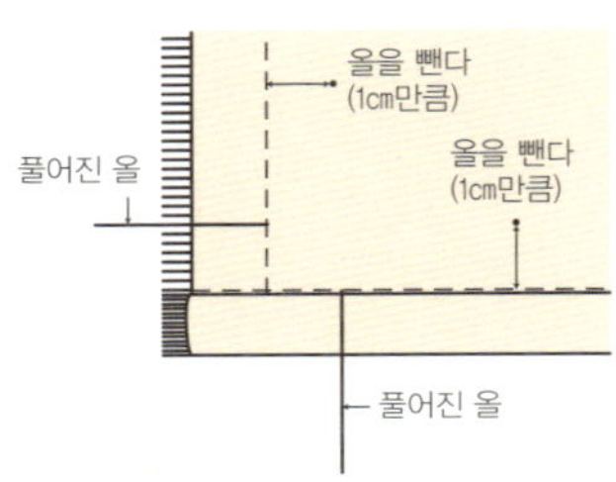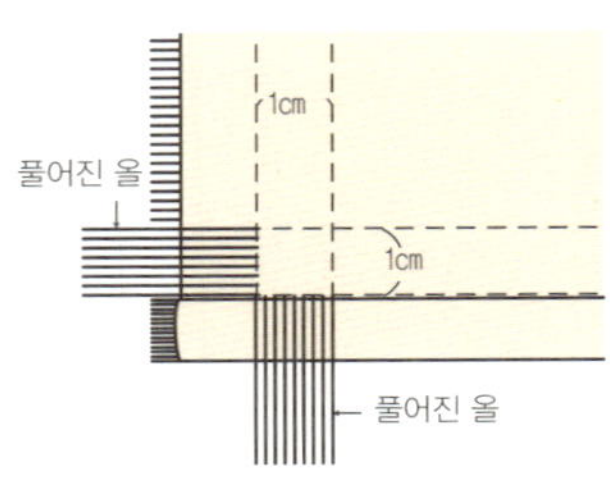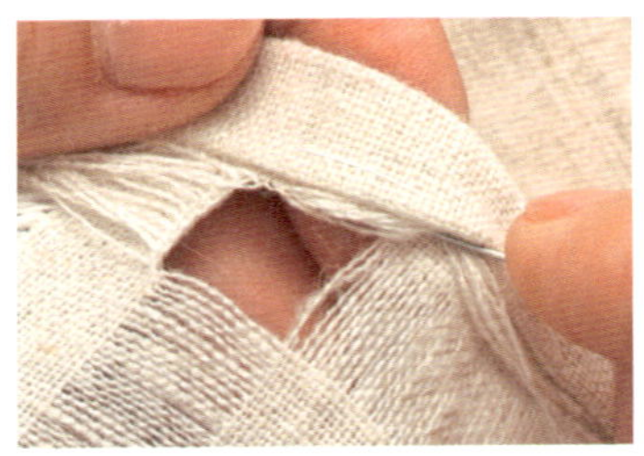

⑤ 1가닥 뺀 올에서 바깥쪽에 1cm만큼
　 올을 뽑는다.

⑥ 올을 뺀 부분(수염을 2〜3cm 남긴다).

⑦ 두 번 접은 부분에서 위로 나와 있는
　 풀어진 올은 바늘을 사용해서 천
　 사이로 집어넣는다.

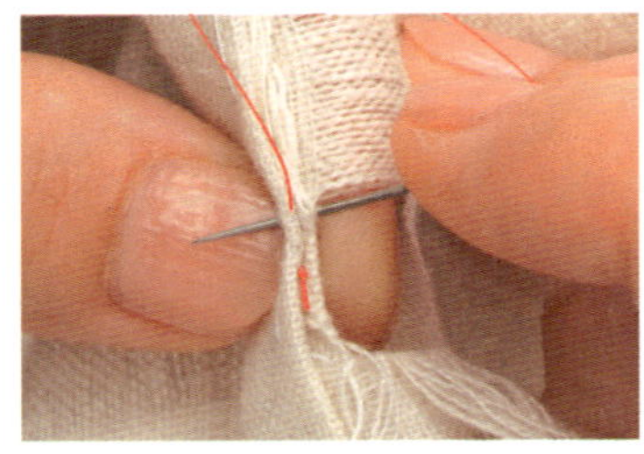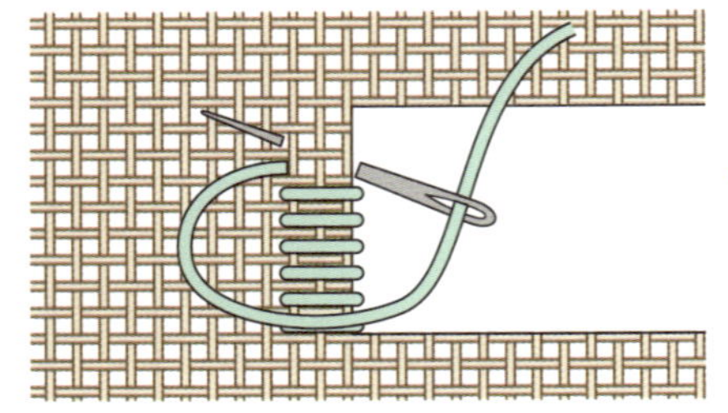

⑧ 뺀 올을 잡고 섬세하게 감침질을
　 한다(알기 쉽게 빨간색 실을 사용).

감침질 방법

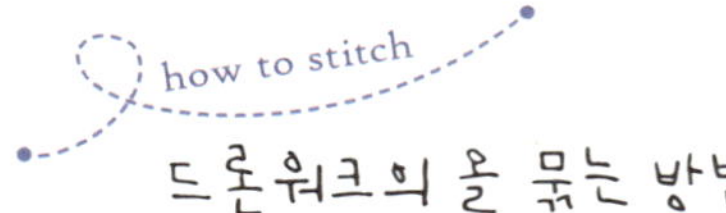

how to stitch

드론워크의 올 묶는 방법

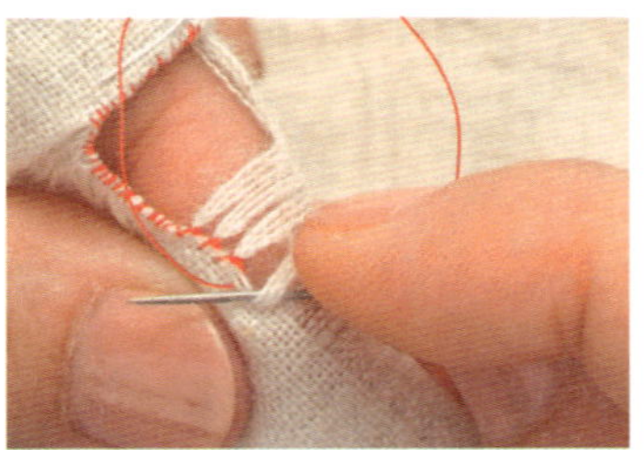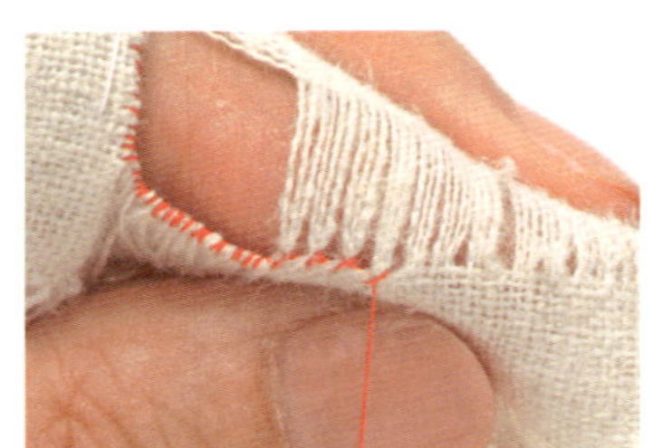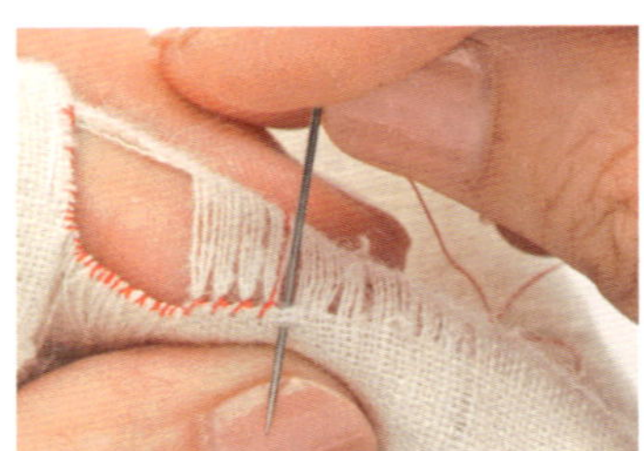

① 올 3가닥을 1다발로 묶는다.

② 실을 아래로 당기면서 바느질한다.

③ 바느질 할 때는 아래 올 2가닥을
　 주우면서 한다(두 번 접는 부분은
　 감침질한다).

다발 지은 올을 이용해 무늬 만드는 방법

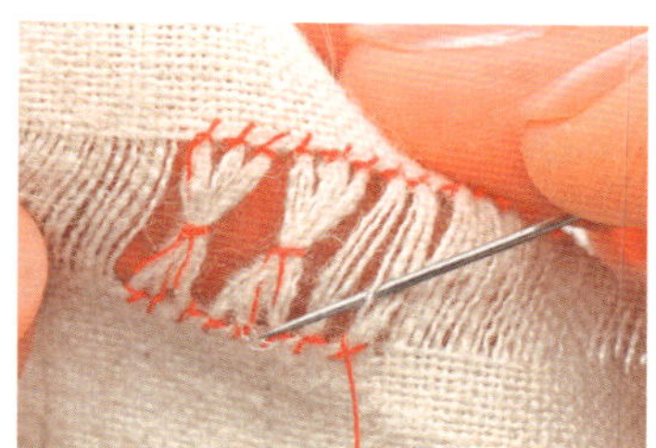

① 3뭉치씩 다발을 연속해 만든다.

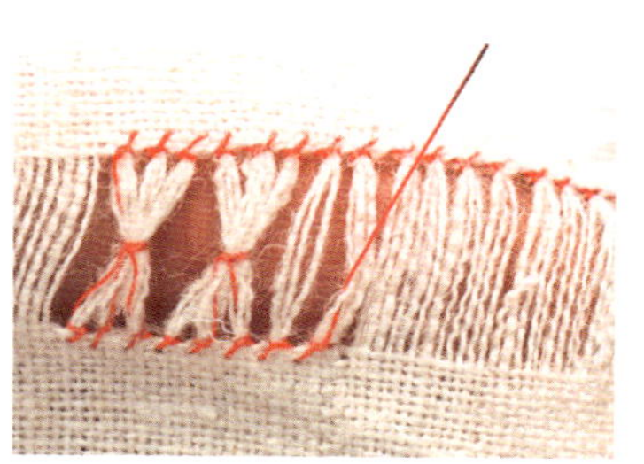

② 다발을 만드는 방법은 사진처럼 실을 올에 건 다음 중간까지 잡아 당긴다.

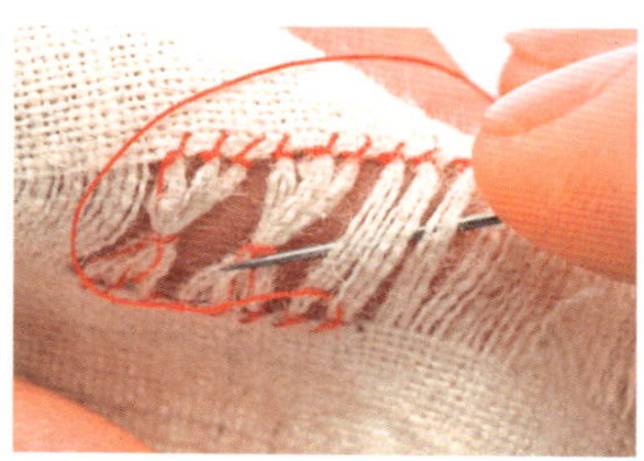

③ 엮어둔 다발을 3뭉치씩 묶어서 큰 다발로 만든다. 다발 지은 위치는 중앙이 되도록 한다.

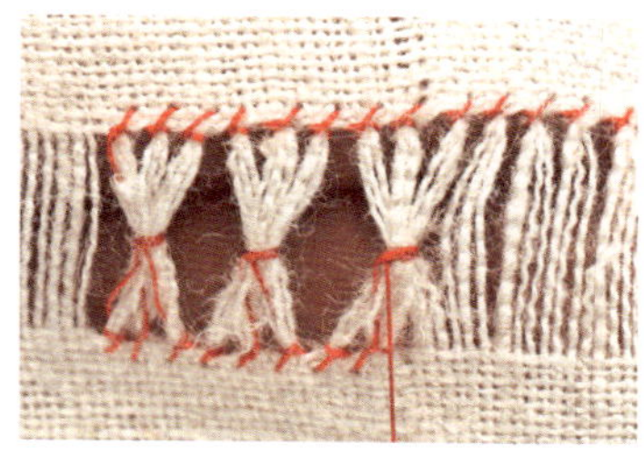

④ 여러 번 실을 돌려 확실히 다발을 만든다.

⑤ 오른쪽 끝 다발로 실을 섞어서 아래쪽으로 천의 올 2개를 줍는다.

⑥ 바늘을 당겨서 실을 뺀 상태.

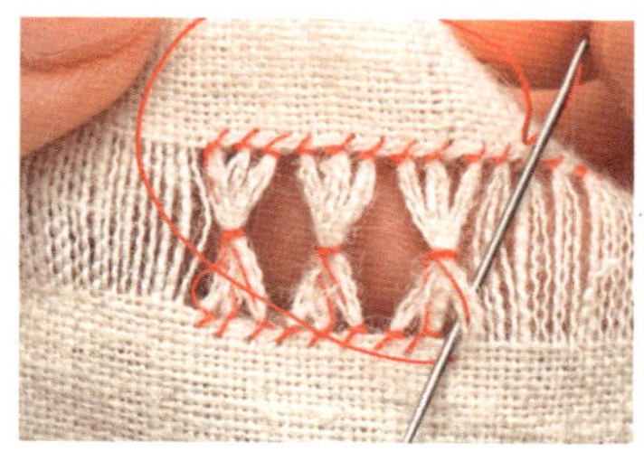

⑦ 다음 3다발 째를 묶는다.

⑧ 무늬 완성. 반복한다.

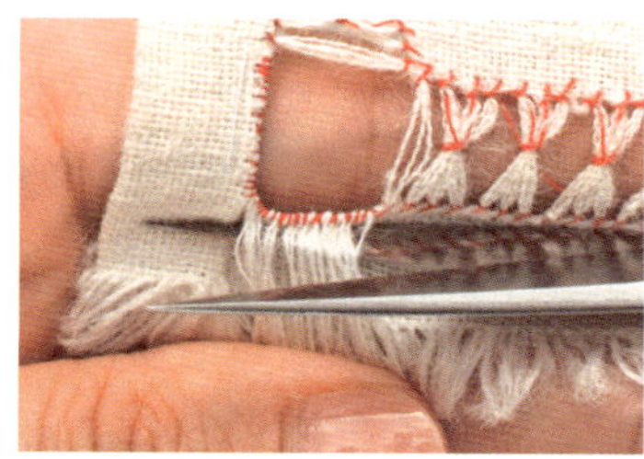

⑨ 모서리에서는 모서리 무늬를 만들기 위해서 올 3가닥을 남겨두고 나머지 실은 자른다.

POINT

다발씩만 남도록 올 수를 조절하면서 다발을 만듭니다.

⑩ 모서리 완성.

크로스 감침질

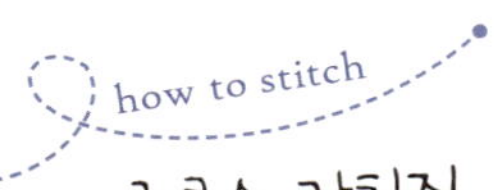

① 가장자리에 천을 덧대고 수틀을 사용한다. 크로스 감침질은 겉면에서 한다.

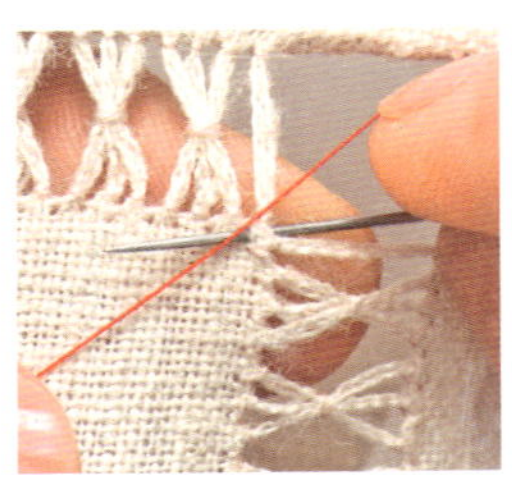

② 천의 뒷면에서 겉면으로 바늘을 빼고, 실을 대각선으로 감침질한다(이하 실의 고정 방법은 동일).

③ 다발에 바늘을 넣은 다음 매듭을 짓는다.

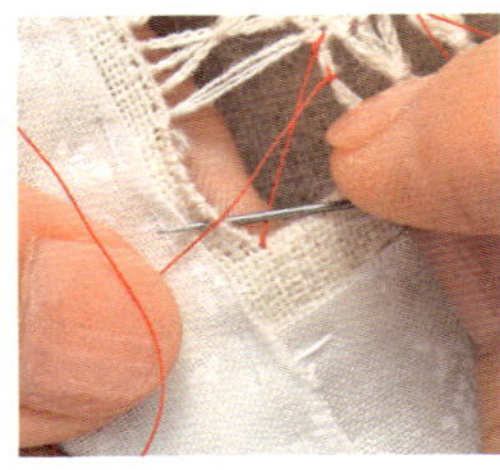

④ 옆으로 이동해 실을 놓고 매듭을 짓는다. ①~⑪의 순서대로 놓는다.

⑤ ⑪~⑫로 이동할 때 중앙에서 실을 묶는다.

⑥ 실을 2번 정도 얽어서 묶음의 중간으로 이동시킨다.

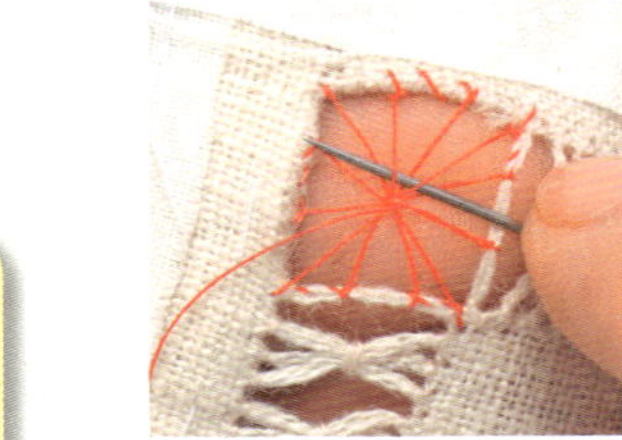

⑦ 실을 교대로 주우면서 2번 돈다.

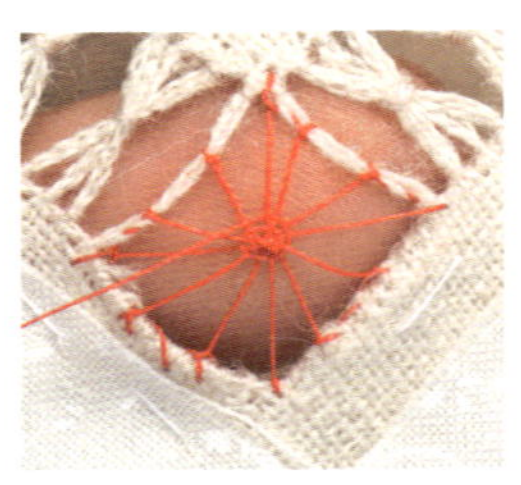

⑧ 2번 돌고 난 상태.

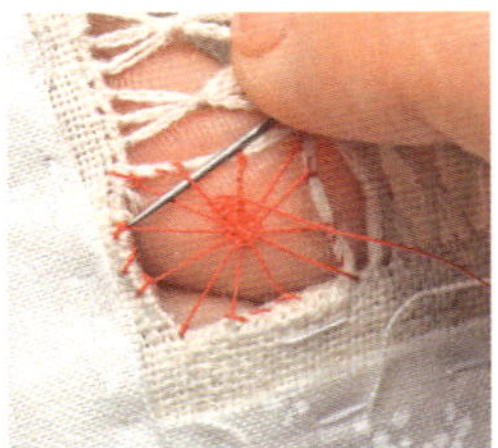

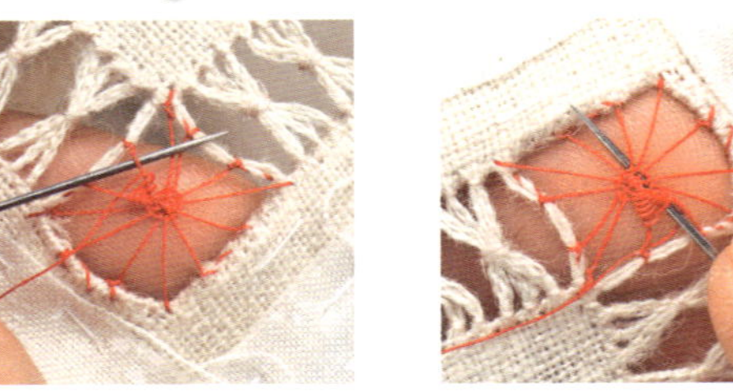

⑨ 실 2가닥을 5~6번 교대로 주우면서 V자를 만들어 간다.

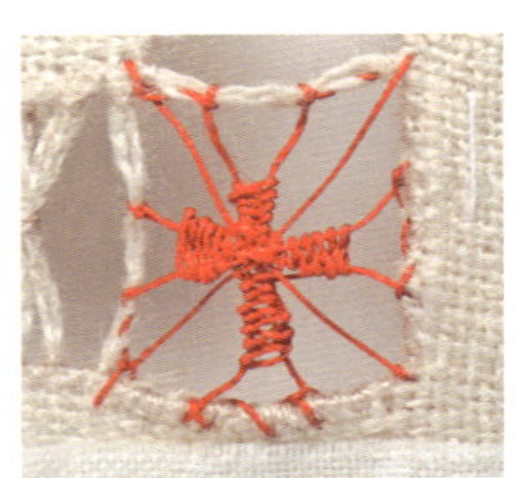

⑩ 실을 V자 뒤에서 이동시킨다.

⑪ 완성

컷워크 원피스

청초한 새하얀 원피스에 흰색 실로 자수를
놓아서 여성스러움을 표현해봤어요. 자수
자체는 어렵지 않아요. 방법을 익혀서
캐미솔이나 블라우스에 응용해보세요.

디자인 · 제작 / konomi

[재료]

천 : 마 100%
실 : DMC 453, DMC Blanc

컷워크란?

도안을 감침질하고 나서 천을 잘라내
모양을 만드는 기법을 '컷워크'라고 해요.
'스캘럽'이라는 조개 모양의 수를 놓고 컷워크
작업을 해보세요.

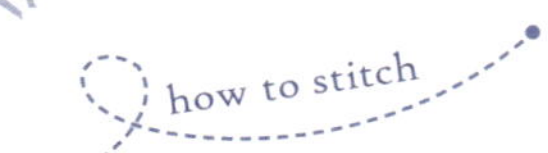

버튼홀 스티치의 심이 들어간 스캘럽

POINT

러닝 스티치는 겉을 길게 놓습니다. 실은 DMC 453, 4가닥 사용.

① 도안을 옮기고 도안에 따라 겉과 안을 교대로 러닝 스티치를 놓는다.

② 러닝 스티치 완성.

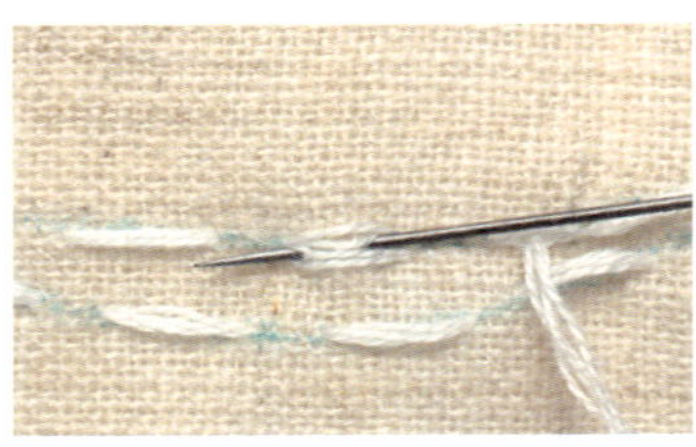

③ ②의 스티치 사이를 메우듯 실을 가르면서 다시 러닝 스티치를 놓아 한 바퀴를 돈다.

④ 라인 완성.

⑤ 도안의 안쪽에 러닝 스티치를 해서 밑바탕을 만든다(스티치가 교대로 되도록 놓는다).

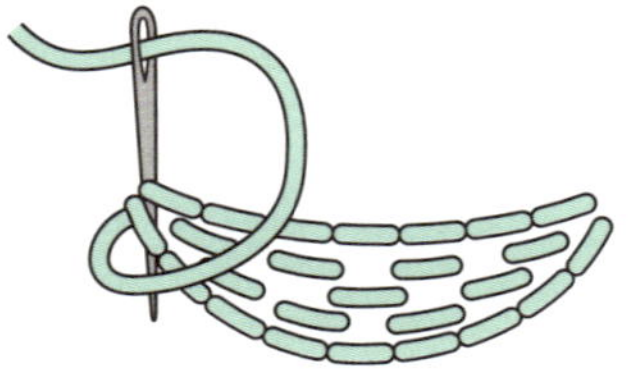

⑥ 실을 3가닥 사용(DMC 453 2가닥, Blanc 1가닥)으로 바꾸어서 도안에 따라 버튼홀 스티치를 놓는다. 가장자리를 잘라서 완성한다.

옷자락 도안

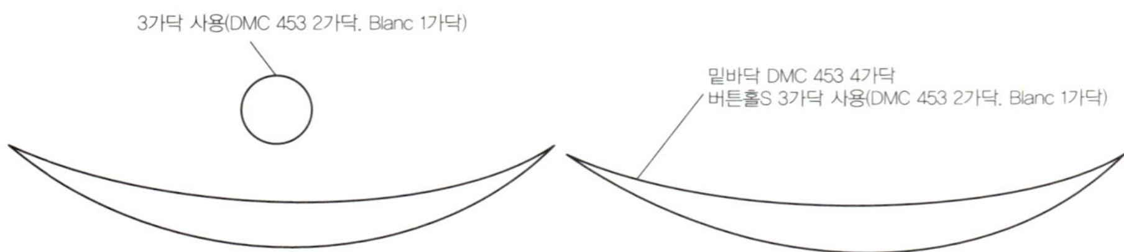

⟨실제 치수 도안⟩

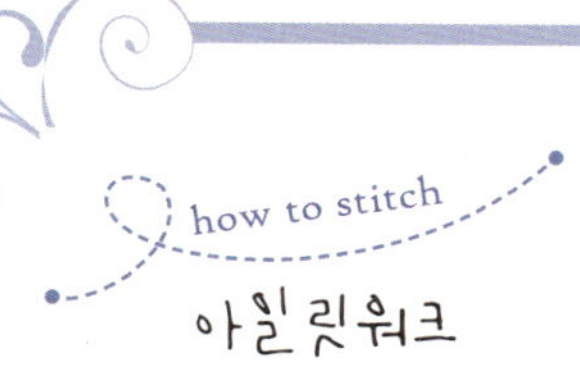

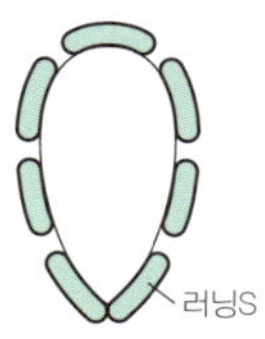

① 도안을 옮기고 도안에 따라 러닝 스티치를 한다.

② ①에서 놓은 스티치 사이를 메우듯 실을 가르면서 다시 러닝 스티치로 라인을 만든다.

③ 가위 끝으로 천에 칼집을 내고 천을 뒤쪽으로 접는다.

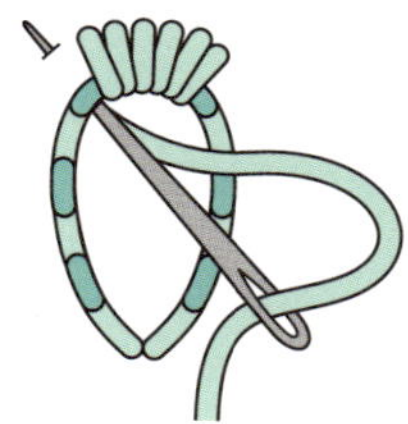

④ 러닝 스티치를 덮듯 촘촘하게 감침질을 한다.

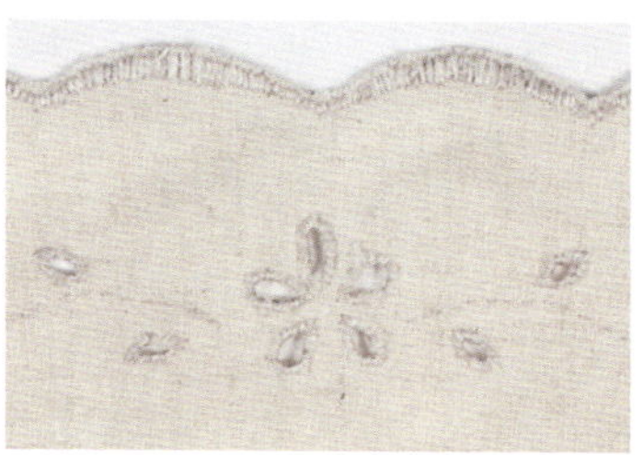

⑤ 뒷면의 남은 천을 자른다.

가슴 부분 도안

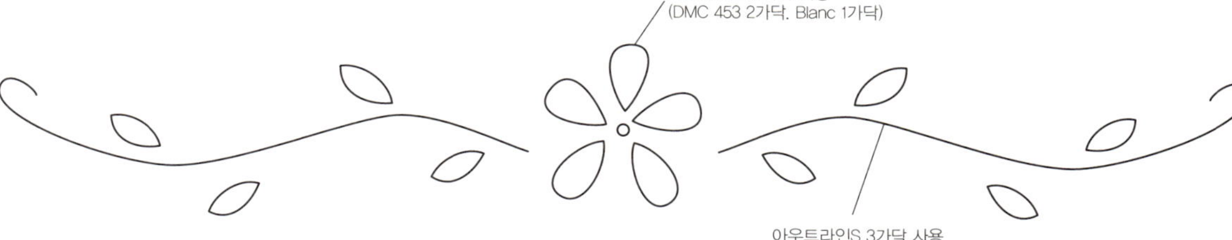

〈꽃은 125% 확대해서 사용. 스캘럽은 실제 크기〉

드론워크 & 스캘럽 스티치 양산

양산의 가장자리에 자수를 놓아 우아한 분위기를 살렸습니다.
꼭 레이스를 단 것 같지요? 천으로 만든 소품에 자수를 놓으면
센스 있는 소품으로 변신한답니다.

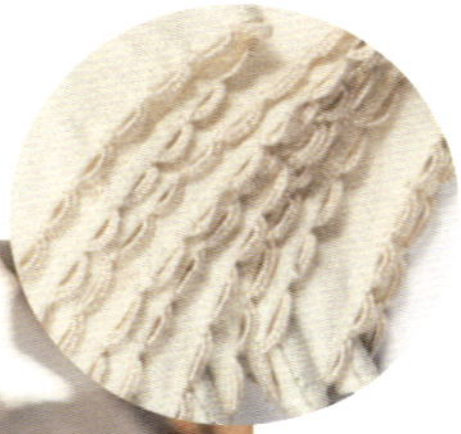

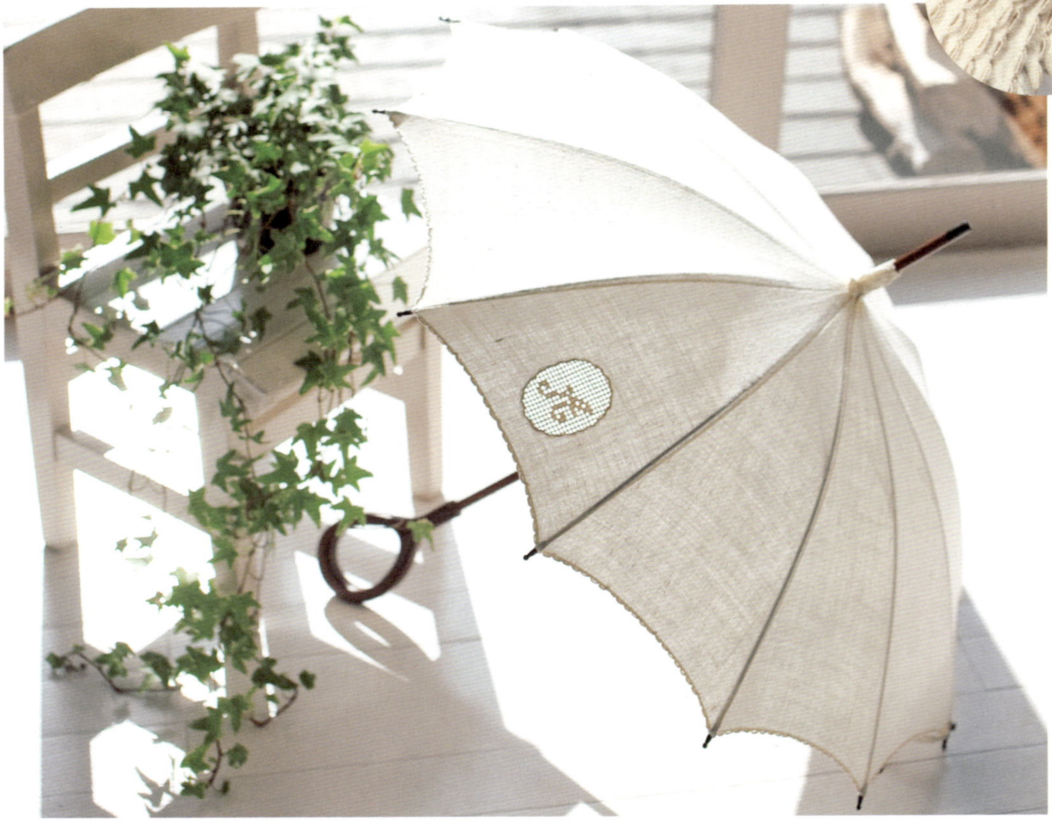

재료]

실(가장자리) : DMC 애브로더 16번 ECRU
실(드론워크) : DMC 애브로더 20번, 30번, ECRU

how to stitch

버튼홀 스티치로
스캘럽 가장자리 꾸미기

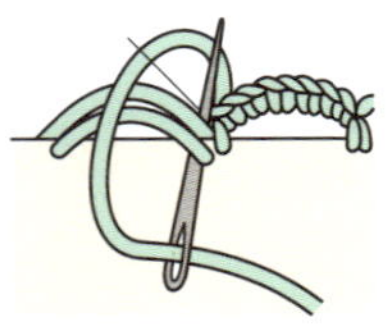
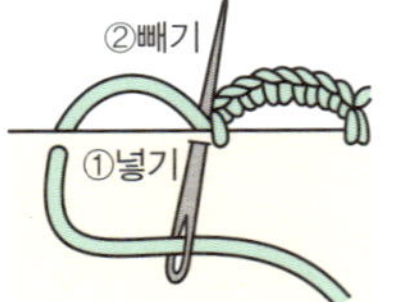
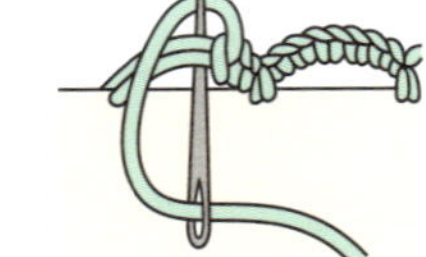

① 실을 2줄로 놓아
루프를 만든다.

② 루프를 심으로 해서 버튼홀 스티치를 놓아 완성한다.

드론워크 알파벳

① 도안을 옮기고 가장자리를 따라 러닝 스티치를 한 뒤, 사이를 메우듯 실을 가르면서 한 바퀴 돌려 라인을 만든다.

② 천의 뒤로 실을 뺀다. 도안 중앙의 천 올을 빼서 양쪽으로 올을 뽑아둔다(사진 참조). 중앙의 가로세로 올을 3가닥씩 빼고 3가닥 비우고 또 3가닥을 뺀다.

③ 3가닥 실의 다발에 실을 감는다(세로 방향으로 다 감았으면 가로 방향으로 감는다).

④ 실을 크로스로 놓고 구멍을 메우면서 알파벳을 놓는다(사진과 그림 참조).

⑤ 가장자리 부분에 실을 감친다.

실을 빼는 방법

도안 중앙의 올을 빼서 양쪽으로 올을 뽑는다.

실을 감는 방법

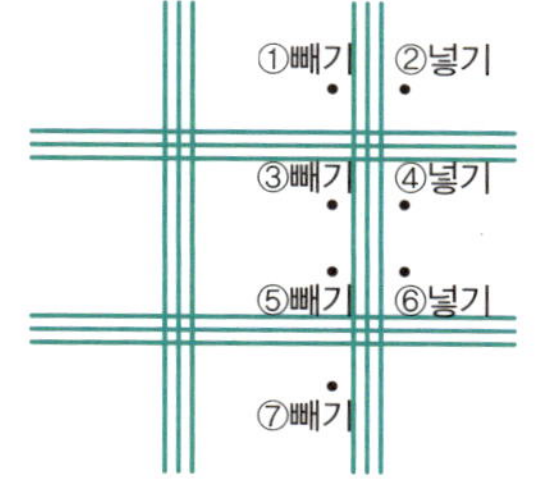

그림의 순서대로 바늘을 넣어서 도안의 중앙부터 실 3가닥을 감는다.

〈실제 치수 도안〉

알파벳 놓는 방법

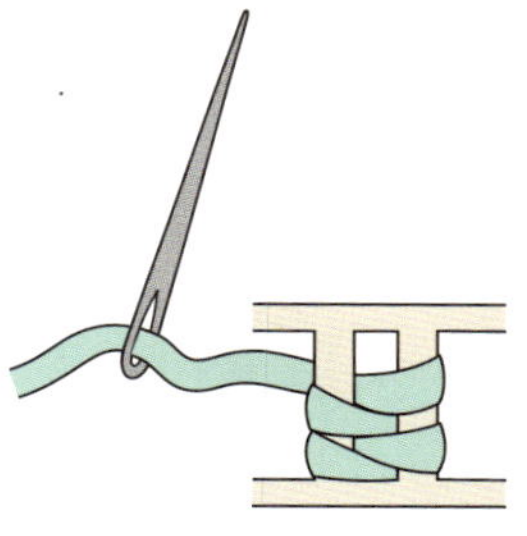

실을 크로스로 놓고 눈을 메워간다. 메우고 싶은 눈의 아래로 바늘을 찔러서 이동하며 완성한다.

하덴거 가방과 파우치

가방은 상황에 따라 다양하게 활용하고 싶은 소품입니다. 가방과 파우치로
멋을 부려보는 건 어떨까요?

하덴거란?

기하학적인 무늬를 표현하는
노르웨이의 자수 기법입니다.
스트레이트 스티치를 블록에
놓거나 격자무늬로 감칩니다.

아일릿 스티치

[재료]
천 : DMC 크로스 스티치용 아이다 18카운트
실 : DMC 453

※ 가방의 패턴은 백템플릿스퀘어(가로 34×세로 27×폭
6cm). 파우치의 패턴은 파우치템플릿쉘 D형(모두 클로버사)을
사용했습니다.

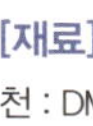

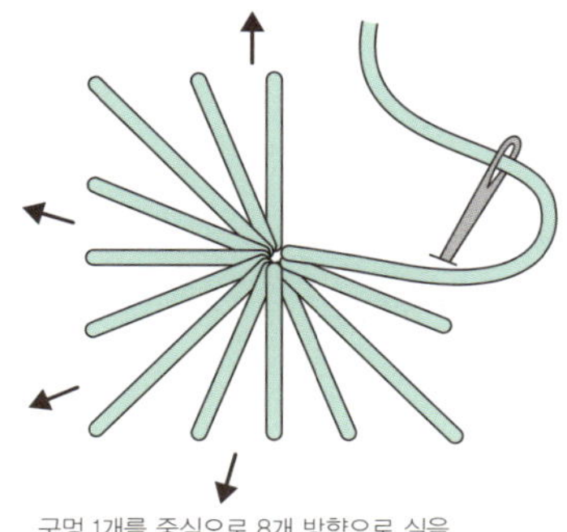

구멍 1개를 중심으로 8개 방향으로 실을
놓는다.

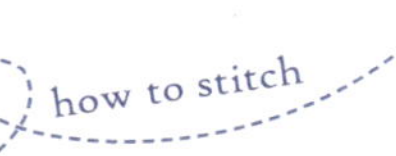

스트레이트 스티치를 블록으로 놓기

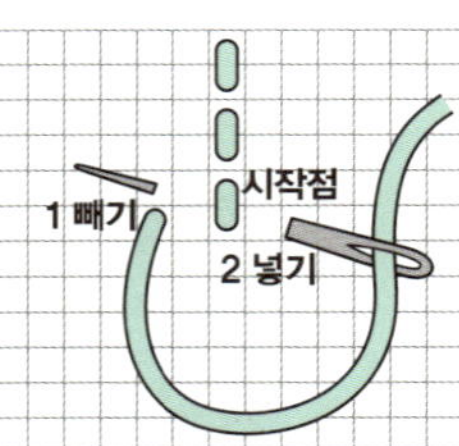

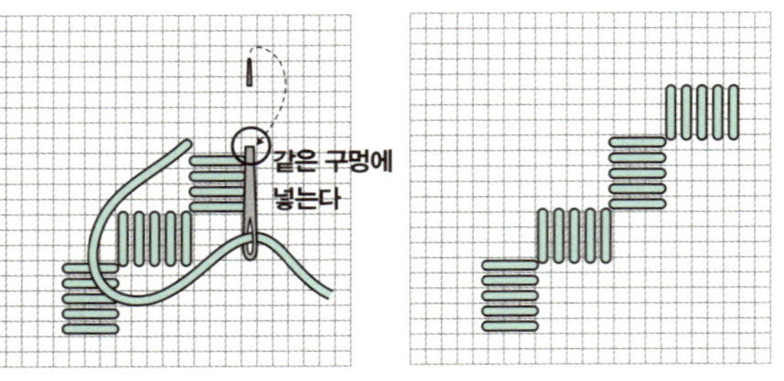

① 뒤로 실을 조금 남기고 스트레이트 스티치의 블록 아래로 숨 듯 2~3땀 바느질을 하고 시작점 위치에 바늘을 뺀다. 남긴 실은 뒤로 넘긴 실 안을 통과시킨 다음 자른다.

② 5땀 놓았으면 방향을 바꾼다. 모서리 부분에서는 가로와 세로 스티치가 같은 구멍에서 만난다.

가방 도안

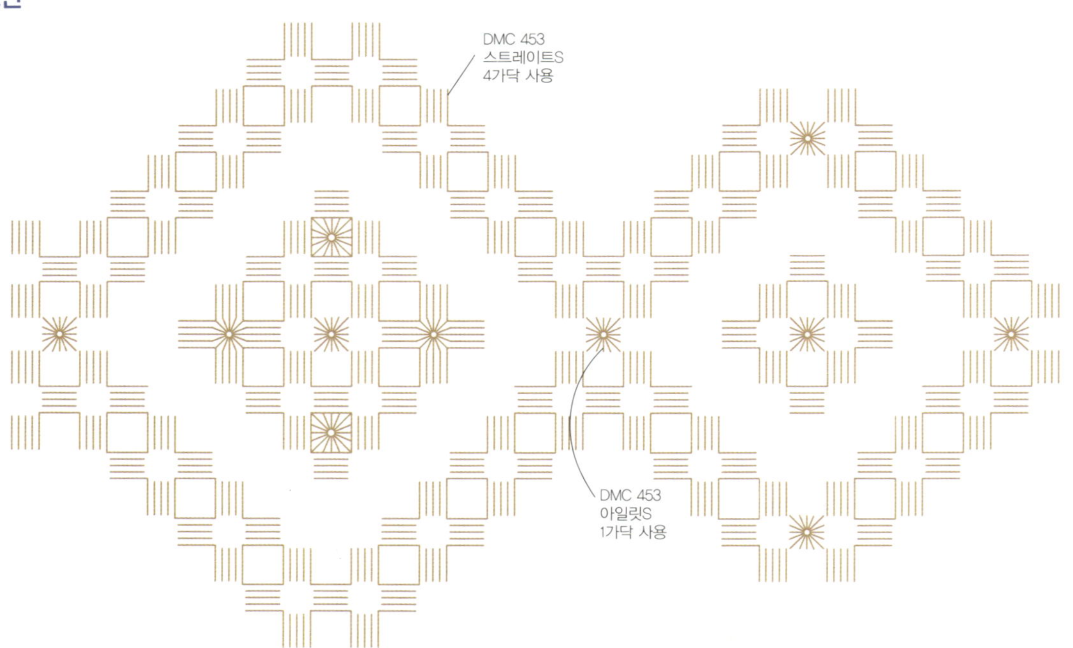

파우치 도안

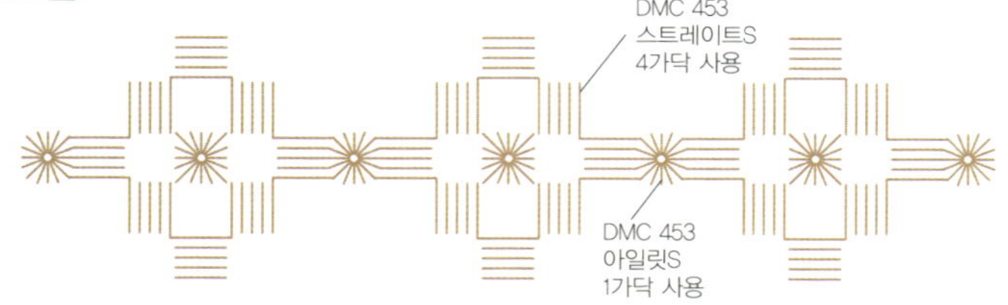

찾아보기

25번 자수실 10
25번 자수실 다루기 12

까또나주 124

다림질로 마무리하기 26
더블 레이지데이지 스티치 18
더블 페더 스티치 23
도안 옮기기 11
도안 읽는 법 26
드론워크 151
드론워크 알파벳 159
드론워크의 다발 지은 올을 이용해 무늬 만드는 방법 153
드론워크의 올 묶는 방법 152
드론워크의 올 빼는 방법 151

러닝 스티치 15
러닝 스티치 배리에이션1 127
러닝 스티치 배리에이션2 127
레이즈드 스템밴드 스티치 146
레이지데이지 스티치 18
롱 앤 숏 스티치 16

백 스티치 14
버튼홀 스티치 21
버튼홀 스티치로 스캘럽 가장자리 꾸미기 158
버튼홀 스티치의 심이 들어간 스캘럽 156
불리온 스티치 20, 143
불리온 스티치 배리에이션 143
불리온 데이지 스티치 20
블랭킷 스티치 24

새틴 스티치 16
수예용 복사지 11
수틀 10
수틀 사용법(나사식) 10
스타아일렛 스티치 137
스탬프워크 144
스트레이트 스티치 15
스트레이트 스티치를 블록으로 놓기 162
스티치 샘플러 136~137
스플릿 스티치 146
실 정리하는 법 85
실을 더해서 자수 놓기 127

아웃트라인 스티치 14
아웃트라인 스티치 깔끔하게 놓기 140
아일릿 스티치 161
아일릿워크 157
오픈 체인 스티치 17
웨이스트캔버스 사용법 96
위빙 스티치 25

저먼노트 스티치 19

천 준비하기 11
천이 바뀌는 지점에 자수 놓기 126
체인 스티치 17
체인 스티치 배리에이션 137

컷워크 155
케이블 스티치 25
코디드 버튼홀 스티치 145
코랄 스티치 22
코치드트렐리스 스티치 배리에이션 141
코칭 스티치 24
크로스 감침질 154
크로스 스티치 놓는 방법 84
크로스 스티치 바늘 9
트레일링 스티치 147

페더 스티치 23
프랑스 자수바늘 9
프렌치노트 스티치 19
플라이 스티치 22
핀턱 137

하덴거 161
헤링본 스티치 21, 141
헤링본 스티치 배리에이션 137
휘감기 체인 스티치 137

자수가 좋은 시간

1판 1쇄 | 2012년 12월 1일
1판 4쇄 | 2017년 2월 10일
지 은 이 | 신성출판사 편집부
옮 긴 이 | 이 은 정
발 행 인 | 김 인 태
발 행 처 | 삼호미디어
등   록 | 1993년 10월 12일 제21-494호
주   소 | 서울특별시 서초구 강남대로 545-21 거림빌딩 4층
         www.samhomedia.com
전   화 | (02)544-9456(영업부) / (02)544-9457(편집기획부)
팩   스 | (02)512-3593

ISBN 978-89-7849-472-4 (13630)

Copyright 2012 by SAMHO MEDIA PUBLISHING CO.

이 도서의 국립중앙도서관 출판예정도서목록(CIP)은
서지정보유통지원시스템 홈페이지(http://seoji.nl.go.kr)와
국가자료공동목록시스템(http://www.nl.go.kr/kolisnet)에서 이용하실 수 있습니다.
(CIP제어번호:CIP2012005145)